E-Bilanz

Klaus von Sicherer · Eva Čunderlíková

E-Bilanz

Theoretische Fundamente und praktische Anwendung

2., vollständig überarbeitete Auflage

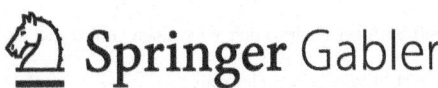

Klaus von Sicherer
Martin-Luther-Universität Halle-Wittenberg
Halle (Saale), Deutschland

Eva Čunderlíková
Bratislava, Slowakei

ISBN 978-3-658-21497-5   ISBN 978-3-658-21498-2 (eBook)
https://doi.org/10.1007/978-3-658-21498-2

Die Deutsche Nationalbibliothek verzeichnet diese Publikation in der Deutschen Nationalbibliografie; detaillierte bibliografische Daten sind im Internet über http://dnb.d-nb.de abrufbar.

Springer Gabler

Gedruckt auf säurefreiem und chlorfrei gebleichtem Papier

Springer Gabler ist ein Imprint der eingetragenen Gesellschaft Springer Fachmedien Wiesbaden GmbH und ist ein Teil von Springer Nature.
Die Anschrift der Gesellschaft ist: Abraham-Lincoln-Str. 46, 65189 Wiesbaden, Germany

Vorwort zur zweiten Auflage

Die Überarbeitung der zweiten Auflage sollte neben den üblichen Fehlerkorrekturen und Standardüberarbeitungen vor allem zur Qualitätssicherung führen, natürlich auch zu Erweiterungen und Anpassungen im Zusammenhang mit der neuesten Taxonomieversion 6.2 vom 01.04.2018.

Seit der Erstauflage mussten in den vergangenen zwei Jahren zahlreiche Änderungen in den Rechnungslegungsstandards, weiter viele handels- und steuerrechtliche gesetzliche Änderungen einschließlich der neuesten BFH-Urteile und BMF-Schreiben in das Buch eingearbeitet werden. Das Bestreben der Finanzverwaltung, die Struktur der E-Bilanz noch mehr an die Steuererklärung anzupassen, um somit Redundanzen abzubauen, hat auch zu einem großen Änderungsbedarf geführt. Des Weiteren wurden zahlreiche Anregungen aus der Praxis auch von der Finanzverwaltung in die neueste Taxonomie eingearbeitet. Auf die Taxonomie bezogen hat sich das so ausgewirkt, dass neue Positionen hinzugefügt, andere Positionen gestrichen und/oder erweitert und ganze Berichtsbestandteile (steuerliche Gewinnermittlung bei Feststellungsverfahren und Eigenkapitalspiegel) völlig neu überarbeitet werden mussten. Dies hat zwingend dazu geführt, dass ein Großteil der Erläuterungen in der ersten Auflage nicht mehr der Realität entspricht, weil im Prinzip fast jedes Kapitel der zweiten Auflage wegen der zahlreichen Änderungen neu bearbeitet werden musste.

Ein weiterer entscheidender Vorteil dieses Werkes ist sicherlich darin zu sehen, dass die Co-Autorin dieses Buches sich selbst tagtäglich mit der E-Bilanz in der Praxis auseinandersetzen muss und deshalb stets hautnah mit den Herausforderungen der E-Bilanz konfrontiert ist. Aus diesem Grund kommt sie mit allen E-Bilanz-Problemen zwangsweise in Kontakt und kann daher die vielfältigen Problemsituationen intuitiv und fachgerecht bearbeiten und ist dadurch in der einmaligen Situation, für dieses Werk immer wieder neue Lösungsvarianten zu entwickeln. D. h., die tägliche Konfrontation der Co-Autorin mit der E-Bilanz hat zu vielen praxisnahen Erweiterungen und Vertiefungen in fast allen Kapiteln geführt.

Dem Lektorat des Springer Gabler Verlags, insbesondere Frau Anna Pietras, sind wir für die angenehme und harmonische Zusammenarbeit sehr verbunden.

München, Bratislava, im August 2018
Klaus von Sicherer
Eva Čunderlíková

Vorwort zur ersten Auflage

Tempora mutantur, nos et mutamur in illis (Ovid)

Die Zeiten ändern sich, und wir ändern uns in ihnen. Diese weise Erkenntnis geht auf Ovid zurück und lässt sich wunderbar auf die heutige Zeit übertragen und gilt auch für unser Bilanzrecht, mit dem wir heute im digitalen Zeitalter, im 21. Jahrhundert, angekommen sind und uns zwangsweise damit auseinandersetzen müssen.

Die Handelsbilanz ist maßgeblich für die Steuerbilanz. Dieser Grundsatz, das Maßgeblichkeitsprinzip, prägte sehr lange Zeit das Bilanzrecht und die Bemühungen, sogar eine Einheitsbilanz zu erstellen. Der Regelfall ist heute aber, die Steuerbilanz mithilfe der Überleitungsrechnung gem. § 60 Abs. 2 EStDV aus der Handelsbilanz abzuleiten. Die Möglichkeit, der Finanzverwaltung eine separate Steuerbilanz vorzulegen, scheiterte meistens am Nichtvorliegen eines „two-book accounting"-Systems, wie es in der internationalen Rechnungslegung (US-GAAP oder IFRS) üblich ist. Jedenfalls gewann die Steuerbilanz neben der Handelsbilanz immer mehr an Bedeutung, auch unter dem Aspekt, die latenten Steuern zu ermitteln. Als nach dem Wegfall der Umkehrung des Maßgeblichkeitsprinzips die Steuerbilanz eine Eigendynamik entwickelte, konnte die Finanzverwaltung die Weichen zur E-Bilanz stellen. Digitale Datenübertragung statt analogem Papierversand war das Motto des Gesetzgebers. Jahresabschluss ausdrucken, unterschreiben und per Post an das Finanzamt senden war damit Vergangenheit. Mit der E-Bilanz, einem Baustein des SteuBAG zum E-Government, wird der Jahresabschluss durch die elektronische Übermittlung via Internet an die Finanzverwaltung geschickt. Auf dieser neuen Kommunikationsbasis kann die Finanzverwaltung alle Jahresabschlüsse und Steuerfälle im Rahmen ihres Risikomanagements in Risikoklassen einordnen und Negativabweichungen von gegebenen Normgrößen feststellen. Um diesen Herausforderungen gerecht zu werden, müssen bilanzierende Unternehmen ihr externes Rechnungswesen völlig umstellen, entsprechende Software-Programme konfigurieren, ihre Mitarbeiter schulen und mit diesen Neuerungen vertraut machen.

Der Sprung ins digitale Zeitalter gerade auch im externen Rechnungswesen ist für viele Praktiker immer noch eine sehr hohe Hürde, die aber überwunden werden muss. Und an dieser Stelle versuchen wir mit unserem Werk eine umfassende Hilfestellung zu geben. Unter Anleitung theoretischer Grundlagen vermitteln wir einen Leitfaden (auch) für das technische Verständnis bis zur praktischen Umsetzung der E-Bilanz im Unternehmen und ihrer elektronischen Übermittlung an die Finanzverwaltung. Die Hürde, die E-Bilanz zu verstehen und auch zu akzeptieren, versuchen wir für den Leser dadurch zu vereinfachen, dass wir die doch noch äußerst komplexe neue Materie mit vielen praxisnahen Beispielen hinterfragen und erklären. Die Aktualität unseres Werkes wird dadurch dokumentiert, dass wir alles auf der Kerntaxonomie 6.0 vom 01.04.2016 aufbauen. Diese Kerntaxonomie beinhaltet das Bilanzrichtlinie-Umsetzungsgesetz (BilRUG), das am 23.07.2015 in Kraft getreten ist. Diese bilanziellen Änderungen sind erstmals auf das nach dem 31.12.2015 beginnende Geschäftsjahr anzuwenden.

Zum Verständnis in diesem Buch sei noch darauf hingewiesen, dass wir im Text die Positionsnamen der Taxonomie abgekürzt haben, in unseren Beispielen aber immer den vollen Namen der jeweiligen Positionen benennen. Um die Beispiele nicht zu überladen, haben wir vereinfachend Zeilen ausgelassen und mit drei Punkten markiert. Bei allen Beispielen sind wir grundsätzlich von der sog. Minimalstrategie ausgegangen. Da es nicht möglich war, die gesamte Taxonomie 6.0 aufzuzeigen, ist es für das Verständnis notwendig, sich diese Taxonomie aus dem Internet (www.esteuer.de) herunterzuladen.

Dem Lektorat des Springer Gabler Verlags, besonders Frau Anna Pietras, sind wir für die angenehme und harmonische Zusammenarbeit sehr verbunden.

München, Bratislava, im Oktober 2016
Klaus von Sicherer
Eva Čunderlíková

Abkürzungsverzeichnis

Abb.	Abbildung
Abs.	Absatz
Abschn.	Abschnitt
a. F.	alte Fassung
Afa	Abschreibung für Abnutzung
AG	Aktiengesellschaft
AktG	Aktiengesetz
AnwZpvV	Anwendungszeitpunktverschiebungsverordnung
AO	Abgabenordnung
Art.	Artikel
AStG	Außensteuergesetz
Aufl.	Auflage
AV	Anlagevermögen
BilMoG	Bilanzierungsmodernisierungsgesetz
BilRUG	Bilanzrichtlinie-Umsetzungsgesetz
BGB	Bürgerliches Gesetzbuch
BGBl	Bundesgesetzblatt
BMEL	Bundesministerium für Ernährung, Landwirtschaft und Verbraucherschutz
BMF	Bundesministerium der Finanzen
BMWi	Bundesministerium für Wirtschaft und Energie
BsGaV	Verordnung zur Anwendung des Fremdvergleichsgrundsatzes auf Betriebsstätten nach § 1 Absatz 5 des Außensteuergesetzes
bspw.	beispielsweise
BStBl	Bundessteuerblatt
bzw.	beziehungsweise
DBA	Doppelbesteuerungsabkommen
d. h.	das heißt
DRÄS	Deutscher Rechnungslegungsänderungsstandard
DRS	Deutscher Rechnungslegungsstandard
DRSC	Deutsches Rechnungslegungsstandards Committee e. V.
EBITDA	Earnings before Interests, Taxes, Depreciation and Amortisation

EBV	Eigenbetriebsverordnung
EG	Europäische Gemeinschaft
EGHGB	Einführungsgesetz zum Handelsgesetzbuch
EK	Eigenkapital
ELBA	elektronische Bilanzabgabe
ELSTER	elektronische Steuererklärung
ERiC	Elster Rich Client
EStDV	Einkommensteuerdurchführungsverordnung
EStG	Einkommensteuergesetz
EStR	Einkommensteuerrichtlinien
evtl.	eventuell
ff.	fortfolgende
GAAP-Modul	Generally Accepted Accounting Priciples-Modul
GbR	Gesellschaft bürgerlichen Rechts
GCD-Modul	Global Common Data-Modul
gem.	gemäß
GenG	Genossenschaftsgesetz
GewStG	Gewerbesteuergesetz
GKV	Gesamtkostenverfahren
GmbH	Gesellschaft mit begrenzter Haftung
GmbHG	GmbH-Gesetz
GuV	Gewinn- und Verlustrechnung
GWG	Geringwertige Wirtschaftsgüter
HB	Handelsbilanz
HFA	Hauptfachausschuss des Instituts der Wirtschaftsprüfer in Deutschland e. V.
HGB	Handelsgesetzbuch
Hrsg.	Herausgeber
i. d. F.	in der Fassung
i. d. R.	in der Regel
IDW	Institut der Wirtschaftsprüfer
IFRS	International Financial Reporting Standards
i. H. v.	in Höhe von
i. S. d.	im Sinne des
i. V. m.	in Verbindung mit
JAbschlVUV	Verordnung über die Gliederung des Jahresabschlusses von Verkehrsunternehmen
JAbschlWUV	Verordnung über Formblätter für die Gliederung des Jahresabschlusses von Wohnungsunternehmen
KapG	Kapitalgesellschaft
Kfz	Kraftfahrzeug
KGaA	Kommanditgesellschaft auf Aktien

KG	Kommanditgesellschaft
KHBV	Verordnung über die Rechnungs- und Buchführungspflichten von Krankenhäusern
KONSENS	Koordinierte neue Softwareentwicklung der Steuerverwaltung
KStG	Körperschaftsteuergesetz
KStR	Körperschaftsteuerrichtlinien
(M)	Mussfeld
MicroBilG	Kleinstkapitalgesellschaften-Bilanzrechtsänderungsgesetz
(MK)	Mussfeld, Kontennachweis erwünscht
NIL	not in list
Nr.	Nummer
(O)	sonstiges (optionales) Feld
o. a.	oben angeführt
OG	Organgesellschaft
OHG	offene Handelsgesellschaft
PBV	Pflege-Buchführungsverordnung
PerG	Personengesellschaft
PublG	Publizitätsgesetz
(R)	rechnerisch notwendig, soweit vorhanden
RechKredV	Verordnung über die Rechnungslegung der Kreditinstitute und Finanzdienstleistungsinstitute
RechPenV	Rechnungslegung von Pensionsfonds
RechVersV	Rechnungslegung von Versicherungsunternehmen
RechZahlV	Rechnungslegung der Zahlungsinstitute und E-Geld-Institute
RS	Stellungsnahmen zur Rechnungslegung
Rz.	Randzeichen
S.	Seite
SE	Societas Europaea
(SM)	Summenmussfeld
sog.	sogenannte
StB	Steuerbilanz
SteuBAG	Steuerbürokratieabbaugesetz
StuB	Steuern und Bilanzen
StÜR	steuerliche Überleitungsrechnung
u. a.	unten angegeben
u. E.	unseres Erachtens
UG	Unternehmergesellschaft
UKV	Umsatzkostenverfahren
UmwStG	Umwandlungssteuergesetz
US-GAAP	United States Generally Accepted Accounting Principles
UStG	Umsatzsteuergesetz
usw.	und so weiter

UV	Umlaufvermögen
v.	vom
vgl.	vergleiche
XBRL	Extensive Business Reporting Language
XML	Extensible Markup Language
z. B.	zum Beispiel

Inhaltsverzeichnis

Abbildungsverzeichnis

Grundlagen der E-Bilanz

1.1 Gründe und Zwecke der Einführung der E-Bilanz[1]

Die Möglichkeit der elektronischen Übermittlung von Steuererklärungen an die Finanzverwaltung besteht bereits seit dem Jahr 2006. Ab dem Veranlagungs- bzw. Erhebungszeitraum 2011 wurde für alle betrieblichen Steuererklärungen die elektronische Steuererklärungspflicht eingeführt, sodass es zwangsläufig auch zur elektronischen Übermittlung von Jahresabschlussdaten kommen musste.

Noch bis in die jüngste Zeit war die Rechnungslegung in der Handels- und Steuerbilanz in ihrem Verhältnis zueinander durch das Maßgeblichkeitsprinzip geprägt. Die Bilanzierenden waren bemüht, eine möglichst weitgehende Übereinstimmung handels- und steuerrechtlicher Gewinnermittlung mit der sog. Einheitsbilanz zu erreichen. War das nicht möglich – und das ist heute der Regelfall – dann musste der steuerliche Gewinn nach § 60 Abs. 2 EStDV durch eine sog. Überleitungsrechnung aus der Handelsbilanz abgeleitet werden. Eine eigene Steuerbilanz wurde normalerweise nicht erstellt, weil es auch ein „two-book-accounting-system", wie es traditionell in den USA verankert ist, hierzulande nicht gab. Andererseits musste aber der Ruf nach internationaler Rechnungslegung und dem Streben nach Harmonisierung der Rechnungslegung, nach den international anerkannten Rechnungslegungsstandards US-GAAP und IFRS notwendigerweise, vor allem für international tätige Konzerne, zu mehreren Buchhaltungssystemen führen. Dies führte aber auch dazu, dass durch die wesentlichen Änderungen des Maßgeblichkeitsprinzips, den Durchbrechungen des Maßgeblichkeitsprinzips und dem Wegfall der Umkehrung des Maßgeblichkeitsprinzips die Steuerbilanz eine Eigendynamik entwickelte, die es der Finanzverwaltung ermöglichte, die Weichen zur E-Bilanz zu stellen.

---

[1] Vgl. von Sicherer, Bilanzierung im Handels- und Steuerrecht, 2018, S. 155 ff.

© Springer Fachmedien Wiesbaden GmbH, ein Teil von Springer Nature 2019
K. von Sicherer und E. Čunderlíková, *E-Bilanz*, https://doi.org/10.1007/978-3-658-21498-2_1

Mit dem Steuerbürokratieabbaugesetz (SteuBAG) vom 20.12.2008[2], Bürokratieabbau und Verwaltungsvereinfachung, sollen die Arbeitsabläufe zwischen Unternehmen und Finanzverwaltung durch eine möglichst vollständige elektronische Umsetzung optimiert werden. „Elektronik statt Papier" war jetzt das Motto des Gesetzgebers. Mit diesen Maßnahmen wird primär das Ziel verfolgt, eine volle elektronische „Unternehmenssteuererklärung" als Regelverfahren der Kommunikation zwischen Unternehmen und Finanzverwaltung zu etablieren. Mit § 5b EStG wurde die gesetzliche Grundlage für die elektronische Übermittlung von Jahresabschlussdaten an die Finanzverwaltung geschaffen. Danach sind bilanzierende Unternehmen, unabhängig von der Rechtsform, verpflichtet, ihren Jahresabschluss, Bilanz und Gewinn- und Verlustrechnung nach amtlich vorgeschriebenen Datensätzen durch Datenfernübertragung an die Finanzverwaltung zu übermitteln (sog. „E-Bilanz"). E-Bilanz ist die Abkürzung für elektronische Bilanz und bedeutet die elektronische Übermittlung steuerrelevanter Jahresabschlussdaten. Die frühere Methode „Jahresabschluss ausdrucken, unterschreiben und per Post an das Finanzamt senden" wird mit der E-Bilanz durch die elektronische Übermittlung via Internet ersetzt. Die E-Bilanz zählt als Baustein des SteuBAG's zum E-Government. Electronic Government umfasst alle Prozesse der öffentlichen Willensbildung, der Entscheidungsfindung und Leistungserstellung in den Bereichen Politik, Staat und Verwaltung, die durch Informations- und Kommunikationstechnologien unterstützt werden. Dies erfolgt im Wege des üblichen Veranlagungsverfahrens, unabhängig von der Betriebsgröße oder der Art des Unternehmens. Das steuerpflichtige bilanzierende Unternehmen hat hierbei die Möglichkeit, entweder die Handelsbilanz, ergänzt mit einer strukturierten steuerlichen Überleitungsrechnung, oder eine gesonderte Steuerbilanz i. S. v. § 60 Abs. 2 EStDV und § 5b Abs. 1 Satz 3 EStG inklusive einer steuerlichen Gewinn- und Verlustrechnung beim Finanzamt einzureichen.

Somit ist der Jahresabschluss mithilfe eines elektronischen Übermittlungsformats spätestens für Wirtschaftsjahre ab dem 01.01.2013 bzw. bei abweichendem Wirtschaftsjahr für das Wirtschaftsjahr 2013/2014 digital an das Finanzamt zu übermitteln. Hintergrund der Einführung der E-Bilanz ist darin zu sehen, dass die Finanzverwaltung die neu gewonnenen umfangreichen Daten im Rahmen ihres Risikomanagementsystems für die Erweiterung prüfungsrelevanter Sanktionsmechanismen verwenden will. Damit kann die Finanzverwaltung jede Position des eingehenden Datenpools eines Steuerpflichtigen mit vorhandenen Referenzzahlen vergleichen. Negative Abweichungen von den Referenzzahlen ordnet die Finanzverwaltung als Indizien für prüfungsrelevante Steuerfälle ein. Referenzzahlen dienen bspw. dem Vergleich mit den Daten vergleichbarer Unternehmen (Größe, Branche, Rechtsform etc.). Auf der Basis der von allen Steuerpflichtigen eingereichten Daten ordnet die Finanzverwaltung im Rahmen ihres Risikomanagements alle Steuerfälle nach dem sog. Ampelsystem[3] in Risikoklassen ein. Die Finanzverwaltung ver-

---

[2] Gesetz zur Modernisierung und Entbürokratisierung (Steuerbürokratieabbaugesetz) v. 20.12.2008, BGBl I 2008, S. 2850.
[3] Vgl. BMF, Ampel-System des Risikomanagements der Finanzverwaltung, Monatsbericht 12/2002, S. 61.

steht unter Risiko jede Negativabweichung der gelieferten Daten eines Steuerpflichtigen von vorgegebenen Normgrößen. Das Ampelsystem unterscheidet drei Risikoklassen:

- Risikoarme Steuerfälle (grüne Risikoklasse) ordnet das Risikomanagement der Finanzverwaltung in die niedrigste Risikoklasse ein. Sieht man von stichprobenartigen personellen Betriebsprüfungen ab, erfolgt hier im Wesentlichen nur eine vollautomatisierte Plausibilitätsprüfung.
- Steuerfälle mit steigendem Risiko führen zu häufigeren und intensiveren personellen Prüfungen (gelbe Risikoklasse). Hier finden nur noch teilautomatisierte Plausibilitätsprüfungen statt.
- Unternehmen in der höchsten Risikoklasse (rote Risikoklasse) müssen mit garantierten manuellen Intensivprüfungen rechnen.

Die Finanzverwaltung ist nicht verpflichtet, die Risikoparameter für die Einteilung der Steuerfälle in die Risikoklassen offenzulegen. Es ist aber davon auszugehen, dass bspw. bei zu häufiger Inanspruchnahme sog. Auffangpositionen der Steuerpflichtige nicht damit rechnen kann, der niedrigsten Risikoklasse zugeordnet zu werden. Zumindest wird der Steuerpflichtige im Steuerveranlagungsverfahren mit einer höheren Nachfrageintensität der Finanzverwaltung rechnen können. Auch die Anordnung einer Betriebsprüfung ist dann nicht ausgeschlossen. Langfristig ist den Anforderungen der Finanzverwaltung in jedem Fall nachzukommen, um ein Ansteigen der Prüfungshäufigkeit zu verhindern.

1.2 Rechtliche Grundlagen und Anwendungsbereich der E-Bilanz

1.2.1 Rechtliche Rahmenbedingungen und persönlicher Anwendungsbereich

§ 5b EStG wurde im Rahmen des SteuBAG vom 20.12.2008 eingeführt. § 5b Abs. 1 Satz 1 EStG regelt den persönlichen Anwendungsbereich. Danach sind zur Erstellung der E-Bilanz Unternehmen verpflichtet, die ihren Gewinn nach § 4 Abs. 1, § 5 oder § 5a EStG ermitteln. Somit sind alle bilanzierenden Unternehmen ungeachtet ihrer Rechtsform verpflichtet, eine E-Bilanz zu erstellen. Größenabhängige Erleichterungen (oder Befreiungen) im Sinne der §§ 267, 267a HGB in Kleinst-, kleine, mittelgroße und große Gesellschaften gibt es nicht. Diese Unternehmen sind nunmehr verpflichtet, Bilanz und Gewinn- und Verlustrechnung nicht mehr in Papierform, sondern auf elektronischem Weg an die Finanzverwaltung unter Verwendung von amtlich vorgeschriebenen Datensätzen zu übermitteln. Zur Ausgestaltung der Datensätze ist das BMF gem. § 51 Abs. 4 Nr. 1b EStG ermächtigt, den Mindestumfang der E-Bilanz festzulegen. § 5b Abs. 1 Sätze 2 und 3 EStG regeln die Übermittlungsalternativen. Eine Alternative stellt zum einen die Handelsbilanz mit einer Überleitungsrechnung dar, wenn die Handelsbilanz von den steuerlichen Vorschriften abweicht und zum anderen die reine Steuerbilanz, wenn bspw. eine

Handelsbilanz nicht erstellt werden muss (wie bspw. bei einem nach § 4 EStG freiwillig bilanzierenden Freiberufler).

Bei der steuerlichen Gewinnermittlung durch Betriebsvermögensvergleich sind zwei Methoden zu unterscheiden. Einmal der allgemeine Betriebsvermögensvergleich nach § 4 Abs. 1 EStG und zum anderen der besondere **Betriebsvermögensvergleich nach § 5 Abs. 1 EStG**. Nach § 5 EStG müssen alle buchführenden Gewerbetreibenden nach handelsrechtlichen Grundsätzen ordnungsmäßiger Buchführung bilanzieren, unabhängig davon, ob sie dazu verpflichtet sind oder freiwillig (wie bspw. Kleingewerbetreibende) Jahresabschlüsse erstellen. Zudem verpflichtet die derivative steuerliche Buchführungspflicht gem. § 140 AO alle Steuerpflichtige, die unter die §§ 238 ff. HGB fallen, die dort enthaltenen Vorschriften auch für steuerliche Zwecke anzuwenden. Nach §§ 238 ff. HGB ist jeder Kaufmann zur Buchführung und Bilanzierung verpflichtet. Kaufmann ist gem. § 1 Abs. 1 HGB derjenige, der ein Handelsgewerbe betreibt. Nach § 1 Abs. 2 HGB ist jeder Gewerbebetrieb ein Handelsgewerbe, es sei denn, dass ein Unternehmen nach Art und Umfang einen „in kaufmännischer Weise eingerichteten Geschäftsbetrieb" nicht erforderlich macht. Ob für einen Gewerbebetrieb eine kaufmännische Geschäftsorganisation notwendig ist, bestimmt sich unter anderem nach der Größe des Unternehmens. Die Größe wird bei Neugründungen aufgrund diverser von den Industrie- und Handelskammern geforderten Daten festgestellt, wie etwa des (geschätzten) Umsatzes, des Umfangs des investierten Kapitals, dem Umfang des Anlagevermögens, der beanspruchten Kreditmittel, der Lieferanten, des Kundenkreises, der Anzahl der Mitarbeiter usw. Ist ein Gewerbebetrieb auf Basis dieser Größenmerkmale Kaufmann, ergibt sich hieraus die Pflicht, eine doppelte Buchführung zu führen und einen Jahresabschluss zu erstellen. Der Begriff „Gewerbebetrieb" wird auch in § 15 Abs. 2 EStG definiert.

Die Verpflichtungen der Kaufmannseigenschaften im Sinne des HGB erfüllen in der Regel folgende Rechtspersonen:

- Einzelkaufleute,
- Land- und forstwirtschaftliche Unternehmen, die einen in kaufmännischer Weise eingerichteten Geschäftsbetrieb notwendig machen und in das Handelsregister eingetragen sind,
- Personenhandelsgesellschaften (OHG, KG, GmbH (AG) & Co. KG),
- Kapitalgesellschaften (GmbH, AG, UG, KGaA, SE),
- eingetragene Genossenschaften.

Neben der handelsrechtlichen Buchführungspflicht werden durch die besondere steuerrechtliche Vorschrift des § 141 AO, der originären steuerlichen Buchführungspflicht, bestimmte Gewerbetreibende wie bspw. nicht in das Handelsregister eingetragene Kleingewerbetreibende sowie Land- und Forstwirte zur steuerlichen Gewinnermittlung durch Betriebsvermögensvergleich verpflichtet, wenn diese Steuerpflichtige von der Finanzverwaltung auf die Buchführungspflicht hingewiesen worden sind und eines der folgenden Größenkriterien überschreiten:

- Umsätze von mehr als 600.000 € im Kalenderjahr oder
- einen Gewinn aus Gewerbebetrieb oder Land- und Forstwirtschaft von mehr als 60.000 € im Wirtschaftsjahr bzw. Kalenderjahr erzielt haben oder
- bei selbstbewirtschafteten land- und forstwirtschaftlichen Flächen mit einem Wirtschaftswert von mehr als 25.000 €.

Handelsrechtlich besteht noch für nicht kapitalorientierte Einzelkaufleute als Wahlrecht eine größenabhängige Befreiung von der Buchführungspflicht gem. § 241a HGB, wenn sie an den Abschlussstichtagen von zwei aufeinanderfolgenden Geschäftsjahren nicht mehr als 600.000 € Umsatzerlöse **und** nicht mehr als 60.000 € Jahresüberschuss erreichen.

Die **Gewinnermittlung nach § 4 Abs. 1 EStG** ist für die Ermittlung der Einkünfte aus Land- und Forstwirtschaft, Gewerbebetrieb und selbständiger Arbeit anzuwenden. Da aber für Gewerbetreibende grundsätzlich § 5 EStG als lex specialis anzuwenden ist, verbleibt die Anwendung des § 4 Abs. 1 EStG im Wesentlichen nur für Land- und Forstwirte und für selbständig Tätige (freiberuflich Tätige), die freiwillig bilanzieren. Grundsätzlich sind Freiberufler wie bspw. Architekten, Ärzte, Rechtsanwälte oder Steuerberater von der Größenklasseneinordnung gem. § 141 AO nicht betroffen. Deshalb werden freiberuflich Tätige in der Regel nur eine Einnahmen-Überschuss-Rechnung anfertigen und müssen daher auch keine E-Bilanz erstellen. Wird freiwillig ein Betriebsvermögensvergleich nach § 4 Abs. 1 EStG durchgeführt, dann muss auch eine E-Bilanz erstellt werden. Bei Erstellung einer reinen Steuerbilanz nach § 4 Abs. 1 EStG ist keine Überleitungsrechnung von der Handels- auf die Steuerbilanz zu erstellen, weil eine Handelsbilanz nicht zu erstellen ist, da es sich nicht um Kaufleute i. S. d. HGB handelt. Damit sind auch weder ein Anhang noch ein Lagebericht zu erstellen. Nur die Stammdaten und die Daten der Bilanz und GuV sind an das Finanzamt zu übermitteln.

Bei der **Tonnagebesteuerung** handelt es sich um die Gewinnermittlung bei Handelsschiffen im internationalen Verkehr nach **§ 5a EStG**, nach dem solche Gewerbebetriebe die Gewinnermittlung nicht nach den §§ 5 und 4 Abs. 1 EStG vornehmen, sondern auf unwiderruflichen Antrag des Steuerpflichtigen nach der im Betrieb geführten Tonnage. Die Betreiber von solchen Handelsschiffen berechnen ihren Gewinn nach der Tonnage der Schiffe, also nach dem Stauraum des Schiffs. Bei dieser Gewinnermittlung ist es steuerlich trotzdem erforderlich, gem. § 60 Abs. 3 EStDV eine Steuerbilanz der Steuererklärung beizufügen, die gem. § 5b Abs. 1 Satz 1 EStG auch elektronisch abzugeben ist.[4]

Zu der Übermittlung der E-Bilanz sind **auch steuerbefreite Körperschaften, die einen wirtschaftlichen Gewerbebetrieb betreiben,** und **juristische Personen des öffentlichen Rechts mit Betrieb(en) gewerblicher Art** verpflichtet. Die E-Bilanz muss aber grundsätzlich nur für den Teil des steuerpflichtigen wirtschaftlichen Gewerbebetriebs erstellt werden.

Die Vorschrift des § 5b EStG ist national übergreifend und bezieht sich auch auf **inländische Betriebstätten ausländischer Unternehmen**, soweit sie Bücher nach § 13 d HGB

---

[4] BMF-Schreiben v. 12.06.2002, BStBl 2002 I, S. 614.

oder nach § 141 AO führen müssen, und auf **ausländische Betriebsstätten inländischer Unternehmen**, soweit diese den Gewinn nach § 4 Abs. 1, § 5 oder § 5a EStG ermitteln. Während im ersten Fall eine E-Bilanz nur für die inländische Betriebsstätte übermittelt werden muss, ist im zweiten Fall eine E-Bilanz für das gesamte Unternehmen, d. h. inländische und ausländische Betriebsstätten zusammen, zu übermitteln.

Zusammenfassend sind damit folgende Steuerpflichtige von der Regelung des § 5b Abs. 1 EStG betroffen:

- Körperschaften,
- steuerbefreite Körperschaften mit wirtschaftlichem/n Gewerbebetrieb/en,
- Personengesellschaften,
- Einzelunternehmen,
- inländische Betriebstätten ausländischer Unternehmen,
- ausländische Betriebstätten inländischer Unternehmen,
- juristische Personen des öffentlichen Rechts mit Betrieb(en) gewerblicher Art.

1.2.1.1 Härtefallregelung

Für viele Unternehmen sind diese Neuregelungen natürlich mit großen administrativen, organisatorischen und technischen Herausforderungen verbunden. Daher hat die Finanzverwaltung außer allgemeiner Nichtbeanstandungs- und Übergangsregelungen zusätzlich auch einige Einführungserleichterungen geschaffen.

Gem. § 5b Abs. 2 EStG i. V. m. § 150 Abs. 8 AO kann die Finanzverwaltung auf Antrag zur Vermeidung unbilliger Härten auf eine elektronische Übermittlung der E-Bilanz verzichten, soweit eine elektronische Übermittlung für den Steuerpflichtigen wirtschaftlich oder persönlich unzumutbar ist. „Dies ist insbesondere der Fall, wenn die Schaffung der technischen Möglichkeiten nur mit einem nicht unerheblichen finanziellen Aufwand möglich wäre oder wenn der Steuerpflichtige nach seinen individuellen Kenntnissen und Fähigkeiten nicht oder nur eingeschränkt in der Lage ist, die Möglichkeiten der Datenfernübertragung zu nutzen" (§ 150 Abs. 2 Satz 2 AO). In diesem Zusammenhang nennt das Gesetz hierzu explizit als Beispiele hohen Geldaufwand zur Beschaffung der Übermittlungssoftware oder ungenügenden Kenntnisstand des Steuerpflichtigen zur Erstellung des zu übermittelnden Datensatzes. Insbesondere bei Klein- und Kleinstbetrieben könnten diese Voraussetzungen vorliegen, soweit diese nicht von einem steuerlichen Berater betreut werden. Bei Unternehmen, die sich steuerlich beraten lassen, dürften die Chancen auf einen erfolgreichen Härtefallantrag eher aussichtslos sein, weil dem Berufsstand der Steuerberater sehr wohl zugemutet werden kann, sich mit den Anforderungen der E-Bilanz auseinanderzusetzen.

Die Härtefallregelung ist keine allgemeine zeitliche Übergangsregelung, sondern eröffnet nur die Möglichkeit, die Finanzverwaltung im Rahmen einer spezifischen Ermessensentscheidung dazu zu bewegen, mindestens einen zeitlichen Aufschub zur Erfüllung der elektronischen Datenübermittlung zu erwirken.

Soll also die Härtefallregelung in Anspruch genommen werden, muss zunächst ein schriftlicher Antrag des Steuerpflichtigen beim zuständigen Finanzamt gestellt werden. Andererseits sichert die Finanzverwaltung zu, dass die Abgabe eines Jahresabschlusses in Papierform in der Anfangsphase als Härtefallantrag ausgelegt wird, so dass es keiner gesonderten Antragstellung bedarf. Problem ist aber, dass der Begriff „Anfangsphase" zeitlich nicht definiert ist. Aus diesem Grund ist es empfehlenswert, in jedem Falle einen schriftlichen Antrag zu stellen und die Gründe des Vorliegens eines Härtefalles zu erläutern. Die zuständige Finanzbehörde wird sodann nach pflichtgemäßem Ermessen (§ 5 AO) über den Antrag gem. § 5b Abs. 2 Satz 1 EStG unter Würdigung des § 150 Abs. 8 AO entscheiden. Der behördliche Ermessensspielraum dürfte bei Vorliegen der gesetzlich vorgegebenen Gründe eingeschränkt sein, so dass dem Antrag eigentlich prinzipiell zu entsprechen ist. Aber auch die gesetzlichen Formulierungen lassen natürlich bei der Auslegung Ermessensspielraum zu. Bei Kleinstbetrieben aber, die keine steuerliche Beratung in Anspruch nehmen, oder bei einer Unternehmensneugründung, oder bei einer geplanten Betriebsaufgabe oder Betriebsveräußerung sollte es jedoch keine Gründe geben, den Härteantrag abzulehnen.

Wird der Antrag auf Härtefallregelung abgelehnt, sind die Jahresabschlussdaten in elektronischer Form an die Finanzverwaltung zu übermitteln. Die Finanzverwaltung verweist dann auf die Mitwirkungspflicht (§ 90 AO) des Steuerpflichtigen und wird versuchen, ihre Forderungen mit Androhung und Festsetzung von Zwangsgeldern gem. §§ 328 ff. AO durchzusetzen. Zudem hat das BMF bereits im Jahre 2010 im BMF-Schreiben vom 19.01.2010[5] angekündigt, dass bei Nichtübermittlung der Jahresabschlussdaten in elektronischer Form dieselben Maßnahmen greifen, als ob die Jahresabschlussdaten überhaupt nicht eingereicht worden wären. Übermitteln der Jahresabschlüsse an die Finanzverwaltung in Papierform können zu Festsetzungen von Sanktionen bis zu 25.000 € führen, müssen aber nach §§ 329 ff. AO schriftlich angedroht werden.

1.2.2   Sachlicher Anwendungsbereich

Nach § 5b Abs. 1 EStG müssen bilanzierende Unternehmen die Daten der Bilanz und der Gewinn- und Verlustrechnung nach amtlich vorgeschriebenem Datensatz in elektronischer Form an die Finanzverwaltung übermitteln. Der Gesetzgeber verfolgt mit der Einführung der E-Bilanz folgende Ziele:

- Mit der Einführung der E-Bilanz eröffnen sich für die bilanzierenden Unternehmen mittel- und langfristig mehrere Vorteile bei der Erfüllung ihrer steuerlichen und bilanziellen Pflichten durch die elektronische Datenübermittlung, vor allem Kosten- und Zeitersparnisse.

---

[5] Vgl. BMF-Schreiben v. 19.01.2010, BStBl 2010 I., S. 47.

- Die E-Bilanz bildet einen wesentlichen Baustein im Rahmen der Neukonzeption eines modernen Besteuerungsverfahrens der Finanzverwaltung. Hierbei ist Bilanz in einem umfassenden Sinn zu verstehen. Das bedeutet, dass neben den laufenden Bilanzen auch andere Bilanzen zu erfassen und elektronisch zu übermitteln sind.

Zu den **laufenden** Bilanzen zählen:

- die jährliche Handelsbilanz mit evtl. Überleitungsrechnung, wenn die Handelsbilanz von der Steuerbilanz abweicht,
- die Steuerbilanz,
- bei Personengesellschaften kommen zur Handels- bzw. Steuerbilanz auch evtl. Sonder- und Ergänzungsbilanzen hinzu.

Zu den **anderen** Bilanzen zählen:

- Eröffnungsbilanz (§ 5b Abs. 1 Satz 5 EStG),
- Bilanz bei einer Betriebsaufgabe,
- Bilanz bei einer Betriebsveräußerung,
- Bilanz bei Umwandlungsfällen,
- Bilanz bei Änderung der Gewinnermittlungsart (vorher Einnahmen-Ausgabenrechnung),
- Bilanz bei Gesellschafterwechsel in einer Personengesellschaft,
- Anfangs- und Schlussbilanzen gem. § 13 KStG,
- Liquidationsbilanz gem. § 11 KStG.

Werden Bilanzen aufgrund von Folgeeffekten einer Betriebsprüfung berichtigt oder geändert, sind auch diese elektronisch an die Finanzverwaltung zu übermitteln.

1.2.3 Zeitlicher Anwendungsbereich

Die E-Bilanz sollte erstmals für Wirtschaftsjahre, die nach dem 31.12.2010 beginnen (§ 52 Abs. 15a EStG i. d. F. des SteuBAG), an die Finanzverwaltung übermittelt werden. Da der tatsächliche Einführungszeitpunkt der E-Bilanz nach § 5b EStG wegen der absehbaren, nicht unerheblichen, vor allem technischen Umsetzungsproblemen, von allen Beteiligten wahrscheinlich zu zeitlichen Verzögerungen führen würde, hat der Gesetzgeber bereits mit dem SteuBAG in § 51 Abs. 4 Nr. 1c EStG das BMF ermächtigt, den Erstanwendungszeitpunkt gem. § 52 Abs. 15a EStG durch Rechtsverordnung flexibler zu gestalten. Diese Ermächtigung war auf den Zeitpunkt 31.12.2010 begrenzt. Da das BMF gegen Ende 2010 die technischen und organisatorischen Voraussetzungen für eine Umsetzung des § 5b EStG von allen Beteiligten als nicht erfüllt angesehen hat, hat das BMF am 20.12.2010 die

Verordnung zur Festlegung eines späteren Anwendungszeitpunktes nach § 5b EStG erlassen (**Anwendungszeitpunktverschiebungsverordnung – AnwZpvV**[6]). Damit wird die in § 52 Abs. 15a EStG gesetzlich verankerte erstmalige Übermittlung der E-Bilanz um ein Jahr verschoben (§ 1 AnwZpvV) und zwar für Wirtschaftsjahre, die nach dem 31.12.2011 beginnen.

Vor allem wegen massiver Kritik an der Einführung der E-Bilanz sah sich die Finanzverwaltung gezwungen, durch Nichtbeanstandungsregelungen via Übergangsregelungen eine stufenweise Einführung der E-Bilanz vorzunehmen. Deshalb galt für das **Jahr 2012** für alle durch § 5b EStG betroffene Steuerpflichtige eine allgemeine **Nichtbeanstandungsregelung**. Damit durften alle bilanzierenden Unternehmen ihren Jahresabschluss für das erste Wirtschaftsjahr, das nach dem 31.12.2011 begann, noch in Papierform abgeben. Die Abgabe der Bilanz und GuV in Papierform war wohl als konkludenter Antrag auf Anwendung der Härtefallregelung zu werten. Letztendlich wurde nach dem Verschieben des erstmaligen Anwendungszeitpunktes durch die AnwZpvV um ein Jahr die Einführung der E-Bilanz um ein weiteres Jahr verschoben. D. h., die E-Bilanz musste erst für Wirtschaftsjahre, die nach dem 31.12.2012 begannen, an die Finanzverwaltung übermittelt werden. Demnach war bei einem Wirtschaftsjahr, das dem Kalenderjahr entspricht, die erste E-Bilanz im Jahr 2014 für das **Wirtschaftsjahr 2013** abzugeben. Bei einem abweichenden **Wirtschaftsjahr 2013/2014** war die E-Bilanz erst im Jahr 2015 zu übermitteln.

Zudem sah das BMF-Schreiben zur E-Bilanz vom 28.11.2011 weitere **persönliche Übergangsregelungen** für bestimmte gem. § 5b EStG verpflichtete Betriebe vor. Danach wird es „zur … Vermeidung unbilliger Härten … für eine Übergangszeit nicht beanstandet …" wenn für bestimmte Unternehmen die E-Bilanz erstmals für Wirtschaftsjahre erfolgt, die nach dem 31.12.2014 beginnen. Diese Steuerpflichtigen müssen damit die erste E-Bilanz im Wirtschaftsjahr 2016 für das Wirtschaftsjahr 2015 an die Finanzverwaltung übermitteln.

Dies gilt unter anderem für folgende Unternehmen:

- inländische Betriebsstätten ausländischer Unternehmen,
- Betriebe gewerblicher Art von juristischen Personen des öffentlichen Rechts,
- steuerbegünstigte Körperschaften mit wirtschaftlichen Geschäftsbetrieben.

Außer den persönlichen Übergangsregelungen wurden auch **sachliche Übergangsregelungen** verabschiedet. Danach war es ausreichend, wenn Sonder- und Ergänzungsbilanzen für Wirtschaftsjahre, die vor dem 01.01.2015 endeten, nicht in einem eigenen Datensatz übermittelt wurden, sondern nur als Freitext. Eine Nichtbeanstandung betraf auch den Berichtsbestandteil „Kapitalkontenentwicklung". Dieser muss erst für Wirtschaftsjahre, die nach dem 31.12.2014 beginnen, zwingend übermittelt werden. Bis zu diesem Zeitpunkt bestand hierfür keine Übermittlungspflicht.

---

[6] Anwendungszeitpunktverschiebungsverordnung v. 20.12.2010, BGBl I 2010, S. 2135.

Jahr der Übermittlung	2013	2014	2015	2016
	Freiwillige Übermittlung der E-Bilanz	Pflichtübermittlung der E-Bilanz mit Übergangsregelungen	Pflichtübermittlung der E-Bilanz mit Übergangsregelungen	Pflichtübermittlung der E-Bilanz ohne Übergangsregelungen
Wirtschaftsjahr = Kalenderjahr	2012	2013	2014	2015

Abb. 1.1 Zeitlicher Verlauf des Abbaus der Übergangsregelungen

Spätestens ab dem **Wirtschaftsjahr 2015** bzw. **2015/2016** sind die E-Bilanzen ohne die Anwendung von Übergangsregelungen an die Finanzverwaltung zu übermitteln. Eine Darstellung des zeitlichen Ablaufs für den Regelfall zeigt die Abb. 1.1.

1.3 Technische Grundlagen der E-Bilanz

Die E-Bilanz basiert auf dem sog. XBRL-Standard. XBRL steht für e**X**tensible **B**usiness **R**eporting **L**anguage und ist ein weltweit anerkannter Standard zur Übermittlung von Datensätzen. Mittels XBRL können die Datensätze vom Sender an den Empfänger in standardisierter Form übermittelt werden, wobei der Empfänger die Möglichkeit hat, die Datensätze anzuschauen und gegebenenfalls zu bearbeiten.

XBRL selbst wird durch verschiedene Elemente (sog. concepts) und Verbindungen (sog. linkbases) definiert. Insgesamt gibt es fünf „linkbases":

- label linkbase,
- reference linkbase,
- presentation linkbase,
- calculation linkbase,
- definition linkbase.

Mithilfe eines **label linkbase** werden einzelne Bezeichnungen den entsprechenden Elementen (concepts) zugeordnet. Damit wird sichergestellt, dass der XBRL-Standard in jede Sprache übersetzt und überall genutzt werden kann. **Reference linkbases** verbindet wiederum das Element (concept) mit der dazu gehörigen Vorschrift (bspw. § 266 Abs. 1 HGB). **Presentation linkbase** dient dazu, um die Beziehungen unter den Elementen (concepts) zu definieren. Somit wird also eine hierarchische Rangordnung der Elemente (concepts) erstellt. Weiter wird die **calculation linkbase** dazu verwendet, um

Rechenregeln zwischen den Elementen (concepts) zu schaffen. Die **definition linkbase** definiert wiederum andere Beziehungen zwischen den Elementen (concepts), bspw. dass ein Element (concept) automatisch ein anderes Element (concept) erforderlich macht.[7]

Mithilfe des XBRL-Standards ist es möglich, die Daten gut zu strukturieren und aufzubereiten. Die Finanzverwaltung kann die Datensätze dann einfach übernehmen und bearbeiten. Deshalb wurde dieser Standard als einziges Übermittlungsformat für die E-Bilanz zugelassen und für die Erstellung des amtlich vorgeschriebenen Datensatzes, der sog. Taxonomie, benutzt.

---

[7] Vgl. IFRS Foundation, Frequently Asked Questions, erhältlich im Internet: http://www.ifrs.org/xbrl/resources/Pages/Frequently-Asked-Questions.aspx (besucht am 30.06.2016).

Taxonomie

2

2.1 Grundsätzliches

Die E-Bilanz muss nach einem amtlich vorgeschriebenen Datensatz an das Finanzamt geliefert werden. Gesetzlich wird das durch § 51 Abs. 4 Nr. 1b EStG geregelt. Danach ist das BMF ermächtigt, im Einvernehmen mit den obersten Finanzbehörden der Länder, den Mindestumfang der nach § 5b EStG elektronisch zu übermittelnden Bilanz und Gewinn- und Verlustrechnung festzulegen. Die Veröffentlichung erfolgt immer durch ein BMF-Schreiben.

Den amtlich vorgeschriebenen Datensatz stellt die sog. Taxonomie dar, welche die bilanzierenden Unternehmen zwingend bei der Erstellung einer E-Bilanz anwenden müssen. Die Taxonomie legt Inhalt, Struktur und Gliederungstiefe der zu übermittelnden Daten fest. Sie kann somit quasi als Kontenrahmen verstanden werden. Bei der Taxonomie handelt es sich um eine steuerliche Vorschrift, die grundsätzlich auf dem Handelsrecht (Maßgeblichkeitsprinzip) basiert, es sei denn, das Steuerrecht gebietet eine andere Vorgehensweise oder lässt etwas anderes zu. Änderungen in der Taxonomie bzw. Anpassungen seitens der bilanzierenden Unternehmen sind nicht möglich. Das bilanzierende Unternehmen kann aber die Finanzverwaltung auf Fehler, Erweiterungsmöglichkeiten oder Streichungsbedarfe über ELSTER hinweisen.[1] Aber prinzipiell entspricht der Umfang der zu übermittelnden Daten dem, was bislang in Papierform zu übermitteln war.

Die Taxonomie selbst wird in zwei Module unterteilt:

- **Stammdatenmodul** – bildet den nicht-nummerischen Teil der Taxonomie und enthält Informationen über das Dokument, den Bericht und das bilanzierende Unternehmen.
- **Jahresabschlussmodul** – stellt den nummerischen Teil der Taxonomie dar und erfasst die einzelnen zu übermittelnden Berichtsbestandteile wie „Bilanz", „Gewinn- und Verlustrechnung", „Kapitalkontenentwicklung" usw.

---

[1] Vgl. KONSENS, Projekt E-Bilanz: Häufig gestellte Fragen, 2018, S. 8.

© Springer Fachmedien Wiesbaden GmbH, ein Teil von Springer Nature 2019
K. von Sicherer und E. Čunderlíková, *E-Bilanz*, https://doi.org/10.1007/978-3-658-21498-2_2

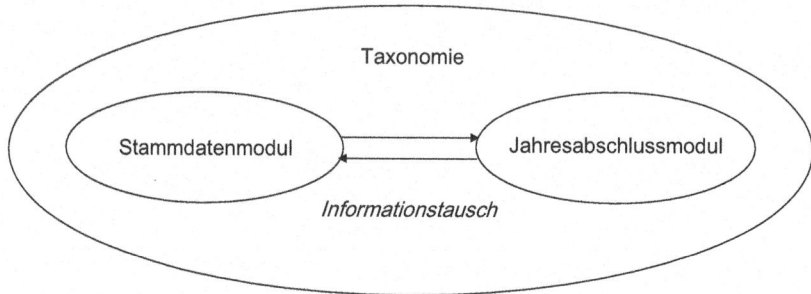

Abb. 2.1 Taxonomie

Die beiden Module (Abb. 2.1) können nicht getrennt voneinander existieren, da sie miteinander verbunden sind. D. h., die angeführten Informationen in einem Modul können die Daten im anderen Modul beeinflussen. Bspw. führt der Ausweis des Bilanzgewinnes im Berichtsbestandteil „Bilanz" im Jahresabschlussmodul zu der Pflichtangabe des Feldes „Bilanz enthält Bilanzgewinn" im Stammdatenmodul.

Eine festgesetzte Taxonomie hat keinen allgemeinen, zeitlich unbegrenzten Gültigkeitscharakter. So sind für unterschiedliche Kalender- bzw. Wirtschaftsjahre und auch für diverse Branchen verschiedene Taxonomien zu verwenden. Während die **Taxonomieversion** den zeitlichen Anwendungsbereich der Taxonomie abbildet, stellt die **Taxonomieart** den zu verwendenden branchenspezifischen Datensatz dar. Die korrekte Auswahl der Taxonomieversion und Taxonomieart ist vor allem deshalb von großer Bedeutung, weil sie maßgeblich den Inhalt beider Module beeinflusst.

Die korrekte Taxonomieversion und -art ist von der Internetseite der Finanzverwaltung (www.esteuer.de) herunterzuladen.

2.2 Taxonomieversion

Um die Konsistenz der Taxonomie mit den gültigen Gesetzen sicherzustellen, wird die Taxonomie jährlich auf den neusten Kenntnisstand überprüft und aktualisiert. Damit die alten und neuen Taxonomien voneinander unterschieden werden können, wurden Taxonomieversionen eingeführt. Jede neue Taxonomieversion wird immer mit Angabe des Datums und des zeitlichen Anwendungsbereichs verkündet. Die Veröffentlichung erfolgt durch ein BMF-Schreiben, in dem angegeben wird, welche Änderungen und Neuerungen in der veröffentlichten Taxonomieversion vorgenommen wurden.

Grundsätzlich ist eine Taxonomieversion immer nur für ein Wirtschaftsjahr zu verwenden. Die Taxonomie X.Y vom TT.MM.JJJJ ist für Wirtschaftsjahre, die nach dem 31.12.JJJJ anfangen, anzuwenden. Es wird aber nicht beanstandet, wenn die Taxonomie X.Y auch für Wirtschaftsjahre, die nach dem 31.12.JJJJ − 1 beginnen, verwendet wird. Somit soll garantiert werden, dass eine neue Taxonomienversion auch für ein früheres Jahr genutzt werden kann.

Die **Pilotierungstaxonomie vom 16.12.2010** war die erste Taxonomie, die erstellt worden ist. Sie diente der Übermittlung von Testfällen.

Die erste Taxonomie, die für die freiwillige Übermittlung der E-Bilanz für Wirtschaftsjahre, die nach dem 31.12.2011 begonnen haben, genutzt werden konnte, war die **Taxonomie 5.0 vom 14.09.2011**, die mit dem BMF-Schreiben vom 28.09.2011 veröffentlicht wurde. Sie hat grundsätzlich alle steuerlich relevanten Tatbestände erfasst, wobei aber bei manchen Teilen des Stammdatenmoduls noch die erforderliche Struktur und Tiefe gefehlt hat. Die Taxonomie 5.0 enthielt auch noch keine Spezialtaxonomie für Zahlungsinstitute.

Im Anschluss daran folgte die **Taxonomie 5.1 vom 01.06.2012** ohne wesentliche Änderungen. Es wurden nur einige neue Taxonomiepositionen hinzugefügt.

Mit der **Taxonomie 5.2 vom 30.04.2013** kam es zum ersten Mal zu einer größeren Änderung – zur Umsetzung des MicroBilG's im Rahmen der E-Bilanz. Im Gegensatz zur normalen Taxonomie enthielt die MicroBilG-Taxonomie weniger Taxonomiepositionen. Der Mindestumfang der zu übermittelnden Daten (Mussfelder) hat sich aber im Wesentlichen nicht verändert. D. h., auch wenn nach § 266 Abs. 1 HGB und gem. § 275 Abs. 5 HGB für Kleinstkapitalgesellschaften eine verkürzte Bilanz und eine verkürzte GuV erstellt werden kann, muss für die Zwecke der E-Bilanz ein ebenso hoher Detaillierungsgrad beachtet werden wie für eine „normale" Kapitalgesellschaft. Kleinstkapitalgesellschaften können zurzeit aber immer noch die Einführungserleichterungen der E-Bilanz nutzen und somit eine verkürzte E-Bilanz an die Finanzverwaltung übermitteln. Sobald jedoch die Einführungserleichterungen der E-Bilanz entfallen, ist davon auszugehen, dass die Erleichterungsregelungen des Handelsrechts irrelevant sind. Demzufolge haben die handelsrechtlichen Erleichterungen für Kleinstkapitalgesellschaften praktisch keine Bedeutung mehr, weil der Mindestumfang der zu übermittelnden Daten der MicroBilG-Taxonomie dem Mindestumfang der zu übermittelnden Daten einer normalen Taxonomie entspricht. Dasselbe gilt auch für Personengesellschaften, die gem. § 264a Abs. 1 HGB i. V. m. § 267a HGB als Kleinstpersonengesellschaften einzustufen sind.

Zudem wurde mit der Taxonomie 5.2 vom 30.04.2013 auch eine Taxonomie für Zahlungsinstitute eingeführt. Diese Taxonomieversion konnte erstmals für die Offenlegung des Jahresabschlusses genutzt werden, da sie als erste Taxonomie überhaupt alle handels- und steuerrechtlichen Vorschriften berücksichtigt hat.

Die verbindlich veröffentlichte **Taxonomie 5.3 vom 02.04.2014** enthielt als erste Taxonomie eine detaillierte Darstellung der an die Finanzverwaltung zu übermittelnden Informationen für steuerbegünstigte Körperschaften und juristische Personen mit Betrieben gewerblicher Art. Im BMF-Schreiben von 13.06.2014 wurde auch genau beschrieben, was diese Unternehmen elektronisch an die Finanzverwaltung versenden müssen, um ihrer E-Bilanzpflicht nachzukommen. Auch für Personengesellschaften gab es Änderungen, da mit dieser Taxonomie erstmals eine Übermittlung der Kapitalkontenentwicklung möglich war.[2]

---

[2] Vgl. BMF-Schreiben v. 13.06.2014, BStBl 2014 I, S. 886.

Mit der **Taxonomie 5.4 vom 03.04.2015**, die mit dem BMF-Schreiben vom 25.06.2015 verbindlich veröffentlich wurde, sind wiederum nur kleinere Änderungen vorgenommen worden. Bspw. müssen, soweit vorhanden, mit Inkrafttreten dieser Taxonomie bei Personengesellschaften nicht nur unmittelbar beteiligte, sondern auch mittelbar beteiligte und ausgeschiedene Gesellschafter angegeben werden. Zusätzlich wurde diese Taxonomie um weitere neue Positionen ergänzt. Auch wenn die Taxonomie 5.4 für Wirtschaftsjahre gilt, die nach dem 31.12.2015 beginnen, enthält sie noch die Strukturierung der GuV nach HGB a. F., d. h., die Änderungen nach BilRUG sind darin noch nicht berücksichtigt. Sofern der Jahresabschluss für Wirtschaftsjahre, die nach dem 31.12.2015 beginnen, gem. BilRUG erstellt wurde, darf die Taxonomie 5.4 daher zur Erstellung der E-Bilanz nicht verwendet werden.

Nach BilMoG stellt das BilRUG eine der größten Änderungen des Handelsrechts dar. Durch BilRUG kam es bspw. zur Neudefinition der Umsatzerlöse, zur Neugliederung der GuV wie auch zur Einführung einer verkürzten Bilanz und GuV für Kleinstgenossenschaften. Diese Änderungen wurden erstmals mit der **Taxonomie 6.0 vom 01.04.2016** auch für die E-Bilanz umgesetzt. Die Taxonomie 6.0 ist grundsätzlich für Wirtschaftsjahre, die nach dem 31.12.2016 beginnen, anzuwenden. Dasselbe gilt auch für die MicroBilG-Taxonomie 6.0, die auch für Kleinstgenossenschaften anzuwenden ist. Außerdem soll künftig auch die Taxonomie 6.0 für Zwecke des ELBA-Projekts (elektronische Bilanzabgabe) der deutschen Kreditwirtschaft verwendet werden. Aus diesem Grund wurde auch ein neuer Berichtsbestandteil „Zusatzinformation Kreditwürdigkeitsprüfung" in diese Taxonomieversion eingefügt.[3]

Mit dem BMF-Schreiben vom 16.05.2017 wurde die **Taxonomie 6.1 vom 01.04.2017** veröffentlicht. Mittels dieser Version wurden in die Taxonomie zusätzliche Positionen für Investitionsbeträge nach § 7g EStG und Aufwandsverteilungsposten für Ehegatten eingeführt.[4]

Die zurzeit neueste Taxonomie ist die **Taxonomie 6.2 vom 01.04.2018**. Diese Taxonomieversion soll vor allem Redundanzen zwischen der Erklärung zur gesonderten und einheitlichen Feststellung und dem Stammdatenmodul abbauen. Deswegen wurden die Gesellschaftergruppen (bspw. Vollhafter – persönlich haftender Gesellschafter, Teilhafter – Kommanditist usw.) im Stammdatenmodul der Taxonomie an die Erklärung angepasst. Zudem wurde ein neuer freiwillig zu übermittelnder Berichtsbestandteil „steuerlicher Betriebsvermögensvergleich" eingeführt, welcher der Ermittlung des Gewinnes nach § 4 Abs. 1 EStG dient. Voraussichtlich ab der Taxonomieversion 6.4 ist dieser Berichtsbestandteil zwingend an die Finanzverwaltung zu übermitteln. Um den gesetzlichen Vorschriften zu entsprechen und um eine bessere Darstellung der einzelnen Berichtsbestandteile zu ermöglichen, wurden in die Taxonomieversion 6.2 neue Positionen eingefügt. Zu diesen Positionen gehören bspw. Sonderbetriebsausgaben i. S. d. § 4i EStG, Aufwendungen für Rechteüberlassungen i. S. d. § 4j EStG usw.[5]

---

[3] Vgl. BMF-Schreiben v. 24.05.2016, BStBl 2016 I, S. 500.
[4] Vgl. BMF-Schreiben v. 16.05.2017, BStBl 2017 I, S. 776.
[5] Vgl. BMF-Schreiben v. 06.06.2018, BStBl 2018 I, S. 714.

Taxonomie-version	Anwendungszeitraum	
	Anfang des Wirtschaftsjahrs nach dem	Ende des Wirtschaftsjahrs vor dem
5.0	31. 12. 2011	31. 12. 2013
5.1	31. 12. 2011	31. 12. 2014
5.2	31. 12. 2012	31. 12. 2015
5.3	31. 12. 2013	31. 12. 2016
5.4	31. 12. 2014	31. 12. 2017
6.0	31. 12. 2015	31. 12. 2018
6.1	31. 12. 2016	31. 12. 2019
6.2	31. 12. 2017	31. 12. 2020

Abb. 2.2 Taxonomieversionen

Die Abb. 2.2 enthält eine Übersicht der Taxonomieversionen mit ihren zeitlichen An-
wendungsbereichen. Grundsätzlich ist die Taxonomie 6.2 für Wirtschaftsjahre zu verwenden, die nach dem 31. Dezember 2018 anfangen, sie kann aber auch für das Wirtschaftsjahr, das nach dem 31. Dezember 2017 anfängt, bereits verwendet werden.

2.3 Taxonomieart

Die meisten bilanzierenden Unternehmen stellen die Bilanz und GuV nur nach dem **Handelsrecht** auf. Einige bilanzierende Unternehmen müssen aber neben dem HGB auch noch
andere Gesetze befolgen. Aus diesen Gründen wurden Taxonomiearten eingeführt, die
einen branchenspezifischen Datensatz, der an die Finanzverwaltung zu übermitteln ist,
darstellen.

Alle nach HGB bilanzierenden Unternehmen müssen grundsätzlich die **Kerntaxonomie** als den zu übermittelnden Datensatz auswählen. Die Kerntaxonomie ist dabei für alle
Rechtsformen (Kapitalgesellschaften, Personengesellschaften und Einzelunternehmen) zu
verwenden, da sie die Positionen aller Rechtsformen beinhaltet. Für Kleinstkapitalgesellschaften, welche die Bilanz nach § 266 Abs. 1 HGB und die GuV nach § 275 Abs. 5 HGB
erstellen, ist die Kerntaxonomie nach MicroBilG zu nutzen. Dasselbe gilt gem. § 264a
Abs. 1 HGB auch für Kleinstpersonengesellschaften.

Soweit die Unternehmen neben dem HGB auch noch andere gesetzliche Vorschriften
zu beachten haben, ist zusätzlich zur Kerntaxonomie noch die **Ergänzungstaxonomie**
zu beachten. Diese Pflicht bezieht sich auf Wohnungswirtschaften, Land- und Forstwirt-
schaften, Krankenhäuser, Pflegedienstleister, Verkehrsunternehmen und kommunale Ei-
genbetriebe. Die Ergänzungstaxonomie kann zusammen mit der Kerntaxonomie in einem

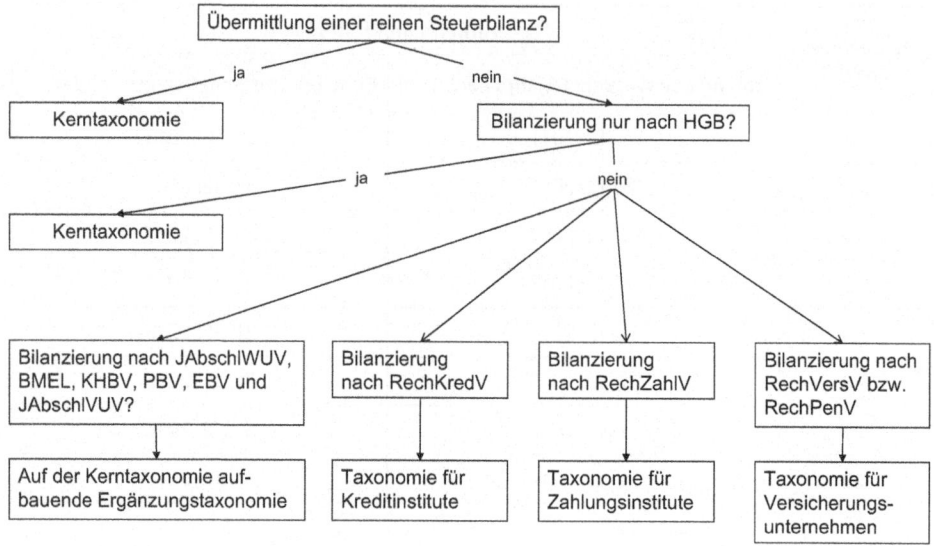

Abb. 2.3 Taxonomieart

Datensatz heruntergeladen werden (www.esteuer.de). Dasselbe gilt auch für die verkürzte Version nach MicroBilG, die von Kleinstgesellschaften genutzt werden kann, soweit die Bilanz nach § 266 Abs. 1 HGB und die GuV nach § 275 Abs. 5 HGB erstellt werden.

Anstelle der Kerntaxonomie muss für bestimmte bilanzierende Unternehmen eine **Spezialtaxonomie** angewendet werden. Insgesamt gibt es folgende drei Spezialtaxonomien:

- Taxonomie für Kreditinstitute für nach RechKredV bilanzierende Unternehmen,
- Taxonomie für Zahlungsinstitute für nach RechZahV bilanzierende Unternehmen,
- Taxonomie für Versicherungsunternehmen für nach RechVersV bzw. RechPensV bilanzierende Unternehmen.

Erstellen die bilanzierenden Unternehmen neben der Handelsbilanz noch eine **Steuerbilanz** und nur diese Steuerbilanz wird an die Finanzverwaltung versendet, also keine Handelsbilanz mit Überleitungsrechnung gem. § 60 Abs. 2 EStDV, dann genügt es, dass unabhängig von den handelsrechtlichen Bilanzierungsvorschriften, die **Kerntaxonomie** als Übermittlungsformat gewählt wird.[6]

Die Auswahl der richtigen Taxonomieart ist in Abb. 2.3 dargestellt.

---

[6] Vgl. KONSENS, Projekt E-Bilanz: Häufig gestellte Fragen, 2018, S. 9.

Stammdatenmodul 3

3.1 Allgemeines

Das Stammdatenmodul, auch **G**lobal **C**ommon **D**ata-Modul (GCD-Modul) genannt, stellt den nicht nummerischen Teil der Taxonomie dar. Es setzt sich aus drei Teilen Abb. 3.1 zusammen, die zahlreiche Angaben über das Dokument, den Bericht und das Unternehmen beinhalten.

Die E-Bilanz ist vor allem als zusätzliche Vorschrift zur Steuererklärung konzipiert. Deshalb sollten im Stammdatenmodul der E-Bilanz nicht die gleichen Felder abgefragt werden wie in der Steuererklärung, da es ansonsten zu Doppelabfragen kommen würde.

Global **C**ommon **D**ata-Modul = Stammdatenmodul		
Dokumenteninformationen	*Informationen zum Bericht*	*Informationen zum Unternehmen*
Identifikationsmerkmale des Dokuments; Dokumentersteller; Dokumentrevisionen; Nutzerspezifische Dokumentinformationen	Sachverständige; Identifikationsmerkmale des Berichts; Angaben zur Berichtsperiode; Berichtsprüfung; Erstellungsbescheinigung; Automatische Nummerierung von dafür vorgesehenen Bereichen des Berichts; Nutzerspezifische Berichtsinformationen	Identifikationsmerkmale des Unternehmens; Offenlegungsmerkmale; Nutzerspezifische Unternehmensinformationen

Abb. 3.1 Stammdatenmodul

© Springer Fachmedien Wiesbaden GmbH, ein Teil von Springer Nature 2019
K. von Sicherer und E. Čunderlíková, *E-Bilanz*, https://doi.org/10.1007/978-3-658-21498-2_3

Damit es aber seitens der Finanzverwaltung zu einer eindeutigen Identifizierung der über-mittelten Daten der E-Bilanz kommen kann, müssen trotzdem einige Felder doppelt, d. h. in der E-Bilanz und in der Steuererklärung, abgefragt werden, weil sonst eine Zuordnung der E-Bilanz zum bilanzierenden Unternehmen nicht erfolgen könnte.

Im Stammdatenmodul befinden sich zwei Positionstypen:

- Mussfelder und
- Kannfelder.

Mussfelder definieren den Mindestumfang von Daten, die zwingend anzugeben sind. Es handelt sich also um die wichtigsten Identifikationsmerkmale des Unternehmens und des Berichtes selbst. Die Bedeutung der Mussfelder liegt darin, die Übermittlung eines lee-ren Stammdatenmoduls zu verhindern. Manche Mussfelder sind manuell auszufüllen, bei anderen wiederum ist aus einer von der Finanzverwaltung vorgegebenen Liste eine Alter-native auszuwählen. Sollte eine Mussfeld wegen der Rechtsform nicht ausgefüllt werden können, wird ein NIL-Wert (technisch: not in list) an die Finanzverwaltung übermittelt.

Bei allen anderen Feldern handelt es sich um **Kannfelder**, die ausgefüllt werden kön-nen, aber nicht müssen. Kannfelder definieren zusätzliche Angaben, wie bspw., ob das Unternehmen börsennotiert ist oder welche Wirtschaftsprüfungsgesellschaft das Unter-nehmen prüft.

Soweit das Stammdatenmodul in einem E-Bilanzprogramm das erste Mal aufgerufen wird, ist in Abhängigkeit vom Wirtschaftsjahr des bilanzierenden Unternehmens die kor-rekte Taxonomieversion auszuwählen. Bestimmte Felder im Stammdatenmodul werden nämlich erst mit neueren Taxonomieversionen aktiviert. Die Taxonomieversion kann da-nach aber immer noch geändert werden.

3.2 Dokumentinformationen

Den ersten Teil des Stammdatenmoduls bilden Dokumentinformationen. Als Dokument wird dabei das ganze Paket bezeichnet, das an die Finanzverwaltung übermittelt wird. Zu den Dokumentinformationen gehören:

- Identifikationsmerkmale des Dokuments,
- Dokumentersteller,
- Dokumentrevisionen,
- nutzerspezifische Dokumentinformationen.

Unter den **Identifikationsmerkmalen des Dokuments** versteht man die Angaben über das Erstellungsdatum, den Inhalt usw. Bei der Position „**Dokumentersteller**" werden per-sönliche Angaben über die Person gemacht, die das Dokument erstellt hat, wie bspw. Na-me, Vorname, Funktion usw. Im Feld „**Dokumentrevisionen**" können bspw. die Gründe für die Revision eingetragen werden. Der Inhalt der Position „**nutzerspezifische Doku-mentinformationen**" ist nicht vorgegeben. Hier können u. E. solche Einträge gemacht werden, die für das bilanzierende Unternehmen von spezieller Bedeutung sind.

3.3 Informationen zum Bericht

Als zweiter Teil des Stammdatenmoduls sind Informationen zum Bericht definiert. Diese beschreiben die Eigenschaften der zu übermittelnden Berichtsbestandteile, wie bspw. Bilanz, steuerliche Gewinnermittlung usw.

In der Visualisierung der Taxonomie wird dieses Feld in folgende sieben Bereiche eingeteilt:

- Sachverständige,
- Identifikationsmerkmale des Berichts,
- Angaben zur Berichtsperiode,
- Berichtsprüfung,
- Erstellungsbescheinigung,
- automatische Nummerierung von dafür vorgesehenen Bereichen des Berichts,
- nutzerspezifische Berichtsinformationen.

3.3.1 Identifikationsmerkmale des Berichts

Im Bereich „Identifikationsmerkmale des Berichts" sind folgende Mussfeldangaben zu machen:

- Branchen (Taxonomieart),
- Art des Berichtes,
- Fertigstellungsdatum des Berichtes,
- Status des Berichtes,
- Bilanzart,
- Bilanzart steuerlich bei Personengesellschaften/Mitunternehmerschaften,
- Bericht gehört zu,
- Bilanzierungsstandard,
- GuV-Format,
- Bilanz enthält Ausweis des Bilanzgewinnes/-verlustes,
- Konsolidierungsumfang,
- Berichtsbestandteile.

Je nach **Branche** des bilanzierenden Unternehmens muss die passende Taxonomieart (siehe dazu: Abschn. 2.3) ausgewählt werden. Wird eine unzutreffende Taxonomieart verwendet, gilt u. E. die E-Bilanz als nicht übermittelt.

Das Feld „**Art des Berichtes**" enthält gem. der Erläuterung in der Visualisierung der Taxonomie (GCD-Modul, Zelle AE53) eine Aufzählung von allen möglichen Berichtsarten, die sich aus den bisherigen Anforderungen der Übermittlungspraxis ergeben haben, wie bspw. Prüfungsbericht, Geschäftsbericht, Jahresfinanzbericht usw. Für Zwecke der Veranlagung werden aber nur zwei Berichtsarten akzeptiert:

- Jahresabschluss,
- sonstiger Bericht.

Die Ausprägung „Jahresabschluss" ist anzugeben, soweit die E-Bilanz als Bestandteil der Steuererklärung übermittelt werden soll. Soweit eine andere Bilanz wie bspw. Eröffnungs-, Aufgabe- oder Umwandlungsbilanz erstellt und übermittelt werden muss, ist die Ausprägung „sonstiger Bericht" zu wählen.

Das Mussfeld „**Fertigstellungsdatum des Berichtes**" informiert die Finanzverwaltung darüber, ob ein vorläufiger oder endgültiger Bericht eingereicht wird. Die bilanzierenden Unternehmen, die eine vollkommene Transparenz anstreben, können vor dem endgültigen Bericht auch einen vorläufigen Bericht an die Finanzverwaltung übermitteln. Die Übermittlung eines vorläufigen Berichts entbindet die bilanzierenden Unternehmen aber nicht von der Pflicht, zusätzlich einen endgültigen Bericht an die Finanzverwaltung zu versenden, weil ein vorläufiger Bericht nicht zur Steuerfestsetzung herangezogen werden kann. Die Übermittlung eines vorläufigen Berichts gilt demnach als Nichteinhaltung der Pflicht zur elektronischen Einreichung gem. § 5b EStG.

Beim „**Status des Berichts**" muss das bilanzierende Unternehmen angeben, ob es sich hierbei um eine:

- erstmalige,
- berichtigte,
- geänderte,
- berichtigte und geänderte Übermittlung oder
- um eine Übermittlung mit einem identischen Abschluss mit differenzierteren Informationen oder
- um eine sonstige Korrektur der E-Bilanz handelt.

Soweit noch keine E-Bilanz für das bilanzierende Unternehmen für das entsprechende Wirtschaftsjahr an die Finanzverwaltung übermittelt worden ist, ist als Status eine erstmalige Übermittlung anzugeben. Falls die erstmalig übermittelte E-Bilanz einen fehlerhaften Bilanzansatz ausweist, sie also gegen einen Grundsatz oder mehrere Grundsätze der ordnungsmäßigen Buchführung verstößt, darf gem. § 4 Abs. 2 Satz 1 EStG eine berichtigte E-Bilanz übermittelt werden, soweit noch keine Steuerfestsetzung vorliegt, die nicht mehr aufgehoben oder geändert werden kann. Im engen zeitlichen und sachlichen Zusammenhang mit einer berichtigten E-Bilanz ist gem. § 4 Abs. 2 Satz 2 EStG eine Erstellung und

Übermittlung einer geänderten E-Bilanz zulässig, soweit bei der Berichtigung der Gewinn beeinflusst worden ist. Die berichtigte und zugleich geänderte E-Bilanz darf auch in einem Datensatz an die Finanzverwaltung übermittelt werden. Soweit aber der Bilanzansatz nicht beeinflusst wurde und sich die E-Bilanz nur im Detaillierungsgrad geändert hat oder die Finanzverwaltung zusätzliche Informationen vom bilanzierenden Unternehmen nachgefragt hat, muss eine E-Bilanz mit differenzierteren Informationen an die Finanzverwaltung versendet werden. Die Ausprägung „sonstige Korrektur" ist nur dann auszuwählen, wenn keine Korrekturen der Bilanz oder GuV vorgenommen werden. D. h., Änderungen in allen anderen Berichtsbestandteilen sind mit dieser Ausprägung zu übermitteln.

Soweit in der E-Bilanz Korrekturen durch die Finanzverwaltung gemacht werden und diese korrigierte E-Bilanz dann an das Unternehmen zurück übermittelt wird, steht im Feld „Status des Berichtes" die Ausprägung „Korrektur durch Finanzverwaltung".

Im Feld „**Bilanzart**" ist die eigentlich zu übermittelnde Art der Bilanz anzugeben. Gemäß den handels- und steuerrechtlichen Vorschriften müssen bilanzierende Unternehmen für diverse Ereignisse und Vorfälle verschiedene Bilanzen erstellen. So ist gem. § 242 HGB zum Ende des Wirtschaftsjahres eine Bilanz und eine GuV aufzustellen. Bei Personengesellschaften ist, soweit entsprechende Geschäftsvorfälle vorliegen, für jeden Gesellschafter zusätzlich eine Sonder- und/oder Ergänzungsbilanz zu erstellen. Bei neu gegründeten bilanzierenden Unternehmen ist gem. § 242 Abs. 1 HGB eine Eröffnungsbilanz und bei Beendigung der Gesellschaft gem. § 16 EStG eine Aufgabebilanz zu erstellen. Bei anderen steuerlich relevanten Vorfällen wie bspw. Änderung der Gewinnermittlung, Umwandlung usw. müssen ebenfalls entsprechende Bilanzen angefertigt werden. Für die Einreichung der elektronischen Bilanz an die Finanzverwaltung ist deshalb im Feld „Bilanzart" eine der u. a. Ausprägungen anzugeben:

- Jahresabschluss,
- Umwandlungsbilanz, zugleich Jahresabschluss,
- Eröffnungsbilanz,
- Zwischenabschluss,
- unterjährige Zahlen,
- Umwandlungsbilanz,
- Liquidationsanfangsbilanz,
- Liquidationszwischenbilanz,
- Liquidationsschlussbilanz,
- Aufgabebilanz (i. S. d. § 16 EStG).

Das Feld „**Bilanzart steuerlich bei Personengesellschaften/Mitunternehmerschaften**" definiert, ob neben der Gesamthandsbilanz einer Personengesellschaft auch Sonder- und Ergänzungsbilanzen für jeden Gesellschafter aufzustellen sind. Die Sonder- und Ergänzungsbilanzen sind dann in einem eigenen Datensatz als eigene E-Bilanz zu erstellen und zu übermitteln. Also ist hier zwingend eine der u. a. Möglichkeiten auszuwählen:

- Gesamthandsbilanz,
- Sonderbilanz,
- Ergänzungsbilanz.

Bei anderen Rechtsformen muss aus der o. a. Gliederung eine Auswahl getroffen werden, die dann mit einem NIL-Wert übertragen wird.

Das Mussfeld „**Bericht gehört zu**" ist nur bei der Übermittlung von Sonder- und Ergänzungsbilanzen zu nutzen. Es dient der Zuordnung der Sonder- und Ergänzungsbilanzen zur Gesamthand. Deshalb ist hier der Name, die dreizehnstellige Steuernummer, die vierstellige Bundesfinanzamtsnummer und der Abschlussstichtag der Personengesellschaft anzugeben.

Grundsätzlich können Unternehmen nach verschiedenen Rechnungslegungsstandards (HGB, IFRS, US-GAAP, EStG) bilanzieren. Bei der E-Bilanz werden von der Finanzverwaltung aber nur folgende drei **Bilanzierungsstandards** akzeptiert:

- Deutsches Handelsrecht, wobei eine Überleitungsrechnung gem. § 60 Abs. 2 EStDV erstellt werden muss, mit deren Hilfe eine Steuerbilanz anzufertigen ist.
- Deutsches Handelsrecht (sog. Einheitsbilanz), wobei automatisch die handelsbilanziellen Werte auch für die Steuerbilanz übernommen werden.
- Deutsches Steuerrecht, wobei nur eine reine Steuerbilanz ohne eine Handelsbilanz erstellt wird.

Bei der Angabe des Bilanzierungsstandards „deutsches Steuerrecht" geht die Finanzverwaltung grundsätzlich davon aus, dass es sich um eine gebuchte Steuerbilanz und Steuer-GuV handelt.[1] Dem bilanzierenden Unternehmen steht aber auch die Möglichkeit zur Verfügung, aus einer gebuchten Handelsbilanz und GuV mittels einer internen Überleitungsrechnung eine Steuerbilanz und Steuer-GuV zu erstellen und diese mit der Bezeichnung „deutsches Steuerrecht" zu übermitteln.[2]

Gem. § 242 Abs. 2 HGB ist das Unternehmen verpflichtet, eine Gegenüberstellung aller Erträge und Aufwendungen, die sog. GuV, zu erstellen. § 275 Abs. 1 HGB schreibt vor, dass die GuV nach dem Gesamtkosten- oder dem Umsatzkostenverfahren zu erstellen ist. Das genutzte Verfahren muss dann auch in den Stammdaten im Feld „**GuV-Format**" deklariert werden.

Im Feld „**Bilanz enthält Ausweis des Bilanzgewinnes/-verlustes**" ist anzugeben, ob in der Bilanz der Bilanzgewinn/-verlust ausgewiesen wird. Soweit dies der Fall ist, muss zwingend der Berichtsbestandteil „Ergebnisverwendung" übermittelt werden.

---

[1] Bilanzierende Unternehmen müssen sich nach dem Wegfall der umgekehrten Maßgeblichkeit und nach den wesentlichen Änderungen des Maßgeblichkeitsprinzips entscheiden, ob es besser wäre, nur eine Handelsbilanz zu erstellen und daraus eine Steuerbilanz abzuleiten oder gleichzeitig eine Handels- und Steuerbilanz, also zwei Buchhaltungen, zu erstellen – „two-book-accounting-system".
[2] Vgl. KONSENS, Projekt E-Bilanz: Häufig gestellte Fragen, 2018, S. 18.

Das Feld „**Konsolidierungsumfang**" beschreibt, ob ein konsolidierter oder nicht konsolidierter Abschluss übermittelt wird. Mutterunternehmen i. S. d. HGB und des PublG sind gem. § 290 ff. HGB und gem. § 11 ff. PublG verpflichtet, für den gesamten Konzern einen Konzernabschluss zu erstellen. Der Konzernabschluss ist weder zur Ermittlung des zu versteuernden Einkommens noch für die Bestimmung von Gewinnausschüttungen geeignet, sondern dient nur der Darstellung des wahren Bildes über die Vermögens-, Finanz- und Ertragslage des gesamten Konzerns. Dementsprechend ist für steuerliche Zwecke nur ein nicht konsolidierter Abschluss (Einzelabschluss) an die Finanzverwaltung zu übermitteln, andere Abschlüsse wie ein (Teil-)Konzernabschluss oder eine Gruppenbilanz sind nicht zu übermitteln.

Die **Berichtsbestandteile** definieren die zu übermittelnden vorwiegend nummerischen Informationen. Im Stammdatenmodul ist auch die Einnahmen-Überschuss-Rechnung als Berichtsbestandteil angegeben. Diese kann aber mithilfe der E-Bilanz nicht an die Finanzverwaltung übermittelt werden. Die Einnahmen-Überschuss-Rechnung ist gem. § 60 Abs. 4 EStDV elektronisch an die Finanzverwaltung zu übermitteln. Bei den an die Finanzverwaltung übermittlungsfähigen Berichtsbestandteilen wird zwischen Pflichtberichtsbestandteilen (bspw. Bilanz, GuV usw.), die zwingend zu übermitteln sind, und den freiwillig zu übermittelnden Berichtsbestandteilen (bspw. Lagebericht, andere Berichtsbestandteile usw.), die versendet werden können, aber nicht müssen, unterschieden.

Die Berichtsbestandteile im Stammdatenmodul stimmen aber nicht mit den Berichtsbestandteilen im Jahresabschlussmodul überein. Die Abb. 3.2 zeigt, welche abweichende Berichtsbestandteile im Stammdatenmodul welchen Berichtsbestandteilen im Jahresabschlussmodul zuzuordnen sind.

Außer den Mussfeldern können hier auch Kannfelder wie bspw. Allokation der Haftungsverhältnisse, Allokation der Ergebnisverwendung usw. angegeben werden.

3.3.2 Angaben zur Berichtsperiode

Hier sind folgende Mussfelder anzugeben:

- Beginn des Wirtschaftsjahres,
- Ende des Wirtschaftsjahres,
- Bilanzstichtag,
- Beginn des Wirtschaftsjahres (Vorjahr),
- Ende des Wirtschaftsjahres (Vorjahr),
- Bilanzstichtag (Vorjahr).

Soweit das bilanzierende Unternehmen ein abweichendes Wirtschaftsjahr hat, muss dieses auch für die Zwecke der E-Bilanz den **Beginn** und das **Ende des Wirtschaftsjahres** deklarieren, da als Standard das Kalenderjahr anzugeben ist. Die Pflichtangabe des Kalender- bzw. Wirtschaftsjahres gilt auch für die **Vorperiode**, damit ein Betriebsvermögensvergleich möglich ist. Das gleiche gilt auch für den **Bilanzstichtag**.

Stammdatenmodul	Jahresabschlussmodul
Eröffnungsbilanz ohne GuV	Bilanz
Bilanz Aktiva	
Bilanz Passiva	
GuV nach MicroBilG	Gewinn-und Verlustrechnung
Steuerliche Überleitungsrechnung	Steuerliche Modifikationen
Kapitalkontenentwicklung für Personenhandels-gesellschaften	Kapitalkontenentwicklung für Personenhandels-gesellschaftenund andere Mitunternehmer-schaften
Steuerlicher Betriebsvermögensvergleich	Steuerlicher Betriebsvermögensvergleich
Anlagenspiegel (brutto)	Anhang
Anlagenspiegel (brutto), Kurzform	
Anlagenspiegel (netto)	
Anlagenverzeichnis	
Segmentbericht	
Andere Anhangsangaben	
Zwischenlagebericht	Lagebericht
Angaben unterhalb der Bilanz	Angaben unter der Bilanz
Kapitalflussrechnung	Kapitalflussrechnung nach DRS 2 bzw. 21
Kontensalden zu einer oder mehreren Positionen	Detailinformationen zu Konten
Bericht des Aufsichtsrats	Andere Berichtsbestandteile
Bestätigungsvermerk	Nicht vorhanden

Abb. 3.2 Berichtsbestandteile

In den meisten E-Bilanzprogrammen ist nur die Angabe des Beginns des Wirtschafts-jahres und des Bilanzstichtags notwendig, wobei das Ende des Wirtschaftsjahres automa-tisch aus der Position „Bilanzstichtag" übernommen wird.

Gegebenenfalls können noch Kannfelder über den Beginn und das Ende der Berichts-periode bei der Übermittlung von unterjährigen Zahlen angegeben werden.

3.3.3 Weitere Bereiche

Im Bereich „**Sachverständige**" kann bspw. der Gutachter für die Berechnung der Pensi-onsrückstellungen angegeben werden.

Weiter werden im Bereich „**Berichtsprüfung**" Prüfer, Prüfungsurteil, Bestätigungs-/ Versagungsvermerk, Ort und Datum der Prüfung angegeben.

Der Bereich „**Erstellungsbescheinigung**" wird nur dann angegeben, soweit die E-Bilanz extern erstellt worden ist. Hier kann bspw. vermerkt werden, mit welcher Bescheinigung die E-Bilanz erstellt worden ist.

Im Bereich „**nutzerspezifische Informationen zum Unternehmen**" können seitens des bilanzierenden Unternehmens ergänzende Informationen hinzugefügt werden.

3.4   Informationen zum Unternehmen

Den dritten und letzten Teil des Stammdatenmoduls bilden Informationen zum berichtenden bilanzierenden Unternehmen. Dieser Teil gibt der Finanzverwaltung Auskunft darüber, welches bilanzierende Unternehmen die E-Bilanz übermittelt.

Die Informationen zum Unternehmen werden in folgende drei Bereiche aufgeteilt:

- Identifikationsmerkmale des Unternehmens,
- Offenlegungsmerkmale,
- nutzerspezifische Unternehmensinformationen.

3.4.1   Identifikationsmerkmale des Unternehmens

Im Bereich „Identifikationsmerkmale des Unternehmens" sind folgende Mussfeldangaben zu machen:

- Name und Vorname,
- Rechtsform,
- Firmensitz,
- Unternehmenskennnummer,
- Geschäftstätigkeit,
- Zuordnung der Einkunftsart,
- Gesellschafter/(Sonder-)Mitunternehmer,
- Unternehmen mit Gewinnermittlung für besondere Fälle,
- inländische Betriebsstätte eines ausländischen Unternehmens.

Es ist der (aktuelle) **Name** des bilanzierenden Unternehmens anzugeben. Bei natürlichen Personen ist auch der **Vorname** einzutragen. Gegebenenfalls kann bei einer Namensänderung auch der frühere Name des bilanzierenden Unternehmens der Finanzverwaltung mitgeteilt werden.

Nach Auslaufen der Übergangsregelungen bezieht sich die Pflicht zur digitalen Übermittlung der Bilanz grundsätzlich auf alle bilanzierenden Unternehmen. Demzufolge stehen bei der **Rechtsform des bilanzierenden Unternehmens** außer den typischen Gesellschaftsrechtsformen der Personen- und Kapitalgesellschaften (z. B. AG, GmbH & Co.

KG, GbR) auch andere Rechtsformen wie bspw. Societas Europaea (SE), eingetragene Genossenschaft, sonstige Kreditanstalt des öffentlichen Rechts usw. zur Auswahl. Wird eine Sonder- und/oder Ergänzungsbilanz an die Finanzverwaltung übermittelt, so ist als Rechtsform die Ausprägung „Mitunternehmer" zu wählen.

Im Feld „**Firmensitz**" ist die Straße, Hausnummer, Postleitzahl, Ort und Land des bilanzierenden Unternehmens anzugeben.

Unternehmenskennnummern sind die dreizehnstellige Steuernummer bei juristischen Personen bzw. die elfstellige steuerliche Identifikationsnummer bei natürlichen Personen und die vierstellige Bundesfinanzamtsnummer. Es besteht grundsätzlich die Pflicht, immer beide Kennnummern anzugeben. Muss aber das bilanzierende Unternehmen eine Eröffnungsbilanz übermitteln und dem bilanzierenden Unternehmen wurde bislang noch keine Steuernummer zugeteilt, dann ist die Übermittlung des Datensatzes auch nur mit der eingetragenen Bundesfinanzamtsnummer möglich.

Laut der Erläuterung in der Visualisierung der Taxonomie (GCD-Modul, Zelle AE578) kann im Feld „**Geschäftstätigkeit**" bspw. über den in der Gewerbesteuererklärung zu „Art des Unternehmens" (bspw. Produktion und Verkauf von Möbeln) angegebenen Inhalt berichtet werden.

Im Feld „**Zuordnung der Einkunftsart**" ist eine der u. a. Ausprägungen auszuwählen:

- Einkünfte aus Land- und Forstwirtschaft,
- Einkünfte aus Gewerbebetrieb,
- Einkünfte aus selbständiger Arbeit,
- sonstige Fälle.

Gemäß der Erläuterung in der Visualisierung der Taxonomie (GCD-Modul, Zelle AE616) ist dieses Feld deshalb notwendig, damit die E-Bilanz dem entsprechenden Veranlagungszeitraum zugeordnet werden kann. Bei den folgenden Rechtsformen muss unbedingt die Ausprägung „Einkünfte aus Gewerbebetrieb" angegeben werden[3]:

- Aktiengesellschaft,
- Andere Erwerbs- oder Wirtschaftsgenossenschaft,
- Eingetragene Genossenschaft,
- Gesellschaft mit beschränkter Haftung,
- Komplementär GmbH,
- Kreditgenossenschaft, die Kredite ausschließlich an ihre Mitglieder gewährt,
- Landwirtschaftliche Nutzungs- oder Verwaltungsgenossenschaft,
- REIT AG/SE,
- Societas Cooperativa Europaea,
- Societas Europaea,
- Kommanditgesellschaft auf Aktien.

---

[3] Vgl. KONSENS, Technischer Leitfaden zur Taxonomie 6.2 v. 01.04.2018, 2018, S. 50.

Im Feld „**Gesellschafter/(Sonder-)Mitunternehmer**" müssen zusätzlich noch bei Personengesellschaften Angaben über die Gesellschafter gemacht werden, die an der Personengesellschaft beteiligt sind bzw. im Laufe des abgelaufenen Wirtschaftsjahres an der Personengesellschaft beteiligt waren, da nach dem Transparenzprinzip Personengesellschaften selbst nicht einkommensteuerpflichtig sind und die Einkünfte den Gesellschaftern anteilsmäßig zuzurechnen sind und bei diesen versteuert werden. Bei den einzelnen Gesellschaftern sind folgende Informationen bekannt zu geben:

- Namen und Vorname der Gesellschafter,
- Rechtsform der Gesellschafter,
- dreizehnstellige Steuernummer des Gesellschafters,
- steuerliche Identifikationsnummer,
- Gesellschaftergruppe,
- Nummer des Beteiligten aus der Feststellungserklärung (Vordruck FB),
- Gesellschafterschlüssel,
- Beteiligungsschlüssel der Gesellschafter,
- Sonderbilanz benötigt,
- Ergänzungsbilanz benötigt.

Die Angabe der Rechtsform der Gesellschafter dient der Finanzverwaltung dazu, um den Gesamtgewinn der Personengesellschaft und die Einkunftsart bestimmen zu können. Das Feld „Rechtsform der Gesellschafter" enthält deshalb eine Ausprägung folgender Rechtsformen:

- Kapitalgesellschaft,
- Personengesellschaft,
- natürliche Person (Privatvermögen),
- natürliche Person (Betriebsvermögen).

Bei Personengesellschaften werden handelsrechtlich zwei Gesellschaftergruppen, die Voll- und Teilhafter, unterschieden. Während Vollhafter ungeachtet ihrer geleisteten Kapitalanteile mit ihrem gesamten Vermögen haften, haften die Teilhafter nur bis zur Höhe ihrer Hafteinlagen.

Steuerrechtlich ist die Definition der Gesellschafter von Personengesellschaften weitergefasst. Bei dem aufgrund eines Gesellschaftsverhältnisses getätigten Zusammenschluss von Gesellschaftern, die Einkünfte aus Land- und Forstwirtschaft und/oder aus Gewerbebetrieb und/oder aus selbständiger Arbeit erzielen, spricht das EStG von einer Mitunternehmerschaft und von Mitunternehmern, die Mitunternehmerrisiko und Mitunternehmerinitiative tragen. Als Mitunternehmer sind gem. § 15 Abs. 1 Nr. 2 Satz 2 EStG auch die mittelbar über eine oder mehrere Personengesellschaften (doppel- oder mehrstöckige Personengesellschaft) beteiligten Gesellschafter mit den unmittelbar beteiligten Gesellschaftern gleichzustellen. Somit unterscheidet das Steuerrecht mittelbar und unmittelbar beteiligte Gesellschafter.

Im Stammdatenmodul wird aus diesen Gründen folgende Unterscheidung getroffen:

- Vollhafter – persönlich haftender Gesellschafter einer oHG[4]
- Vollhafter – Komplementär
- Vollhafter – sonstiger Mitunternehmer ohne Haftungsbeschränkung
- Vollhafter – Treuhänder
- Teilhafter – Kommanditist
- Teilhafter – sonstiger Mitunternehmer mit Haftungsbeschränkung
- Teilhafter – Treuhänder
- Teilhafter – Treuhänder, der nur für einen haftungsbeschränkten Treugeber tätig ist
- Mittelbar beteiligte Gesellschafter,
- In Vorjahren ausgeschiedene Gesellschafter und deren Rechtsnachfolger.

Mit der letzten Position sollten laut der Erläuterung in der Visualisierung der Taxonomie (GCD-Modul, Zelle AE705) im Stammdatenmodul nur solche Gesellschafter erfasst werden, die auch nach ihrem Ausscheiden noch Einkünfte von der Personengesellschaft beziehen.

Alle mittelbaren und unmittelbaren Gesellschafter haben eine Beteiligungsnummer, die für Zwecke der E-Bilanz aus der gesonderten- und einheitlichen Feststellung der Einkünfte zu übernehmen ist. Sollte ein Gesellschafter ausscheiden, dann darf seine Beteiligungsnummer an den neuen Gesellschafter nicht vergeben werden. D. h., jeder neue Gesellschafter wird fortlaufend weiter nummeriert.

Sollte zwischen den Gesellschaftern ein interner Gesellschafterschlüssel bspw. für Zwecke der Zuordnung der Kapitalkontenentwicklung vereinbart sein, ist dieser Gesellschafterschlüssel an dieser Stelle anzugeben.

Der Beteiligungsschlüssel der Gesellschafter ist aus der gesonderten- und einheitlichen Feststellung der Einkünfte zu entnehmen. Bei mittelbar beteiligten Gesellschaftern ist eine Null anzugeben.

In den Feldern „Sonderbilanz benötigt" und „Ergänzungsbilanz benötigt" ist anzugeben, ob für den Gesellschafter Sonder- und/oder Ergänzungsbilanzen abgegeben werden. Ist dies der Fall, sind die Sonder- und/oder Ergänzungsbilanzen zwingend an die Finanzverwaltung zu übermitteln. Eine Gesamthandsbilanz mit angekündigten, aber nicht übermittelten Sonder- und/oder Ergänzungsbilanzen wird dann nicht veranlagt.

Weiter ist im Stammdatenmodul anzugeben, ob es sich um ein **Unternehmen mit der Gewinnermittlung für besondere Fälle** handelt. Dies ist bspw. der Fall bei Vereinen, Stiftungen usw., wobei eine der folgenden Ausprägungen auszuwählen ist:

- nicht steuerbegünstigte Körperschaft mit wirtschaftlichem/n Geschäftsbetrieb/en,
- steuerbegünstigte Körperschaft mit wirtschaftlichem/n Geschäftsbetrieb/en,
- juristische Person des öffentlichen Rechts mit Betrieb/en gewerblicher Art,
- Unternehmen mit Gewinnermittlung bei Handelsschiffen im internationalen Verkehr.

---

[4] In einer OHG sind alle Gesellschafter Vollhafter. Die E-Bilanz verlangt aber diese Darstellung, weil sie an die Steuererklärung angeglichen wurde.

Sollte keine dieser Ausprägungen zutreffen, ist die Position mit einem NIL-Wert zu übermitteln.

Beim Feld „**Inländische Betriebsstätte eines ausländischen Unternehmens**" ist anzugeben, ob es sich bei E-bilanzpflichtigen Unternehmen um eine Zweigniederlassung nach Handelsrecht oder eine „übrige" Betriebsstättenart handelt. Sollte keine dieser Ausprägungen zutreffen, wird die Position mit einem NIL-Wert übermittelt.

Neben den Mussfeldern kann wie im Teil „Informationen zum Bericht" auch über Kannfelder berichtet werden. Dazu gehören bspw. Angaben über das Mutterunternehmen, Organschaftsverhältnisse, Größenklasse usw.

3.4.2 Offenlegungsmerkmale und nutzerspezifische Unternehmensinformationen

Soweit die E-Bilanz zur **Offenlegung** verwendet wird, können hier Merkmale für Offenlegungszwecke und zum Offenlegungsumfang angegeben werden.

Unter den Merkmalen für Offenlegungszwecke kann bspw. angegeben werden, nach welchen Vorschriften das Unternehmen von der Offenlegung befreit ist. In den Merkmalen zum Offenlegungsumfang kann wiederum berichtet werden, was alles offengelegt werden muss (bspw. bei kapitalmarktorientierten Unternehmen i. S. d. § 264 d HGB).

Im Feld „**nutzerspezifische Unternehmensinformationen**" können seitens des bilanzierenden Unternehmens ergänzende Informationen hinzugefügt werden.

3.5 Stammdatenmodul in den E-Bilanzprogrammen

In den meisten E-Bilanzprogrammen ist es nicht üblich, dass das Stammdatenmodul, wie in den vorherigen Kapiteln beschrieben wurde, aufgegliedert wird. Meistens sind in den E-Bilanzprogrammen nur die Mussfelder „freigeschaltet", gegebenenfalls noch ein paar Kannfelder. Soweit das bilanzierende Unternehmen nicht nur Mussfelder, sondern auch Kannfelder übermitteln will, ist es ratsam, das vorab mit dem Softwareanbieter zu besprechen.

Beispiel: Stammdatenmodul

Der Jahresabschluss der A-GmbH wurde mit vollständiger Ergebnisverwendung zum 31.12.2018 erstellt. Die A-GmbH hat am 31.03.2019 ihre Steuererklärung für das Wirtschaftsjahr (= Kalenderjahr) 2018 erstellt. Im Handelsregister wurde als Geschäftstätigkeit der A-GmbH der Verkauf von Elektronikwaren angegeben. Der Jahresüberschuss/ -fehlbetrag wurde nach dem Gesamtkostenverfahren ermittelt. Es wurde keine eigenständige Steuerbilanz gebucht und es wurden Abweichungen gem. § 60 Abs. 2 EStDV festgestellt.

a. Welche steuerlichen Verpflichtungen bestehen für die A-GmbH?
b. Die Bilanz der A-GmbH zum 31.12.2018 musste am 06.05.2019 noch einmal geändert werden, da gegen die Grundsätze der ordnungsmäßigen Buchführung verstoßen wurde. Welche steuerlichen Verpflichtungen bestehen jetzt für die A-GmbH?

Lösungsvorschlag: Stammdatenmodul

a. Gem. § 5b Abs. 1 EStG muss eine E-Bilanz auf elektronischem Wege an die Finanzverwaltung übermittelt werden. Für das Jahr 2018 ist entweder die Taxonomie 6.1 oder die Taxonomie 6.2 zu verwenden. Des Weiteren sind im Stammdatenmodul noch folgende Angaben zu machen:

Schlussbilanz	
Name des Unternehmens	A-GmbH
Rechtsform	GmbH
Beginn des Wirtschaftsjahrs	01.01.2018
Ende des Wirtschaftsjahrs	31.12.2018
Bilanzstichtag des Wirtschaftsjahrs	31.12.2018
Beginn des Wirtschaftsjahrs (Vorperiode)	01.01.2017
Ende des Wirtschaftsjahrs (Vorperiode)	31.12.2017
Bilanzstichtag (Vorperiode)	31.12.2017
Branchen	Kerntaxonomie
Art des Berichtes	Jahresabschluss
Fertigstellungsdatum des Berichtes	Endgültig
Status des Berichtes	Erstmalig
Bilanzart	Jahresabschluss
Bilanzierungsstandard	Deutsches Handelsrecht
GuV-Format	Gesamtkostenverfahren
Bilanz enthält Ausweis des Bilanzgewinnes/-verlustes	Nein
Konsolidierungsumfang	Nicht konsolidiert/Einzelabschluss
Berichtsbestandteile	Bilanz Gewinn- und Verlustrechnung Steuerliche Überleitungsrechnung
Zuordnung zur Einkunftsart	Einkünfte aus Gewerbebetrieb
Unternehmen mit Gewinnermittlung für besondere Fälle	NIL
Inländische Betriebsstätte eines ausländischen Unternehmens	NIL

b. Da die Bilanz zum 31.12.2018 berichtigt werden muss, ist eine geänderte Steuererklärung an die Finanzverwaltung elektronisch zu übermitteln. Da gegen die Grundsätze der ordnungsmäßigen Buchführung verstoßen wurde, ist eine berichtigte E-Bilanz an die Finanzverwaltung zu übermitteln. Andere Angaben im Stammdatenmodul sind nicht zu ändern. Das Stammdatenmodul muss wie folgt aussehen:

Schlussbilanz	
Name des Unternehmens	A-GmbH
Rechtsform	GmbH
Beginn des Wirtschaftsjahrs	01.01.2018
Ende des Wirtschaftsjahrs	31.12.2018
Bilanzstichtag des Wirtschaftsjahrs	31.12.2018
Beginn des Wirtschaftsjahrs (Vorperiode)	01.01.2017
Ende des Wirtschaftsjahrs (Vorperiode)	31.12.2017
Bilanzstichtag (Vorperiode)	31.12.2017
Branchen	Kerntaxonomie
Art des Berichtes	Jahresabschluss
Fertigstellungsdatum des Berichtes	Endgültig
Status des Berichtes	Berichtigt
Bilanzart	Jahresabschluss
Bilanzierungsstandard	Deutsches Handelsrecht
GuV-Format	Gesamtkostenverfahren
Bilanz enthält Ausweis des Bilanzgewinnes/-verlustes	Nein
Konsolidierungsumfang	Nicht konsolidiert/Einzelabschluss
Berichtsbestandteile	Bilanz Gewinn- und Verlustrechnung Steuerliche Überleitungsrechnung
Zuordnung zur Einkunftsart	Einkünfte aus Gewerbebetrieb
Unternehmen mit Gewinnermittlung für besondere Fälle	NIL
Inländische Betriebsstätte eines ausländischen Unternehmens	NIL

Hinweis: Die Darstellung der Stammdaten ist nicht vollständig, sondern sie enthält nur die wichtigsten Positionen

Jahresabschlussmodul

4

4.1 Allgemeines

Das Jahresabschlussmodul, auch **G**eneral **A**ccepted **A**ccounting **P**rinciples-Modul (GAAP-Modul)[1] genannt, bildet den nummerischen Teil der Taxonomie. Es beschreibt die einzelnen notwendig und freiwillig zu übermittelnden Berichtsbestandteile, die an die Finanzverwaltung elektronisch zu versenden sind (Abb. 4.1). Die Anzahl der einzelnen zu übermittelnden Berichtsbestandteile variiert in Abhängigkeit von der Rechtsform des bilanzierenden Unternehmens, von der ausgewählten Bilanzart, vom Bilanzierungsstandard usw.

Soweit die E-Bilanz als Bestandteil der Steuererklärung übermittelt wird, müssen grundsätzlich eine Steuerbilanz mit Steuer-GuV oder eine (Handels-)Bilanz mit einer handelsrechtlichen GuV und einer steuerlichen Überleitungsrechnung gem. § 60 Abs. 2 EStDV als Mindestumfang der zu übermittelnden Daten elektronisch an die Finanzverwaltung versendet werden. An dieser Stelle ist darauf hinzuweisen, dass immer eine Steuerbilanz mit einer Steuer-GuV an die Finanzverwaltung zu übermitteln sind, auch wenn § 5b Abs. 1 Satz 3 EStG nur von einer Steuerbilanz spricht. Des Weiteren wird es seitens der Finanzverwaltung nicht beanstandet, wenn die Handelsbilanz den notwendigen Mindestumfang der zu übermittelnden Daten nicht erfüllt und dieser erst mithilfe der Überleitungsrechnung in der Steuerbilanz erstellt wird. Gegebenenfalls sind noch zusätzliche Pflichtberichtsbestandteile zu versenden.

Bei **Körperschaften** ist, soweit es zur Aufstellung des Jahresüberschusses nach einer teilweisen Ergebnisverwendung kommt, auch der Berichtsbestandteil „Ergebnisverwendung" zu übermitteln. Bei steuerbefreiten Körperschaften mit wirtschaftlichem/n Gewerbebetrieb/en wie auch bei juristischen Personen des öffentlichen Rechts mit Be-

---

[1] Es ist zu beachten, dass es sich hier nicht um den Rechnungslegungsstandard US-GAAP handelt. GAAP dient nur der Bezeichnung des Moduls.

© Springer Fachmedien Wiesbaden GmbH, ein Teil von Springer Nature 2019
K. von Sicherer und E. Čunderlíková, *E-Bilanz*, https://doi.org/10.1007/978-3-658-21498-2_4

General Accepted Acounting Principles-Modul = Jahresabschlussmodul	
Pflichtberichtsbestandteile	*Freiwillige Berichtsbestandteile*
Bilanz	Steuerlicher Betriebsvermögensvergleich
Gewinn- und Verlustrechnung	Berichtigung des Gewinns bei Wechsel der Gewinnermittlungsart
Steuerliche Modifikationen	Anhang
Ergebnisverwendungsrechnung	Lagebericht
Steuerliche Gewinnermittlung	Angaben unter der Bilanz
Steuerliche Gewinnermittlung bei Feststellungsverfahren	Eigenkapitalspiegel
Kapitalkontenentwicklung	Kapitalflussrechnung
SteuerlicheGewinnermittlung für besondere Fälle	Zusatzinformationen Kreditwürdigkeitsprüfung
	Andere Berichtsbestandteile
	Detailinformationen zu Positionen

Abb. 4.1 Jahresabschlussmodul

trieb(en) gewerblicher Art ist anders zu verfahren. Diese übermitteln grundsätzlich die Berichtsbestandteile „Bilanz", „GuV" und die „steuerliche Gewinnermittlung für besondere Fälle".

Personengesellschaften müssen als Pflichtberichtsbestandteile zusätzlich noch die „steuerliche Gewinnermittlung", die „steuerliche Gewinnermittlung bei Feststellungsverfahren" und die „Kapitalkontenentwicklung" versenden. Gegebenenfalls ist auch die Ergebnisverwendung zu übermitteln.

Einzelunternehmen müssen neben dem verpflichtenden Mindestumfang auch eine steuerliche Gewinnermittlung und gegebenenfalls auch eine steuerliche Gewinnermittlung bei Feststellungsverfahren an die Finanzverwaltung elektronisch verschicken.

Nach der Visualisierung der Taxonomie können Handelsschiffe und inländische Betriebsstätten ausländischer Unternehmen in **allen Rechtsformen** auftreten. In diesen Fällen ist grundsätzlich außer der Bilanz und GuV der Berichtsbestandteil „steuerliche Gewinnermittlung für besondere Fälle" zu übermitteln.

Die Abb. 4.2 zeigt, welche Berichtsbestandteile für welche Rechtsformen freigestellt sind.

Außer den Pflichtberichtsbestandteilen können noch weitere freiwillige Berichtsbestandteile an die Finanzverwaltung übermittelt werden. Der Umfang der zu übermittelnden Informationen hängt jedoch immer vom bilanzierenden Unternehmen ab.

	Körperschaften	Personengesellschaften	Einzelunternehmen
Bilanz	X	X	X
GuV	X	X	X
Steuerliche Überleitungsrechnung	X	X	X
Ergebnisverwendung	X	X	
Steuerliche Gewinnermittlung		X	X
Steuerliche Gewinnermittlung bei Feststellungsverfahren		X	X
Steuerliche Gewinnermittlung für besondere Fälle	X	X	X
Kapitalkontenentwicklung		X	

Abb. 4.2 Pflichtberichtsbestandteile bei diversen Rechtsformen

4.2 Taxonomiepositionen

Die einzelnen Positionen können im Stammdatenmodul nach folgenden Kriterien unterteilt werden:

- Positionsart,
- spezielle Bezeichnung,
- Zulässigkeit.

4.2.1 Nach Positionsart

Nach der Art der Taxonomieposition können diese weiter gegliedert werden in:

- Summenmussfelder (SM),
- Mussfelder (M),
- Mussfelder, Kontennachweis erwünscht (MK),
- Rechnerisch notwendig, soweit vorhanden (R),
- Sonstige (optionale) Felder (O).

Abb. 4.3 Hierarchiestruktur
der Taxonomiepositionen

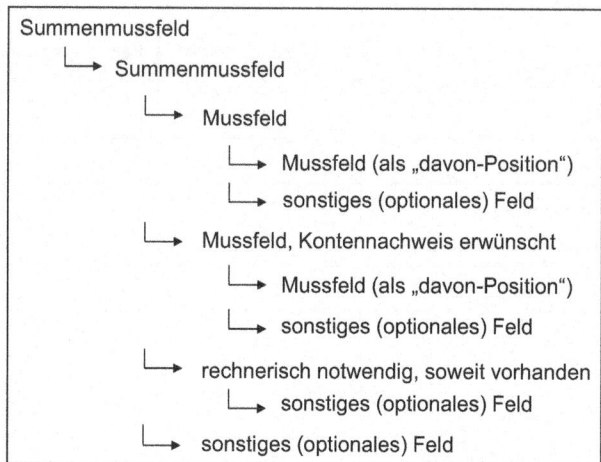

Die einzelnen Positionstypen befinden sich aber nicht auf derselben hierarchischen Ebene. So stellen Summenmussfelder immer die übergeordneten Positionen und die sonstigen (optionalen) Felder immer die untergeordneten Positionen dar, wie die Abb. 4.3 zeigt.

„**Summenmussfelder**" dienen als Summenpositionen (Oberpositionen) der einzelnen rechnerisch verknüpften „Mussfelder", „Mussfelder, Kontennachweis erwünscht", „rechnerisch notwendiger Positionen" und einiger „sonstigen (optionalen) Felder". Diese werden automatisch berechnet. Sie stellen in der Taxonomie Positionen dar, die grundsätzlich nicht vom bilanzierenden Unternehmen selbst befüllt werden sollten. Eine Befüllung der Summenmussfelder ist nur zulässig, soweit eine detailliertere Zuordnung eines Wertes zu den unteren Positionen nicht möglich ist. Zu den Summenmussfeldern gehören bspw. Positionen wie Anlagevermögen, Sachanlagen usw.

Den Mindestumfang notwendiger Positionen, die mit den am Bilanzstichtag vorhandenen Daten der einzelnen Buchungskonten zwingend zu befüllen sind, stellen „**Mussfelder**" dar. Diese repräsentieren eine verpflichtende Detaillierungstiefe des zu übermittelnden Datensatzes. Sofern sich ein Mussfeld nicht mit Werten befüllen lässt, weil bspw. die Position in der individuellen Buchführung nicht geführt wird oder weil aufgrund der Rechtsform kein dem Mussfeld entsprechendes Buchungskonto geführt wird, ist zur erfolgreichen Übermittlung des Datensatzes an die Finanzverwaltung die entsprechende Position mit einem NIL-Wert zu übermitteln. Für die Befüllung der Mussfelder ist es also wichtig, ob die Werte aus der Buchhaltung ableitbar sind. Die Finanzverwaltung vertritt die Auffassung, dass ein Wert aus der Buchführung ableitbar ist, wenn er sich aus den Buchführungsunterlagen gem. § 140 AO ergibt. Für die Ableitbarkeit ist die gesamte Buchführung mit Hauptbuch und Nebenbüchern heranzuziehen. Aber aufgrund der Einführungserleichterungen der Finanzverwaltung für die E-Bilanz ist es vorerst ausreichend, die Werte aus den im Unternehmen geführten Kontensalden des Hauptbuchs abzuleiten.

Zu den Mussfeldern gehören bspw. Positionen wie technische Anlagen und Maschinen, fertige Erzeugnisse usw.[2]

„Mussfelder, Kontennachweis erwünscht" sind spezielle Formen der Mussfelder. Hier kann das bilanzierende Unternehmen zusammen mit der Übermittlung der E-Bilanz eine Saldenliste aller Konten, die diese Position bilden, versenden. Die Finanzämter dürfen je nach Bedarf eine zusätzliche Übermittlung der Kontennachweise verlangen, eine vorherige Übermittlung seitens des bilanzierenden Unternehmens ist aber nicht zwingend. Mit „Kontennachweis erwünscht" sind solche Mussfelder gekennzeichnet, deren Zusammensetzung für die Finanzverwaltung eine besondere Bedeutung hat, wie bspw. die Positionen „Anteile an Personengesellschaften", „Anteile an Kapitalgesellschaften" usw.

Positionen mit der Bezeichnung **„rechnerisch notwendig, soweit vorhanden"** müssen befüllt werden, soweit alle ausgefüllten Mussfelder nicht alle Sachverhalte aus der Buchführung abdecken und der zusammenaddierte Wert nicht dem Wert der Oberposition aus der Buchführung entspricht. Ansonsten werden diese Positionen mit keinen Werten befüllt und es werden auch keine NIL-Werte übermittelt. Auch die Grundsätze der Ableitbarkeit gelten hier nicht. Die Positionen mit der Bezeichnung „rechnerisch notwendig, soweit vorhanden" dienen also vor allem dem Ausbalancieren der Bilanz.[3] Als „rechnerisch notwendig, soweit vorhanden" sind vor allem Auffangpositionen anzugeben.

Bei der Position **„sonstige (optionale) Felder"** handelt es sich um Felder, die Unterpositionen von vorherigen Feldern abbilden, die sich nicht weiter aufteilen lassen. Das Ausfüllen von „sonstigen (optionalen) Feldern" bleibt dem bilanzierenden Unternehmen überlassen, d. h., für eine Übermittlung besteht auch bei vorhandenen Informationen keine Ansatzpflicht. Zu den sonstigen (optionalen) Feldern gehören bspw. Rohstoffe, Aktien usw.

4.2.2 Nach spezieller Bezeichnung

Die Taxonomiepositionen können nach der speziellen Bezeichnung weiter aufgeteilt werden in:

- ohne spezielle Bezeichnung,
- Auffangpositionen,
- „davon-Positionen",
- „nachrichtlich-Positionen".

---

[2] Vgl. BMF-Schreiben v. 19.01.2010, BStBl 2010 I, S. 855.
[3] Vgl. Schäperclaus, E-Bilanz bei Personengesellschaften/Mitunternehmerschaften, in Bilanz aktuell (2014), S. 11.

Auffangpositionen sind durch den Zusatz „nicht zuordenbar" oder „ohne Zuordnung" oder „sind anders nicht zuzuordnen" zu identifizieren (bspw. übrige sonstige Vermögens-gegenstände/nicht zuordenbare sonstige Vermögensgegenstände). Sie sind zu nutzen, so-weit eine durch Mussfelder vorgegebene Differenzierung für einen bestimmten Sachver-halt nicht aus der Buchführung des bilanzierenden Unternehmens abgeleitet werden kann. Diese Auffangpositionen sollen also einerseits einen möglichst hohen Grad der Standardi-sierung garantieren und andererseits Eingriffe in das Buchungsverhalten der Unternehmen vermeiden. Eine Auffangposition darf demnach nicht verwendet werden, soweit ein ent-sprechendes Mussfeld werthaltig angegeben werden kann.

Eine spezielle Art der Auffangpositionen bilden „Auffangpositionen für ausländische Betriebstätten". Sie sind durch den Zusatz „soweit aus der/den für die ausländische(n) Betriebsstätte(n) geführten Buchführung(en) nicht anders zuordenbar" zu erkennen. So-weit aufgrund der Buchführung der ausländischen Betriebstätte eine Zuordnung zu den Mussfeldern nicht möglich ist, sind hier statt der allgemeinen Auffangpositionen spezielle Auffangpositionen für ausländische Betriebstätten zu nutzen.

Auffangpositionen sind meistens als „rechnerisch notwendig, soweit vorhanden-Posi-tionen" konzipiert. Soweit aber im Datensatz keine Auffangposition vorhanden ist, dürfen auch Summenmussfelder als sekundäre Auffangpositionen genutzt werden. Grundsätzlich gilt also, dass jede Auffangposition eine rechnerisch notwendige Position ist, aber nicht jede rechnerisch notwendige Position ist eine Auffangposition.

„Davon-Positionen" informieren darüber, wie viel aus bestimmten Sachverhalten in anderen Positionen enthalten ist. Diese Positionen sind in der Taxonomie durch den Zusatz „davon" zu erkennen. Sie sind entweder als sonstige (optionale) Felder oder als Mussfel-der konzipiert. Sie sind rechnerisch nicht mit anderen Positionen verbunden, da der Wert der „davon-Position" schon in der oberen Position enthalten ist. Als Beispiel einer „da-von-Position", die als sonstiges (optionales) Feld konzipiert ist, kann hier die Position „Verbindlichkeiten, davon mit einer Restlaufzeit bis zu einem Jahr" genannt werden. Als Beispiel einer „davon-Position", die als Mussfeld definiert ist, kann die Position „Bauten auf eigenen Grundstücken und grundstücksgleichen Rechten, davon Grund und Boden-Anteil" genannt werden.

„Nachrichtlich-Positionen" sind grundsätzlich nur im Berichtsbestandteil „GuV" vor-zufinden. Sie geben der Finanzverwaltung Auskünfte über bestimmte Positionen, die es ansonsten in der GuV nicht gibt, die aber wegen handelsrechtlicher Vorschriften verlangt werden oder in der Praxis üblich sind (bspw. Nachrichtlich: Netto-Zinsergebnis). Zu iden-tifizieren sind sie durch den Zusatz „nachrichtlich". Rechnerisch sind diese Positionen nicht mit dem Jahresüberschuss/-fehlbetrag verbunden. Außer in der GuV befindet sich noch eine einzige „nachrichtlich-Position" in der Bilanz. Es handelt sich um die Position „Eigenkapital, nachrichtlich: nicht gedeckter Fehlbetrag (Passivausweis)" und sie ist nicht mit dem Eigenkapital rechnerisch verbunden.

4.2.3 Nach der Zulässigkeit

Nach der Zulässigkeit können die Taxonomiepositionen aufgeteilt werden in:

- zulässig für alles,
- steuerlich unzulässig,
- handelsrechtlich unzulässig,
- zulässig nur für Sonderbilanzen.

Steuerlich unzulässig bedeutet, dass die Position in der Handelsbilanz vorkommen kann, nicht aber in der Steuerbilanz. Soweit also die Steuerbilanz mithilfe einer steuerlichen Überleitungsrechnung aus der Handelsbilanz abgeleitet wird, müssen Positionen, die als steuerlich unzulässig gelten, im Rahmen dieser Überleitungsrechnung eliminiert werden.

Andererseits dürfen **handelsrechtlich unzulässige** Positionen nicht in der Handelsbilanz ausgewiesen werden, aber in der Steuerbilanz. Soweit also die Steuerbilanz mithilfe einer steuerlichen Überleitungsrechnung aus der Handelsbilanz abgeleitet wird, müssen diese nur steuerlich zulässigen Positionen im Rahmen der Überleitungsrechnung gebildet werden.

Positionen, die als „**zulässig nur für Sonderbilanzen**" gekennzeichnet sind, sind nur bei der Übermittlung einer Sonderbilanz anzugeben. Bei allen anderen Bilanzarten dürfen sie nicht verwendet werden.

4.2.4 Gültigkeitsdauer der Taxonomiepositionen

Im Technischen Leitfaden zur Taxonomie 6.2 vom 01.04.2018 wird darauf hingewiesen, dass die Positionen, die es handels- oder steuerrechtlich nicht mehr gibt, für Zwecke der Taxonomie grundsätzlich noch 5 Jahre beibehalten werden. Dieser Grundsatz kann aber durchbrochen werden, d. h., nicht mehr gültige Positionen können auch vor dem Ablauf der fünfjährigen Frist aus der Taxonomie gelöscht werden, soweit sie in das neue Taxonomieschema nicht eingebaut werden können.[4]

4.3 Mapping

Die Zuordnung der Konten aus der Buchhaltung zu den einzelnen Positionen der Taxonomie wird als **Mapping** bezeichnet. Grundsätzlich werden zwei Arten unterschieden:

---

[4] Vgl. KONSENS, Technischer Leitfaden zur HGB-Taxonomie 6.2 v. 01.04.2018, 2018, S. 10.

- automatisches Mapping,
- manuelles Mapping.

Beim **automatischen Mapping** werden die Konten aus dem Rechnungslegungssoftwareprogramm automatisch den einzelnen entsprechenden Taxonomiepositionen zugewiesen. Gegebenenfalls müssen noch manuelle Eingriffe im System getätigt werden, damit der Datensatz den Ansprüchen der Finanzverwaltung entspricht. Voraussetzung für die Anwendung des automatischen Mappings ist, dass die hinterlegten Konten in der genutzten Rechnungslegungssoftware prinzipiell den einzelnen Positionen in der Taxonomie entsprechen müssen. Das automatische Mapping kann vorwiegend nur bei Rechnungslegungssoftwareprogrammen genutzt werden, die gleichzeitig auch der Erstellung der E-Bilanz dienen (bspw. DATEV, SAP usw.).

Beim **manuellen Mapping** müssen die einzelnen Konten i. d. R. nach dem sog. „Drag and Drop-Prinzip" den korrespondierenden Taxonomiepositionen manuell zugeordnet werden. Das „Drag and Drop-Prinzip" bedeutet, dass die Konten aus einer eingelesenen Kontenliste auf die entsprechenden Positionen in der Taxonomie mittels „Ziehen des Kontos" übertragen werden, wobei als Vorlage ein Prüfungsbericht, der Jahresabschluss oder die Summensaldenlisten dienen können. Voraussetzung dafür ist, dass im E-Bilanzprogramm die Kontenlisten hochgeladen sind. Die Anwendung des manuellen Mappings ist meistens bei zwei unterschiedlichen Rechnungslegungs- und E-Bilanzprogrammen notwendig (bspw. SAP als Rechnungslegungsprogramm und bspw. DATEV als E-Bilanzprogramm).

Das manuelle Mapping ist ein relativ zeitaufwändiges Verfahren, da jedes Konto einzeln den zugehörigen Taxonomiepositionen zugeordnet werden muss. Dies könnte vor allem bilanzierenden Unternehmen mit einem umfangreichen Kontenrahmen und/oder mehreren Gesellschaften Schwierigkeiten bereiten. Diesbezüglich bieten die meisten E-Bilanzsoftwareanbieter verschiedene technische Möglichkeiten an, um diesen Vorgang zu beschleunigen. Es können bspw. Gruppierungskonten entstehen, die anstelle der eigentlichen Konten zu mappen wären. Gruppierungskonten beinhalten z. B. Konten, deren drei erste Ziffern der Kontonummer identisch sind (bspw. würde das Gruppierungskonto G-567000 die Konten 567000 bis 567999 beinhalten). Durch die Entstehung von Gruppierungskonten käme es zu einer Verringerung der zu mappenden Konten und dementsprechend auch zu einer Beschleunigung des Bearbeitungsvorgangs. Andere Konten könnten als sog. Wechselkonten gekennzeichnet werden, die dann je nach Art des Saldos in der Bilanz zu aktivieren oder zu passivieren sind. Bspw. wird bei einem positiven Kontensaldo das Konto „Bank – Kontokorrent" der Taxonomieposition „Guthaben bei Kreditinstituten" zugewiesen und beim negativen Kontensaldo der Taxonomieposition „Verbindlichkeiten gegenüber Kreditinstituten". Weiter gibt es verschiedene Softwareprogramme, die es ermöglichen, ein Mapping von einem fertig gemappten Unternehmen auf ein anderes

Abb. 4.4 Mapping

Problemfreies Mapping:

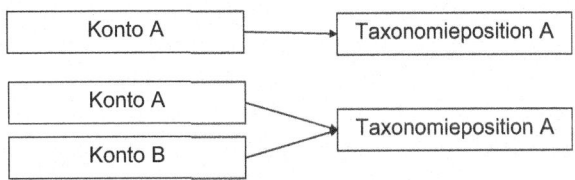

Problemhaftes Mapping:

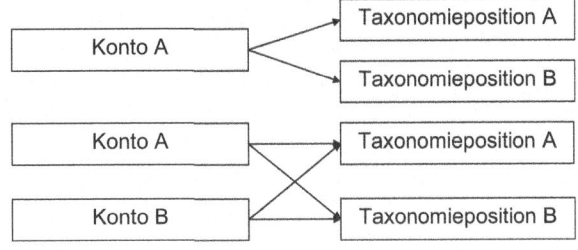

Unternehmen zu übertragen bzw. das Mapping von bereits früher abgeschlossenen Jahren für nachfolgende Jahre einfach zu übernehmen. Bei der Übernahme bzw. Übertragung ist dann aber zwingend zu prüfen, ob die so entstandene Bilanz auch dem Prüfungsbericht, Jahresabschluss oder der Summensaldenliste der Gesellschaft dem übernommenen Mapping entspricht.

Beim manuellen Mapping kann die eigentliche Zuordnung der Konten aber sehr zeitaufwändig sein. Soweit der gebuchte Sachverhalt eines Kontos bzw. die gebuchten Sachverhalte auf mehreren Konten einer Taxonomieposition entsprechen, kann das Mapping ohne Probleme realisiert werden. Sollte aber ein gebuchter Sachverhalt eines Kontos mehreren Taxonomiepositionen zuordenbar sein bzw. gebuchte Sachverhalte mehreren Konten gleichzeitig mehreren Taxonomiepositionen entsprechen, wird das Mapping zu einer Herausforderung (Abb. 4.4). In solchen Fällen ist dem bilanzierenden Unternehmen die Nutzung von Auffangpositionen zwingend zu empfehlen.

Je nachdem, wie tief das Mapping der einzelnen Konten in die entsprechenden Taxonomiepositionen eingeht, wird zwischen drei verschiedenen **Mappingstrategien** unterschieden:

- Minimalstrategie,
- Maximalstrategie,
- Neutralstrategie.

Minimalstrategie bedeutet, dass das Mapping überwiegend mit Auffangpositionen arbeitet und nur die notwendigsten Mussfelder ausgefüllt werden. Es werden keine sonstigen (optionalen) Felder und auch keine Kontennachweise an die Finanzverwaltung übermittelt. Freiwillig zu übermittelnde Berichtsbestandteile werden auch nicht gemappt. Das bedeutet, es werden nur die Pflichtberichtsbestandteile werthaltig versandt. Jedoch ist bei der Nutzung der Minimalstrategie davon auszugehen, dass ihre langfristige Beibehaltung von der Finanzverwaltung als Warnsignal interpretiert werden kann, da bspw. im Unternehmen etwas nicht in Ordnung sein könnte, und damit eine Betriebsprüfung auslösen könnte.

Im Gegensatz zur Minimalstrategie würde die sog. **Maximalstrategie** eine solche Gefahr eliminieren. Jedoch ist diese Strategie mit einem wesentlich höheren Zeit- und Personalaufwand verbunden. Bei der Maximalstrategie geht es darum, das Mapping so tief wie nur möglich zu gestalten. Es werden alle relevanten Mussfelder und sonstige (optionale) Felder befüllt. In diesem Fall werden keine Auffangpositionen genutzt. Die gekennzeichneten Mussfelder werden vorab an die Finanzverwaltung mit Kontennachweisen übermittelt. Außer den Pflichtberichtsbestandteilen werden noch weitere freiwillig ausgefüllte Berichtsbestandteile an die Finanzverwaltung elektronisch gesendet.

Zwischen diesen beiden Strategien steht die **Neutralstrategie**. Diese verbindet die Merkmale beider vorgenannten Strategien. Bei einigen Mussfeldern werden Kontennachweise an die Finanzverwaltung versendet. Es werden sogar einige freiwillige Berichtsbestandteile gemappt und übermittelt. Damit soll vermieden werden, dass das bilanzierende Unternehmen bei der Finanzverwaltung negativ auffällt.

Über die letztendlich anzuwendende Mappingstrategie können die bilanzierenden Unternehmen nicht frei entscheiden, sondern sie ist von der Tiefe und dem Detaillierungsgrad der Buchführung abhängig. Bilanzierende Unternehmen, die mit Einführung der E-Bilanz und insbesondere der Taxonomie nicht gleichzeitig entsprechende Anpassungen in der Buchführung vorgenommen haben, sind mit dem Problem der Gliederungstiefe der amtlich vorgeschriebenen Taxonomie konfrontiert. Die Prüfungsberichte, Jahresabschlüsse oder Summensaldenlisten, die als Vorlage dienen sollen, weisen häufig nicht die notwendige Gliederungstiefe auf. Aus diesem Grunde greifen diese bilanzierenden Unternehmen zwangsweise auf die Minimalstrategie zurück. Andererseits würde die Maximalstrategie von diesen Unternehmen erheblichen zusätzlichen Zeit- und Personalaufwand erfordern, den diese Unternehmen aber meistens wohl nicht bereit sind, auf sich zu nehmen.

Eine denkbare Empfehlung für solche Unternehmen wäre, zuerst tatsächlich die Minimalstrategie anzuwenden, später dann auf die Neutralstrategie umzusteigen bzw. gleich von Anfang an die Neutralstrategie zu verfolgen und erst nach der Anpassung der Buchhaltung auf die Maximalstrategie zu wechseln.

Das bilanzierende Unternehmen B-GmbH hat zum 31.12.2018 (Kalenderjahr entspricht dem Wirtschaftsjahr) auf den untenstehenden Konten folgende Endwerte ermittelt:

Gebäude A auf fremden Grundstück	1.000.000 €
Gebäude B auf eigenem Grundstück	1.500.000 €
Bebautes Grundstück	1.000.000 €
Bankguthaben	25.000 €
Gezeichnetes Kapital	25.000 €
Jahresüberschuss	50.000 €
Körperschaftsteuerrückstellung (laufendes Jahr)	8.000 €
Gewerbesteuerrückstellung (laufendes Jahr)	7.000 €
Verbindlichkeit gegenüber Kreditinstituten durch Pfandrechte gesichert	3.435.000 €

a. Erstellen Sie die E-Bilanz der B-GmbH, wenn sich das Unternehmen für die Maximalstrategie entschieden hat! Warum kann in diesem Falle die Maximalstrategie angewendet werden?

b. Anstatt drei separate Konten für die Gebäude A und B und für das bebaute Grundstück auszuweisen, wurde nur ein Konto „Gebäude" geführt. Zum 31.12.2018 hat das Konto einen Wert von 3.500.000 €. Wie sieht die E-Bilanz der B-GmbH jetzt aus? Warum kann die Maximalstrategie nicht mehr angewendet werden?

(Hinweis: Aus Vereinfachungsgründen wird in diesem Beispiel auf die Erstellung einer GuV verzichtet.)

a. Die von der B-GmbH geführten Konten entsprechen der Detaillierungstiefe der amtlich vorgeschriebenen Taxonomie. Die Werte der beiden Konten „bebautes Grundstück" und „Gebäude B auf eigenem Grundstück" werden in ein Mussfeld („Grundstücke, grundstücksgleiche Rechte und Bauten einschließlich der Bauten auf fremden Grundstücke, Bauten auf eigenen Grundstücken und grundstücksgleichen Rechten") zusammenaddiert und durch die „davon-Position" wird separat der Wert des bebauten Grundstückes ausgewiesen. Die Werte sind alle aus der Buchführung ableitbar und die B-GmbH kann die Maximalstrategie verfolgen.

	Maximalstrategie	€
=	Bilanzsumme, Summe Aktiva (*SM*)	3.525.000
+	Anlagevermögen (*SM*)	3.500.000
+	Sachanlagen (*SM*)	3.500.000
+	Grundstücke, grundstücksgleiche Rechte und Bauten einschließlich der Bauten auf fremden Grundstücken (*SM*)	3.500.000
+	Grundstücke, grundstücksgleiche Rechte und Bauten einschließlich der Bauten auf fremden Grundstücke, Bauten auf eigenen Grundstücken und grundstücksgleichen Rechten (*M*)	2.500.000
	Grundstücke, grundstücksgleiche Rechte und Bauten einschließlich der Bauten auf fremden Grundstücke, Bauten auf eigenen Grundstücken und grundstücksgleichen Rechten, davon Grund und Boden-Anteil (*M*)	1.000.000
+	Grundstücke, grundstücksgleiche Rechte und Bauten einschließlich der Bauten auf fremden Grundstücken, Bauten auf fremden Grundstücken (*M*)	1.000.000
+	Umlaufvermögen (*SM*)	25.000
+	Kassenbestand, Bundesbankguthaben, Guthaben bei Kreditinstituten und Schecks (*SM*)	25.000
+	Kassenbestand, Bundesbankguthaben, Guthaben bei Kreditinstituten und Schecks; Guthaben bei Kreditinstituten (*R*)	25.000
=	Bilanzsumme, Summe Passiva (*SM*)	3.525.000
+	Eigenkapital (*SM*)	75.000
+	Gezeichnetes Kapital/Kapitalkonto/Kapitalanteile (*SM*)	25.000
+	Gezeichnetes Kapital/Kapitalkonto/Kapitalanteile, gezeichnetes Kapital (Kapitalgesellschaften) (*M*)	25.000
+	Gezeichnetes Kapital/Kapitalkonto/Kapitalanteile; gezeichnetes Kapital, Schlusskapital des letzten Stichtags (*O*)	25.000
+	Eigenkapital, Jahresüberschuss/-fehlbetrag (Bilanz) – bei Kapitalgesellschaften (*M*)	50.000
+	Rückstellungen (*SM*)	15.000
+	Steuerrückstellungen (*MK*)	15.000
	Steuerrückstellungen, davon kurzfristiger Anteil (*O*)	15.000
+	Steuerrückstellungen, Körperschaftsteuerrückstellung (*O*)	8.000
+	Steuerrückstellungen, Gewerbesteuerrückstellung (*O*)	7.000
+	Verbindlichkeiten (*SM*)	3.435.000
+	Verbindlichkeiten gegenüber Kreditinstituten (*M*)	3.435.000
	Verbindlichkeiten gegenüber Kreditinstituten, davon durch Pfandrechte oder ähnliches gesichert (*O*)	3.435.000

b. Aus dem geführten Konto „Gebäude" ist nicht mehr zu erkennen, ob es sich um Gebäude auf eigenen oder auf fremden Grundstücken handelt. Deshalb kann bei den Grundstücken kein Mussfeld mehr in Anspruch genommen werden, sondern nur eine Auffangposition. Aus diesem Grund scheidet die Maximalstrategie für das Unternehmen aus. Das Unternehmen kann sich nur zwischen der Anwendung der Minimalstrategie oder der Neutralstrategie entscheiden.

Bei Verwendung der Minimalstrategie müssen die Rückstellungen für die Körperschaft- und Gewerbesteuer nicht separat dargestellt werden, auch wenn die Werte aus der Buchführung ableitbar sind, da es sich hier um keine Mussfelder handelt. Es werden auch keine sonstigen (optionalen) Felder aufgewiesen.

	Minimalstrategie	€
=	Bilanzsumme, Summe Aktiva (*SM*)	3.525.000
+	Anlagevermögen (*SM*)	3.500.000
+	Sachanlagen (*SM*)	3.500.000
+	Grundstücke, grundstücksgleiche Rechte und Bauten einschließlich der Bauten auf fremden Grundstücken (*SM*)	3.500.000
+	Grundstücke, grundstücksgleiche Rechte und Bauten einschließlich der Bauten auf fremden Grundstücken, Übrige Grundstücke, nicht zuordenbar (*R*)	3.500.000
+	Umlaufvermögen (*SM*)	25.000
+	Kassenbestand, Bundesbankguthaben, Guthaben bei Kreditinstituten und Schecks (*SM*)	25.000
+	Kassenbestand, Bundesbankguthaben, Guthaben bei Kreditinstituten und Schecks; Guthaben bei Kreditinstituten (*R*)	25.000
=	Bilanzsumme, Summe Passiva (*SM*)	3.525.000
+	Eigenkapital (*SM*)	75.000
+	Gezeichnetes Kapital/Kapitalkonto/Kapitalanteile (*SM*)	25.000
+	Gezeichnetes Kapital/Kapitalkonto/Kapitalanteile, gezeichnetes Kapital (Kapitalgesellschaften) (*M*)	25.000
+	Eigenkapital, Jahresüberschuss/-fehlbetrag (Bilanz) – bei Kapitalgesellschaften (*M*)	50.000
+	Rückstellungen (*SM*)	15.000
+	Steuerrückstellungen (*MK*)	15.000
+	Verbindlichkeiten (*SM*)	3.435.000
+	Verbindlichkeiten gegenüber Kreditinstituten (*M*)	3.435.000

Bei Verwendung der Neutralstrategie kann sich das bilanzierende Unternehmen entscheiden, welche sonstigen (optionalen) Felder werthaltig übermittelt werden.

	Neutralstrategie	€
=	Bilanzsumme, Summe Aktiva (*SM*)	3.525.000
+	Anlagevermögen (*SM*)	3.500.000
+	Sachanlagen (*SM*)	3.500.000
+	Grundstücke, grundstücksgleiche Rechte und Bauten einschließlich der Bauten auf fremden Grundstücken (*SM*)	3.500.000
+	Grundstücke, grundstücksgleiche Rechte und Bauten einschließlich der Bauten auf fremden Grundstücken, Übrige Grundstücke, nicht zuordenbar (*R*)	3.500.000
+	Umlaufvermögen (*SM*)	25.000
+	Kassenbestand, Bundesbankguthaben, Guthaben bei Kreditinstituten und Schecks (*SM*)	25.000
+	Kassenbestand, Bundesbankguthaben, Guthaben bei Kreditinstituten und Schecks; Guthaben bei Kreditinstituten (*R*)	25.000
=	Bilanzsumme, Summe Passiva (*SM*)	3.525.000
+	Eigenkapital (*SM*)	75.000
+	Gezeichnetes Kapital/Kapitalkonto/Kapitalanteile (*SM*)	25.000
+	Gezeichnetes Kapital/Kapitalkonto/Kapitalanteile, gezeichnetes Kapital (Kapitalgesellschaften) (*M*)	25.000
+	Eigenkapital, Jahresüberschuss/-fehlbetrag (Bilanz) – bei Kapitalgesellschaften (*M*)	50.000
+	Rückstellungen (*SM*)	15.000
+	Steuerrückstellungen (*MK*)	15.000
+	Steuerrückstellungen, Körperschaftsteuerrückstellung (*O*)	8.000
+	Steuerrückstellungen, Gewerbesteuerrückstellung (*O*)	7.000
+	Verbindlichkeiten (*SM*)	3.435.000
+	Verbindlichkeiten gegenüber Kreditinstituten (*M*)	3.435.000
	Verbindlichkeiten gegenüber Kreditinstituten, davon durch Pfandrechte oder ähnliches gesichert (*O*)	3.435.000

4.4   E-Bilanz und Buchführung

Aus den beiden vorhergehenden Kapiteln wird deutlich, dass die Qualität und Tiefe der
Buchführung für das Befüllen des Stammdatenmoduls eine sehr große Bedeutung hat.
Nur eine in die Tiefe gehende detaillierte Buchführung entspricht den hohen Ansprüchen der Taxonomie. Zwar erlaubt die Finanzverwaltung die Nutzung von Auffangpositionen bzw. Summenmussfeldern als sekundäre Auffangpositionen, und der daraus re-

sultierenden Minimalstrategie, jedoch ist davon auszugehen, dass ein langfristiges Nutzen der Minimalstrategie von der Finanzverwaltung als Warnsignal interpretiert werden kann.

Deshalb sollte sich jedes bilanzierende Unternehmen sehr genau überlegen, in welchem Umfang Anpassungen in der Buchführung durchgeführt werden sollten. Soweit die Zuordnung eines Kontos nur auf der Ebene eines Summenmussfeldes möglich ist, sollten zumindest solche Anpassungen vorgenommen werden, um Summenmussfelder als sekundäre Auffangpositionen vermeiden zu können. Mit anderen Worten, das bilanzierende Unternehmen muss eine Analyse durchführen, in welchem Umfang die derzeitige Buchführung den Anforderungen der Steuertaxonomie entspricht und welche Taxonomie-Detaillierungstiefe das bilanzierende Unternehmen offenlegen will.

Für Unternehmen, deren Kontenrahmen von keinem Mutterunternehmen bzw. von keinen internen Anforderungen vorgegeben wird, wäre es am sinnvollsten, einfach die Taxonomie als Standardkontenrahmen zu nutzen. Bei einer angestrebten Volltransparenz würden dann alle Taxonomiepositionen den Kontenrahmen bilden. Soweit aber nur eine Teiltransparenz angestrebt wird, könnten bspw. nur die Mussfelder den Kontenrahmen bilden. Bereits gebuchte Konten könnten auf die entsprechenden Konten laut dem Taxonomiekontenrahmen umgebucht werden und neue Buchungssachverhalte wären dann nur nach diesem Taxonomiekontenrahmen zu buchen. Dies würde aber natürlich auch einen erheblichen Zeit- und Personalaufwand seitens des Unternehmens erfordern.

Beispiel: E-Bilanz und Buchhaltung

Die C-KG hat bis heute in ihrer Buchführung nur ein Konto „Ausleihungen an Gesellschafter" geführt, in dem Ausleihungen an den vollhaftenden Gesellschafter A und an den teilhaftenden Gesellschafter B zusammengerechnet werden. Die C-KG möchte aber die Taxonomie als neuen Kontenrahmen nutzen.

Wie soll die Anpassung in der Buchführung bei dem Konto „Ausleihungen an Gesellschafter" erfolgen?

Lösungsvorschlag: E-Bilanz und Buchhaltung

Der Lösungsweg hängt von der Zusammenstellung des Kontos „Ausleihungen an Gesellschafter" ab:

a. Soweit aus dem Konto „Ausleihungen an Gesellschafter" ableitbar ist, in welcher Höhe die Ausleihungen an den Gesellschafter A bzw. B vergeben wurden, können folgende Anpassungsbuchungen vorgenommen werden:

Ausleihungen an persönlich haftende Gesellschafter	an	Ausleihungen an Gesellschafter
Ausleihungen an Kommanditisten	an	Ausleihungen an Gesellschafter

b. Soweit dies aber aus dem Kontensaldo nicht erschließbar ist, muss folgende Anpassungsbuchung vorgenommen werden:

Ausleihungen an Gesellschafter, nach Rechtsform des Gesellschafters nicht zuordenbar	an	Ausleihungen an Gesellschafter
Ausleihungen an Gesellschafter, nach Rechtsform des Gesellschafters nicht zuordenbar	an	Ausleihungen an Gesellschafter

Die Position „Ausleihungen an Gesellschafter, nach Rechtsform des Gesellschafters nicht zuordenbar" wäre solange zu führen, bis sie völlig aufgelöst ist. Neu vergebene Ausleihungen sind dann auf den entsprechenden Konten wie unter Punkt (a.) zu buchen.

Bei vielen bilanzierenden Unternehmen ist aber die Übernahme der Taxonomie als Standardkontenrahmen nicht möglich, weil bspw. der Kontenrahmen vom Mutterunternehmen vorgegeben wird. Davon betroffen sind vor allem internationale Unternehmen, deren Rechnungslegung im gesamten Konzern standardisiert ist. Solche Unternehmen benutzen i. d. R. standardisierte Buchungsvorgänge und auch Standardkontenrahmen für alle Länder, um den Jahresabschluss nach US-GAAP oder IFRS zu erstellen. Ein so erstellter Abschluss entspricht aber nur selten den Mindestanforderungen (Mussfeldern) der E-Bilanz. Diese internationalen Unternehmen haben nun die Möglichkeit, den Jahresabschluss nachträglich an die Taxonomie anzupassen, wobei aber solche Anpassungen auch einen sehr hohen Zeit- und Personalaufwand erfordern bzw. einige Anpassungen überhaupt nicht realisiert werden können. Alternativ können diese internationalen Unternehmen die Minimalstrategie wählen, die aber wiederum aus den o. a. Gründen langfristig nicht empfehlenswert ist.

Handelsrechtlich sind gem. § 246 Abs. 1 HGB alle Vermögensgegenstände, Schulden und Rechnungsabgrenzungsposten in die Bilanz aufzunehmen und gem. § 247 Abs. 1 HGB müssen das Anlage- und Umlaufvermögen, das Eigenkapital, die Schulden sowie die Rechnungsabgrenzungsposten gesondert ausgewiesen und hinreichend gegliedert werden, wobei die Grundsätze der ordnungsmäßigen Buchführung zu beachten sind. Die Struktur der Bilanz wird in § 266 Abs. 2 HGB (Abb. 5.1) für Kapitalgesellschaften vorgeschrieben. Andere Gesellschaftsrechtsformen sind entweder verpflichtet, sich an dieser Vorschrift zu orientieren oder sie bilanzieren freiwillig nach diesen rechtlichen Vorgaben.

Aktiva	Passiva
A. Anlagevermögen	A. Eigenkapital
I. Immaterielle Vermögensgegenstände (inklusive Nr. 1-4)	I. gezeichnetes Kapital
II. Sachanlagen (inklusive Nr. 1-4)	II. Kapitalrücklage
III. Finanzanlagen (inklusive Nr. 1-6)	III. Gewinnrücklage
B. Umlaufvermögen	IV. Gewinnvortrag/Verlustvortrag
I. Vorräte (inklusive Nr. 1-4)	V. Jahresüberschuss/Jahresfehlbetrag
II. Forderungen und sonstige Vermögensgegenstände (inklusive Nr. 1-4)	B. Rückstellungen (inklusive Nr. 1-3)
III. Wertpapiere (inklusive Nr. 1-2)	C. Verbindlichkeiten (inklusive Nr. 1-8)
IV. Kassenbestand, Bundesbankguthaben, Guthaben bei Kreditinstituten und Schecks	D. Rechnungsabgrenzungsposten
C. Rechnungsabgrenzungsposten	E. Passive latente Steuern
D. Aktive latente Steuern	
E. Aktiver Unterschiedsbetrag aus der Vermögensverrechnung	

Abb. 5.1 Bilanz nach § 266 HGB

© Springer Fachmedien Wiesbaden GmbH, ein Teil von Springer Nature 2019
K. von Sicherer und E. Čunderlíková, *E-Bilanz*, https://doi.org/10.1007/978-3-658-21498-2_5

Gem. § 4 Abs. 1 Satz 1 i. V. m. § 5 Abs. 1 Satz 1 EStG sind diese handelsrechtlichen Vorschriften auch für das Steuerrecht maßgeblich (Maßgeblichkeitsprinzip), soweit steuerliche Vorschriften nicht etwas anderes gebieten. Deshalb kann die Struktur der Steuerbilanz von der Struktur der Handelsbilanz abweichen, wobei aber keine gesonderte steuerliche Vorschrift eine Gliederung der Steuerbilanz vorschreibt.

Die **Taxonomie-Bilanz** sollte eine Gliederung der Bilanz nach Steuerrecht aufzeigen. Da aber in der Regel neben der handelsrechtlichen Buchführung nicht gleichzeitig eine steuerliche Buchführung geführt wird („two-book-accounting-system"), ist die Steuerbilanz aus der Handelsbilanz abzuleiten. In der Taxonomie-Bilanz sind deshalb auch Positionen vorzufinden, die steuerlich nicht ausgewiesen werden dürfen. Solche Positionen müssen dann mithilfe einer Überleitungsrechnung gem. § 60 Abs. 2 EStDV korrigiert werden. Die Taxonomie-Bilanz ist also wesentlich breiter gefasst, da sie neben den handelsrechtlichen auch die steuerrechtlichen Vorschriften erfasst. In der Abb. 5.2 wird eine vereinfachte Strukturierung der Bilanz gem. der Taxonomie 6.2 vom 01.04.2018 dargestellt.

Aktiva	Passiva
Rückständige fällige Einzahlungen auf Geschäftsanteile	Eigenkapital
Bilanzierungshilfe	Sonderposten mit Rücklageanteil
Anlagevermögen	Rückstellungen
Vermögensgegenstände zwischen Anlagevermögen und Umlaufvermögen	Verbindlichkeiten
Umlaufvermögen	Passive Rechnungsabgrenzungsposten
Aktive Rechnungsabgrenzungsposten	Passive latente Steuern
Aktive latente Steuern	
Aktiver Unterschiedsbetrag aus der Vermögensverrechnung	
Aktiver Ausgleichsposten für Organschaftsverhältnisse beim Organträger	
Allgemeiner aktiver steuerlicher Ausgleichsposten	
Nicht durch Eigenkapital gedeckter Fehlbetrag / nicht durch Vermögenseinlagen gedeckter Verlustanteil / nicht durch Vermögenseinlagen gedeckte Entnahmen	
Sonstige Aktiva	

Abb. 5.2 Bilanz nach der Taxonomie

Taxonomieposition	Handelsbilanz	Steuerbilanz
Rückständige fällige Einzahlungen auf Geschäftsanteile *(R)*	ja	ja
Bilanzierungshilfe *(R)*	nein	nein
Anlagevermögen *(SM)*	ja	ja
Vermögensgegenstände zwischen Anlage- und Umlaufvermögen *(R)*	ja	nein
Umlaufvermögen *(SM)*	ja	ja
Aktive Rechnungsabgrenzungsposten *(M)*	ja	ja
Aktive latente Steuern *(R)*	ja	nein
Aktiver Unterschiedsbetrag aus der Vermögensverrechnung *(R)*	ja	nein
Aktiver Ausgleichposten für Organschaftsverhältnisse beim Organträger *(M)*	nein	ja
Allgemeiner aktiver steuerlicher Ausgleichposten *(R)*	nein	ja
Nicht durch Eigenkapital gedeckter Fehlbetrag *(SM)*	ja	ja
Sonstige Aktiva *(R)*	ja	ja

Abb. 5.3 Aktiva in der Taxonomie-Bilanz

5.1 Aktiva

Auf der Aktivseite werden alle Vermögensgegenstände, aktive Rechnungsabgrenzungsposten und sonstige Korrekturposten erfasst. Abb. 5.3 zeigt, welche Oberpositionen gem.
dem Taxonomieschema entweder in der Handels- oder Steuerbilanz erfasst werden dürfen
und welche nicht.

5.1.1 Rückständige fällige Einzahlungen auf Geschäftsanteile

Gem. § 337 Abs. 1 Satz 1 HGB ist bei einer **eingetragenen Genossenschaft** anstelle des
gezeichneten Kapitals das Geschäftsguthaben der Mitglieder anzugeben. Soweit seitens
der Mitglieder noch nicht alle Einzahlungen geleistet wurden, diese aber schon auf der
Passivseite als Geschäftsguthaben ausgewiesen sind, müssen diese Einzahlungen entsprechend auf der Aktivseite als „Rückständige fällige Einzahlungen auf Geschäftsanteile"

ausgewiesen werden. Sollten diese rückständigen fälligen Einzahlungen noch nicht im Geschäftsguthaben ausgewiesen sein, sind diese Beträge gem. § 337 Abs. 1 Satz 4 HGB unter der Position „Geschäftsguthaben" zu vermerken, und zwar mit dem Nennwert.

5.1.2 Bilanzierungshilfe

Vor dem Inkrafttreten des BilMoG's konnten in der Handelsbilanz auch Bilanzierungshilfen als Wahlrecht aktiviert werden. Hierbei handelte es sich um Positionen, die nicht die Voraussetzungen eines Vermögensgegenstandes erfüllt haben, trotzdem aber gem. § 269 HGB a. F. (Aufwendungen für die Ingangsetzung oder die Erweiterung des Geschäftsbetriebs) oder gem. § 274 Abs. 2 HGB a. F. (aktive latente Steuern) angesetzt werden durften. Während mit Inkrafttreten des BilMoG's die aktiven latenten Steuern in einer separaten Bilanzposition angegeben werden können, durften Aufwendungen für die Ingangsetzung oder die Erweiterung des Geschäftsbetriebs als Bilanzierungshilfe letztmalig im Geschäftsjahr 2009 gebildet werden (Art. 66 Abs. 5 EGHGB) und mussten gem. § 282 HGB a. F. spätestens im Geschäftsjahr 2012 voll abgeschrieben sein. Seit diesem Zeitpunkt dürfen Bilanzierungshilfen nicht mehr bilanziert werden.

In der Taxonomie-Bilanz wird die Bilanzierungshilfe trotzdem noch immer aufgezeigt. Die Position dient aber nur als Vergleichsposition in Bezug zu bereits übermittelten früheren E-Bilanzen. Falls bspw. auf freiwilliger Basis eine E-Bilanz bereits für das Wirtschaftsjahr 2012 an die Finanzverwaltung übermittelt wurde und eine Bilanzierungshilfe damals ausgewiesen wurde, wird durch alle weiteren übermittelten E-Bilanzen nur gezeigt, dass diese Position jetzt nicht mehr besteht.[1]

5.1.3 Anlagevermögen

Das Anlagevermögen beinhaltet gem. § 247 Abs. 2 HGB solche Vermögensgegenstände, die dem bilanzierenden Unternehmen dauernd dienen. In der Taxonomie-Bilanz gliedert sich das Anlagevermögen analog gem. § 266 Abs. 2 A HGB wie folgt:

- Immaterielle Vermögensgegenstände (*SM*),
- Sachanlagen (*SM*),
- Finanzanlagen (*SM*).

5.1.3.1 Immaterielle Vermögensgegenstände

Bei den immateriellen Vermögensgegenständen handelt es sich um solche Gegenstände, die keine physische Substanz haben und nicht greifbar sind. Die Zusammenstellung der immateriellen Vermögensgegenstände wurde für die Taxonomie überwiegend aus § 266 Abs. 2 A I. HGB übernommen und sieht wie folgt aus:

---

[1] Vgl. Bongaerts/Neubeck/Brembt/Kinzalik in Deloitte (Hrsg.), E-Bilanz, 2015, Rz. 651.

- Selbst geschaffene gewerbliche Schutzrechte und ähnliche Rechte und Werte (*R*),
- in der Entwicklung sich befindende immaterielle Vermögenswerte (*R*),
- **Entgeltlich** erworbene Konzessionen, gewerbliche Schutz- und ähnliche Rechte und Werte sowie Lizenzen an solchen Rechten und Werten (*MK*),
- **unentgeltlich** erworbene Konzessionen, gewerbliche Schutzrechte und ähnliche Rechte und Werte, sowie Lizenzen an solchen Rechten und Werten (*R*),
- **entgeltlich** und **unentgeltlich** erworbene Konzessionen, gewerbliche Schutzrechte und ähnliche Rechte und Werte, sowie Lizenzen an solchen Rechten und Werten (*R*),
- Geschäfts-, Firmen- oder Praxiswert (*MK*),
- geleistete Anzahlungen (*MK*),
- sonstige immaterielle Vermögensgegenstände (*R*)

Selbst geschaffene gewerbliche Schutzrechte und ähnliche Rechteund Werte stellen immaterielle Vermögensgegenstände dar, die das bilanzierende Unternehmen selbst hergestellt hat. Vor Inkrafttreten des BilMoG's gab es in der Handels- und Steuerbilanz ein strenges Aktivierungsverbot für selbst geschaffene immaterielle Vermögensgegenstände. In Zeiten der technischen Innovationen wurde das handelsrechtliche Aktivierungsverbot in ein Aktivierungswahlrecht umgewandelt (§ 248 Abs. 2 Satz 1 HGB). Die selbst geschaffenen immateriellen Vermögensgegenstände können nach § 255 Abs. 2a Satz 1 HGB mit den Herstellungskosten aktiviert werden, d. h., mit Aufwendungen, die auf die Entwicklung dieser Vermögensgegenstände fallen. Demnach dürfen die auf Forschung entfallenden Aufwendungen nicht bilanziert werden (§ 255 Abs. 2a Satz 3 HGB). Gem. § 248 Abs. 2 Satz 2 HGB sind auch selbst geschaffene Marken, Drucktitel, Verlagsrechte, Kundenlisten oder ähnliche immaterielle Vermögensgegenstände weiterhin nicht aktivierungsfähig. Steuerrechtlich bleibt aber für nicht entgeltlich erworbene immaterielle Vermögensgegenstände gem. § 5 Abs. 2 EStG das Aktivierungsverbot bestehen. Diese Position darf somit in der Steuerbilanz nicht angesetzt werden.

Soweit sich die immateriellen Vermögensgegenstände noch in der Entwicklung befinden, können diese in der Position „**in der Entwicklung sich befindende immaterielle Vermögenswerte**" abgebildet werden.

Bei den **entgeltlich erworbenen immateriellen Vermögensgegenständen** handelt es sich um immaterielle Vermögensgegenstände, die das bilanzierende Unternehmen gegen Entgelt erworben hat. Gem. § 246 Abs. 1 HGB und § 5 Abs. 2 EStG sind alle entgeltlich erworbenen Vermögensgegenstände in der Handels- und Steuerbilanz zu aktivieren und über die Nutzungsdauer abzuschreiben. Sie sind mit den Anschaffungskosten zu bilanzieren. In der Taxonomie-Bilanz wird diese Position noch weiter aufgegliedert. Soweit aber die immateriellen Vermögensgegenstände unentgeltlich erworben wurden und sie nicht von untergeordneter Bedeutung sind, sind sie in der Position „**unentgeltlich bzw. entgeltlich und unentgeltlich erworbene immaterielle Vermögensgegenstände**" auszuweisen (GAAP-Modul, Zelle AC60).

Der entgeltlich erworbene **Geschäfts- oder Firmenwert** (derivativer Goodwill) stellt gem. § 246 Abs. 1 Satz 4 HGB den Unterschiedsbetrag dar, der sich i. d. R. aus dem Kaufpreis abzüglich dem Verkehrswert der Vermögensgegenstände und der Übernahme der Schulden des Unternehmens, zum Zeitpunkt der Übernahme ergibt. Der Geschäfts- oder Firmenwert ist somit der Mehrwert, den das kaufende Unternehmen für das übernommene Unternehmen über dessen Substanzwert hinaus zu zahlen bereit ist. Bei einer Praxis (Unternehmen eines Freiberuflers) wird von einem **Praxiswert** gesprochen. Handelsrechtlich besteht hierfür ein Aktivierungsgebot. Gem. § 253 Abs. 3 Satz 4 HGB ist der Geschäfts- oder Firmenwert, soweit seine Nutzungsdauer nicht verlässlich geschätzt werden kann, über 10 Jahre abzuschreiben. Die Abschreibungsdauer ist gem. § 285 Nr. 13 HGB im Anhang zu erläutern. Steuerlich ist gem. § 5 Abs. 2 EStG der entgeltlich erworbene Geschäfts- oder Firmenwert auch zu aktivieren, wobei hier aber eine Abschreibungsdauer von 15 Jahren (§ 7 Abs. 1 Satz 3 EStG) zu beachten ist. Ein selbst geschaffener Geschäfts- oder Firmenwert (originärer Goodwill) darf weder in der Handels- noch in der Steuerbilanz aktiviert werden.

Unter **geleisteten Anzahlungen** sind solche Zahlungen zu aktivieren, die das bilanzierende Unternehmen zur Anschaffung eines immateriellen Vermögensgegenstandes geleistet hat, wobei aber der entsprechende immaterielle Vermögensgegenstand noch nicht geliefert wurde.

Die Position „**sonstige immaterielle Vermögensgegenstände**" ist in der Taxonomie als Auffangposition konzipiert, d. h., hier sind alle immateriellen Vermögensgegenstände (Wirtschaftsgüter) zu erfassen, soweit diese wegen der in der Buchhaltung geführten Konten nicht den o. a. Positionen zugeordnet werden können.

5.1.3.2 Sachanlagen

Sachanlagen stellen Vermögensgegenstände mit einer physischen Substanz dar. Die Mindestgliederung in der Taxonomie-Bilanz wurde grundsätzlich aus § 266 Abs. 2 A II. HGB übernommen und ist nachfolgend aufgezeigt:

- Grundstücke, grundstücksgleiche Rechte und Bauten einschließlich der Bauten auf fremden Grundstücken (*SM*),
- technische Anlagen und Maschinen (*M*),
- andere Anlagen, Betriebs- und Geschäftsausstattung (*M*),
- Geschäfts- und Vorführwagen (*R*),
- geleistete Anzahlungen und Anlagen im Bau (*M*),
- sonstige Sachanlagen (*M*).

Bei der Position „**Grundstücke, grundstücksgleiche Rechte und Bauten einschließlich der Bauten auf fremden Grundstücken**" verlangt die Finanzverwaltung wegen des Summenmussfeldcharakters zwingend eine Unterscheidung in:

- unbebaute Grundstücke (*MK*),
- grundstücksgleiche Rechte ohne Bauten (*MK*),
- Bauten auf eigenen Grundstücken (*MK*),
  - davon Grund und Boden-Anteil (*M*),

- Bauten auf fremden Grundstücken (*MK*),
- übrige Grundstücke, nicht zuordenbar (*R*),
- Bauten auf fremden Grundstücken, soweit aus der/den für die ausländische(n) Betriebs-stätte(n) geführten Buchführung(en) nicht anders zuordenbar (*R*).

Der Grund dieser Unterscheidung ist darin zu sehen, dass Grundstücke und grund-stücksgleiche Rechte nicht abnutzbar, d. h. nicht abschreibungsfähig sind, und abnutzbare Bauten über ihre betriebsgewöhnliche Nutzungsdauer abzuschreiben sind. Bei Bauten auf eigenen Grundstücken muss aus demselben Grund der in dieser Position enthaltene Wert des Grundstücks gesondert ausgewiesen werden. Soweit aus der Buchhaltung eine Zuord-nung zu den o. a. Positionen nicht möglich ist, stehen dem bilanzierenden Unternehmen hierfür Auffangpositionen zur Verfügung.

Technische Anlagen und Maschinen stellen solche Sachanlagen dar, die direkt der Produktion und Herstellung von Vermögensgegenständen (Wirtschaftsgütern) dienen. Sie werden in der Taxonomie-Bilanz weiter aufgeteilt in technische Anlagen, Maschinen und maschinengebundene Werkzeuge, Betriebsvorrichtungen, Reserve- und Ersatzteile, GWGs, GWG-Sammelposten und weitere Auffangpositionen.

Im Unterschied zu der vorhergehenden Position dienen **andere Anlagen, Betriebs-und Geschäftsausstattungen** indirekt der Produktion und Herstellung von Vermögensge-genständen (Wirtschaftsgütern). Diese Position wird weiter untergliedert in andere Anla-gen, Betriebsausstattung, Geschäftsausstattung, GWGs, Sammelposten GWG und weitere Auffangpositionen.

Bei der Position „**Geschäfts- und Vorführwagen**" handelt es sich nach der Erläute-rung in der Visualisierung der Taxonomie (GAAP-Modul, Zelle AF134) um eine bran-chenspezifische Position, die nur für Autohändler zu verwenden ist. Andere bilanzierende Unternehmen dürfen diese Position nicht nutzen.

Bei den **geleisteten Anzahlungen** handelt es sich um aktivierungspflichtige Forde-rungen gegenüber anderen Unternehmen, die den Vermögensgegenstand noch nicht ge-liefert haben. Die geleisteten Anzahlungen sind mit dem tatsächlichen Zahlungsbetrag anzusetzen. Im Gegensatz dazu handelt es **sich bei im Bau befindenden Anlagen** um aktivierungspflichtige Eigenleistungen. Diese sind mit den (Teil-)Herstellungskosten zu bewerten.

In die Position „**sonstige Sachanlagen**" sind alle Sachanlagen aufzunehmen, die nicht einer der o. a. Positionen zugeordnet werden konnten. Es handelt sich also gem. § 265 Abs. 5 Satz 2 HGB um eine HGB-Sammelposition.

5.1.3.3 Finanzanlagen

Finanzanlagen sind monetäre Vermögensgegenstände, die durch eine langfristige Überlas-sung von Kapital entstehen. Die Gliederung der Taxonomie-Bilanz orientiert sich grund-sätzlich an § 266 Abs. 2 A III HGB, wobei aber noch ein tieferer Detaillierungsgrad von den Unternehmen abverlangt wird. Die Mindestgliederung der Finanzanlagen ist wie folgt darzustellen:

- Finanzanlagen, davon Ausleihungen an Gesellschafter (O),
- Anteile an verbundenen Unternehmen (SM),
- Ausleihungen an Gesellschafter (SM),
- Ausleihungen an verbundene Unternehmen (SM),
- Beteiligungen (SM),
- Ausleihungen an Unternehmen, mit denen ein Beteiligungsverhältnis besteht (SM),
- Wertpapiere des Anlagevermögens (M),
- sonstige Ausleihungen (M),
- sonstige Finanzanlagen (SM).

Anteile an verbundenen Unternehmen stellen Anteile des bilanzierenden Unternehmens am Eigenkapital eines oder von mehreren verbundenen Unternehmen dar. Gem. § 271 Abs. 2 HGB sind als verbundene Unternehmen solche Unternehmen zu bezeichnen, die gem. § 290 HGB entweder als Mutter- oder als Tochterunternehmen zusammen mit anderen Tochterunternehmen in einen Konzernabschluss einbezogen werden. Als Tochterunternehmen wird nach § 290 Abs. 2 HGB ein Unternehmen definiert, das unter dem beherrschenden Einfluss des Mutterunternehmens steht, wobei als beherrschender Einfluss Stimmrechtsmehrheit oder Bestimmungsmehrheit bei Leistungs-, Verwaltungs- oder Aufsichtsorganen oder ein abgeschlossener Beherrschungs- oder Satzungsvertrag oder das Tragen der Mehrheit von Risiken und Chancen gilt. Die Anteile an verbundenen Unternehmen sind in der Taxonomie-Bilanz gesondert nach der Rechtsform des verbundenen Unternehmens auszuweisen und zwar:

- Anteile an Personengesellschaften (M),
- Anteile an Kapitalgesellschaften (M),
- Anteile an verbundenen Unternehmen, nach Rechtsform nicht zuordenbar (R),
- Anteile an verbundenen Unternehmen, soweit aus der/den für die ausländische(n) Betriebsstätte(n) geführten Buchführung(en) nicht anders zuordenbar (R).

Der Grund ist folgender: Während in der Handelsbilanz Anteile an Personengesellschaften und Kapitalgesellschaften in gleicher Weise bilanziert werden, nämlich mit den Anschaffungskosten, ist der Ausweis in der Steuerbilanz anders strukturiert. Der Anteil an einer Personengesellschaft ist steuerrechtlich nicht als ein Anteil an einem Wirtschaftsgut zu verstehen, sondern als Anteil an allen Wirtschaftsgütern, aus denen die Personengesellschaft besteht. Deshalb ist bei den Personengesellschaften die Spiegelbildmethode anzuwenden, d. h., der Wert der Personengesellschaft entspricht dem Kapitalkonto des Gesellschafters bei der Personengesellschaft. Dagegen sind Anteile an Kapitalgesellschaften als ein Wirtschaftsgut anzusehen und entsprechend zu bilanzieren.

Ausleihungen an Gesellschafter stellen Kapitalforderungen gegenüber den Gesellschaftern dar. Sie sind nach § 42 Abs. 3 GmbHG bei GmbHs oder nach § 264c Abs. 1 HGB bei Personengesellschaften i. S. d. § 264a HGB entweder im Anhang oder in der Bilanz als ein gesonderter Posten oder unter einem anderen Posten mit dem Vermerk „davon" („Finanzanlagen, davon Ausleihungen an Gesellschafter") auszuweisen. Nach den Erläuterungen in der Visualisierung der Taxonomie (GAAP-Modul, Zelle AD4035) ist diese Position aber nicht bei AGs zu verwenden. Die Ursache für den gesonderten Ausweis ist darin zu sehen, dass die Gesellschafter ein besonderes Interesse am Gesamtergebnis der Gesellschaft haben und aus diesem Grunde Geschäftsvorfälle zwischen der Gesellschaft und den Gesellschaftern gesondert auszuweisen sind. Diese Positionen stellen also eine Abbildung der Gesetzestexte dar.

Die Position „Ausleihungen an Gesellschafter" ist wegen des Summenmussfeldcharakters weiter zu untergliedern in:

- Ausleihungen an GmbH-Gesellschafter und stille Gesellschafter (*M*),
- Ausleihungen an persönlich haftende Gesellschafter (*M*),
- Ausleihungen an Kommanditisten (*M*),
- Ausleihungen an Gesellschafter nicht nach Rechtsform des Gesellschafters zuordenbar (*R*).

Kleine Kapitalgesellschaften und Kleinstkapitalgesellschaften müssen aber Finanzanlagen nach § 266 Abs. 2 A III. EStG nicht weiter untergliedern. Um aber der Vorschrift des § 42 Abs. 3 GmbHG Rechnung zu tragen, können kleine Kapitalgesellschaften und Kleinstkapitalgesellschaften die Position „Finanzanlagen, davon Ausleihungen an Gesellschafter" nutzen, soweit nicht eine andere Ausweismöglichkeit ausgewählt wurde.

Bei **Ausleihungen an verbundene Unternehmen** handelt es sich i. d. R. um langfristige Darlehen, die den verbundenen Unternehmen unter günstigeren Bedingungen gewährt werden. Die Ausleihungen müssen mindestens für die Dauer von zwölf Monaten bestehen. Auch die Ausleihungen an verbundene Unternehmen sind nach der Rechtsform weiter aufzugliedern:

- Ausleihungen an verbundene Unternehmen, soweit Personengesellschaften (*M*),
- Ausleihungen an verbundene Unternehmen, soweit Kapitalgesellschaften (*M*),
- Ausleihungen an verbundene Unternehmen, soweit Einzelunternehmen (*M*),
- Ausleihungen an verbundene Unternehmen, nach Rechtsform nicht zuordenbar (*R*),
- Ausleihungen an verbundene Unternehmen, soweit aus der/den für die ausländische(n) Betriebsstätte(n) geführten Buchführung(en) nicht anders zuordenbar (*R*).

Soweit nämlich das bilanzierende Unternehmen an einer Personengesellschaft direkt beteiligt ist (Mitunternehmerschaft) und Vergütungen für die Hingabe von Darlehen i. S. d. § 15 Abs. 1 Satz 1 Nr. 2 Satz 1 2. Halbsatz EStG erhält, muss die Position „Ausleihungen an Personengesellschaften" im Rahmen der steuerlichen Überleitungsrechnung aufgelöst werden und dem Beteiligungswert (Spiegelbildmethode) zugerechnet werden.

Gem. § 271 Abs. 1 Satz 1 HGB sind **Beteiligungen** „Anteile an anderen Unternehmen, die bestimmt sind, dem eigenen Geschäftsbetrieb durch Herstellung einer

dauernden Verbindung zu jenen Unternehmen zu dienen." Eine Beteiligung ist nach
§ 271 Abs. 1 Satz 3 HGB dann gegeben, wenn das bilanzierende Unternehmen am
Nennkapital oder an den Kapitalanteilen eines anderen Unternehmens zu mehr als 20 %
beteiligt ist. Dies kann aber widerlegt werden, soweit keine Beteiligungsabsicht besteht,
wenn also nur eine verzinsliche Anlage angestrebt wird. Zu den Beteiligungen gehören
bspw. auch Joint Ventures oder Beteiligungen an assoziierten Unternehmen. Im Rahmen
der Taxonomie-Bilanz muss diese Position mindestens weiter aufgeteilt werden in:

- Beteiligungen an Personengesellschaften (M),
- Beteiligungen an Kapitalgesellschaften (M),
- stille Beteiligungen (SM),
  - typisch stille Beteiligung (M),
  - atypisch stille Beteiligung (M),
- sonstige Beteiligungen nach Rechtsform nicht zuordenbar (R),
- Beteiligungen, soweit aus der/den für die ausländische(n) Betriebsstätte(n) geführten
  Buchführung(en) nicht anders zuordenbar (R).

Innerhalb der Position „Beteiligungen" ist auch die typisch stille Beteiligung des bilanzierenden Unternehmens an einem anderen Unternehmen enthalten. Der typisch stille
Gesellschafter ist nur am Gewinn bzw. Verlust des bilanzierenden Unternehmens beteiligt, nicht aber an der Geschäftsführung und dem Vermögen der Gesellschaft. Deshalb
stellt die typisch stille Beteiligung handelsrechtlich keine echte Beteiligung dar und ist
laut der Taxonomie-Bilanz handelsrechtlich unter den sonstigen Finanzanlagen anzugeben. Im Rahmen der steuerlichen Überleitungsrechnung muss aber eine Umgliederung
von den sonstigen Finanzanlagen auf die entsprechende Position unter den Beteiligungen erfolgen. Im Unterschied zum typisch stillen Gesellschafter darf der atypisch stille
Gesellschafter an der Geschäftsführung partizipieren. Bei der atypisch stillen Beteiligung
handelt es sich um eine Mitunternehmerschaft i. S. d. § 15 Abs. 1 Nr. 2 EStG; sie ist sowohl handels- als auch steuerrechtlich als Beteiligung auszuweisen.

Bei **Ausleihungen an Unternehmen, mit denen ein Beteiligungsverhältnis** besteht,
handelt es sich ebenfalls um langfristige (mehr als 12-monatige) Kredite, die den Unternehmen, an denen das bilanzierende Unternehmen (Tochterunternehmen) beteiligt ist,
wie auch an dem bilanzierenden Unternehmen beteiligte Gesellschaften (Mutterunternehmen) gewährt werden. Diese Ausleihungen müssen in der Taxonomie-Bilanz zwingend
mindestens untergliedert werden in:

- Ausleihungen an Personengesellschaften (M),
- Ausleihungen an Kapitalgesellschaften (M),
- Ausleihungen nicht nach Rechtsform zuordenbar (R),
- Ausleihungen soweit aus der/den für die ausländische(n) Betriebsstätte(n) geführten
  Buchführung(en) nicht anders zuordenbar (R).

Genau wie bei der Position „Ausleihungen an verbundene Unternehmen" ist auch hier bei Erfüllung der Voraussetzungen des § 15 Abs. 1 Satz 1 Nr. 2 Satz 1 2. Halbsatz EStG die Position „Ausleihungen an Personengesellschaften" aufzulösen.

Wertpapiere des Anlagevermögens sind Vermögensgegenstände, die dem bilanzierenden Unternehmen als langfristige Kapitalanlagen dienen, aber kein Beteiligungsverhältnis darstellen. In der Taxonomie-Bilanz können sie noch weiter gegliedert werden, bspw. in Optionsscheine, festverzinsliche Wertpapiere, Obligationen usw.

Unter **sonstigen Ausleihungen** sind alle anderen Ausleihungen zu erfassen, die mangels fehlender Eigenschaften nicht anders zugeordnet werden können. Laut der Taxonomie-Bilanz werden hier bspw. auch Ausleihungen an Mitarbeiter abgebildet.

Sonstige Finanzanlagen sind gem. § 265 Abs. 5 Satz 2 HGB als eine HGB-Sammelposition zu verstehen. In der Taxonomie-Bilanz werden die sonstigen Finanzanlagen weiter gegliedert in:

- Genussrechte (*R*),
- Genossenschaftsanteile (langfristiger Verbleib) (*R*),
- Rückdeckungsansprüche aus Lebensversicherungen (langfristiger Verbleib) (*M*),
- stille Beteiligungen innerhalb der sonstigen Finanzanlagen (*R*),
- übrige sonstige Finanzanlagen/nicht zuordenbare sonstige Finanzanlagen (*R*).

Genussrechte sind unter den sonstigen Finanzanlagen nur dann auszuweisen, soweit sie nicht verbrieft sind. Ansonsten sind sie als Wertpapiere zu bilanzieren. Genussrechte geben dem bilanzierenden Unternehmen das Recht, sich am Gewinn eines anderen Unternehmens zu beteiligen. Im Unterschied zu Stammaktien gewähren sie aber kein Mitspracherecht.

Gem. § 271 Abs. 1 Satz 5 HGB stellen Genossenschaftsanteile keine Beteiligung i. S. d. HGB dar. Dementsprechend müssen langfristig gehaltene Genossenschaftsanteile unter den Finanzanlagen oder nach Anpassung der Postenbezeichnung unter den sonstigen Ausleihungen aufgezeigt werden. Die Taxonomie-Bilanz sieht hierzu aber eine separate Position vor; also müssen Genossenschaftsanteile im Rahmen der Überleitungsrechnung auf diese Position umgegliedert werden.[2]

Handelsrechtlich besteht im Zusammenhang mit Altersversorgungsverpflichtungen (siehe dazu: Abschn. 5.1.8) gem. § 246 Abs. 2 Satz 2 HGB ein Verrechnungsgebot bestimmter Vermögensgegenstände und der damit zusammenhängenden entsprechenden Schulden. Steuerrechtlich besteht hierfür aber gem. § 5 Abs. 1a Satz 1 EStG ein Verrechnungsverbot. Deshalb muss in der Steuerbilanz ein separater Ausweis erfolgen, wobei für die entsprechenden Vermögensgegenstände (Wirtschaftsgüter) die Position „Rückdeckungsansprüche aus Lebensversicherungen (langfristiger Verbleib)" und für die entsprechenden Schulden die Position „Pensionsrückstellungen" zu nutzen sind.

---

[2] Vgl. Bongaerts/Neubeck/Brembt/Kinalzik in Deloitte (Hrsg.), E-Bilanz, 2015, Rz. 801.

Laut der Taxonomie-Bilanz ist die stille Beteiligung handelsrechtlich unter den sonstigen Finanzanlagen zu erfassen. Im Rahmen der steuerlichen Überleitungsrechnung muss aber eine Umgliederung auf die entsprechende Position unter den Beteiligungen erfolgen.

Auch „**davon-Positionen**" sind in den einzelnen o. a. Positionen enthalten. Die in den Finanzanlagen enthaltenen „davon-Positionen" spezifizieren die einzelnen Positionen nach Art der Beziehung zum bilanzierenden Unternehmen (Ausleihungen an verbundene Unternehmen, davon an Tochterunternehmen bzw. Beteiligungen, davon an Joint Ventures). Eine werthaltige Angabe ist nicht erforderlich.

Beispiel: Finanzanlagen

Die V-GmbH (Komplementärin) ist an der U-GmbH & Co. KG zu 1 % beteiligt. Die V-GmbH und die U-GmbH & Co. KG sind auch in einem Konzernabschluss einbezogen. Die Anschaffungskosten des Erwerbs des Anteils an der U-GmbH & Co. KG betrugen zum 01.01.2018 für die V-GmbH 100.000 €. Zudem hat im Wirtschaftsjahr (= Kalenderjahr) 2018 die V-GmbH der U-GmbH & Co. KG ein Darlehen mit einem Zinssatz von 4 % mit einer Laufzeit von 20 Jahren gewährt. Die Höhe des Darlehens beläuft sich auf 50.000 €. Das steuerliche Kapitalkonto der V-GmbH bei der U-GmbH & Co. KG beläuft sich zum 31.12.2018 auf 170.000 €.

Erklären Sie diesen Sachverhalt und zeigen Sie, wie diese Sachverhalte im Berichtsbestandteil „Bilanz" der V-GmbH darzustellen sind!

Lösungsvorschlag: Finanzanlagen

Da die V-GmbH und die U-GmbH & Co. KG in einem Konzernabschluss einbezogen sind, sind die Voraussetzungen des § 271 Abs. 2 HGB erfüllt und die Unternehmen sind als verbundene Unternehmen anzusehen. Die Höhe des Anteils der V-GmbH an der U-GmbH & Co. KG ist dabei nicht maßgebend. Der Anteil an der U-GmbH & Co. KG wird bei der V-GmbH unter der Position „Anteile an verbunden Unternehmen" aktiviert und mit den Anschaffungskosten i. H. v. 100.000 € bewertet.

Entsprechend wird das Darlehen der V-GmbH an die U-GmbH & Co. KG als „Ausleihungen an verbundene Unternehmen" aktiviert und mit dem Wert i. H. v. 50.000 € angesetzt. Der Sachverhalt erfüllt aber auch die Voraussetzungen des § 15 Abs. 1 Nr. 2 Satz 1 EStG (Vergütungen für die Hingabe von Darlehen bei Mitunternehmenschaften). D. h., das Darlehen ist als Sonderbetriebsvermögen definiert. Steuerlich muss die Position „Ausleihung an verbundenen Unternehmen" aufgelöst werden.

Da der Wert des steuerlichen Kapitalkontos (170.000 €) der V-GmbH von dem handelsrechtlichen Beteiligungswert (100.000 €) abweicht, muss eine Anpassung i. H. v. 70.000 € erfolgen. Im Wert des steuerlichen Kapitalkontos ist auch der Wert des Darlehens einbezogen.

Taxonomie-Bilanz der V-GmbH		€	
		HB	StÜR	StB
= Bilanzsumme, Summe Aktiva (*SM*)		…	…	…
+ Anlagevermögen (*SM*)		…	…	…
…		…	…	…
+ Finanzanlagen (*SM*)		150.000	20.000	170.000
+ Anteile an verbundenen Unternehmen (*SM*)		100.000	70.000	170.000
+ Anteile an verbundenen Unternehmen, Anteile an Personengesellschaften (*M*)		100.000	70.000	170.000
+ Ausleihungen an verbundene Unternehmen (*SM*)		50.000	−50.000	NIL
+ Ausleihungen an verbundene Unternehmen, soweit Personengesellschaften (*M*)		50.000	−50.000	NIL
…		…	…	…

5.1.4 Vermögensgegenstände zwischen Anlagevermögen und Umlaufvermögen

Alle Vermögensgegenstände, die dem bilanzierenden Unternehmen dauernd zur Verfügung stehen, sind grundsätzlich als Anlagevermögen zu erfassen. Daraus folgt, dass alle anderen Vermögensgegenstände dem Umlaufvermögen zuzuordnen sind. Gem. § 265 Abs. 5 Satz 2 HGB dürfen aber Vermögensgegenstände, die nicht eindeutig dem Anlage- oder Umlaufvermögen zugewiesen werden können, als **Sonderposten zwischen dem Anlage- und Umlaufvermögen** dargestellt werden. Hierbei handelt es sich bspw. um Kernbrennelemente, Filmvermögen von Filmverleihern und ähnliche Vermögensgegenstände.[3] Eine solche Position gibt es aber nicht in der Steuerbilanz. Deshalb müssen solche Vermögensgegenstände im Rahmen der steuerlichen Überleitungsrechnung entweder dem Anlage- oder dem Umlaufvermögen zugeordnet werden. Gegebenenfalls können sie auch auf die Position „sonstige Aktiva" umgegliedert werden.

5.1.5 Umlaufvermögen

Im Gegensatz zum Anlagevermögen, das gem. § 247 Abs. 2 HGB dem bilanzierenden Unternehmen dauernd dient, steht das Umlaufvermögen dem bilanzierenden Unternehmen nur kurzfristig zur Verfügung. Die Gliederung des Umlaufvermögens in der Taxonomie-Bilanz entspricht § 266 Abs. 2 B HGB. Das Umlaufvermögen setzt sich wie folgt zusammen:

---

[3] Vgl. Adler/Düring/Schmaltz, Rechnungslegung und Prüfung der Unternehmen, 2001, Rz. 65 f.

- Vorräte (*SM*),
- Forderungen und sonstige Vermögensgegenstände (*SM*),
- Wertpapiere des Umlaufsvermögens (*SM*),
- Kassenbestand, Bundesbankguthaben, Guthaben bei Kreditinstituten und Schecks (*SM*).

5.1.5.1 Vorräte

Vorräte sind laut Taxonomie, die sich an § 266 Abs. 2 B I HGB orientiert, zu unterteilen in:

- Roh-, Hilfs- und Betriebsstoffe (*M*),
- unfertige Erzeugnisse, unfertige Leistungen (*M*),
- fertige Erzeugnisse und Waren (*M*),
- Vorräte, sonstige Vorräte (*R*),
- geleistete Anzahlungen (Vorräte) (*M*),
- Vorräte, vor Absetzung von erhaltenen Anzahlungen (*R*),
- Vorräte, erhaltene Anzahlungen auf Bestellungen (offen aktivisch abgesetzt) (*R*).

Roh-, Hilfs- und Betriebsstoffe fließen in den Herstellungsprozess eines Vermögensgegenstandes (Wirtschaftsgutes) ein, wobei Rohstoffe den Hauptbestandteil des Endprodukts und Hilfsstoffe einen eher unwesentlichen Teil des Endprodukts bilden und Betriebsstoffe nur indirekt (bspw. Strom) ins Endprodukt eingehen. In der Taxonomie-Bilanz kann eine Unterscheidung zwischen Roh-, Hilfs- und Betriebsstoffe erfolgen.

Die aus dem Produktionsprozess resultierenden Zwischenprodukte oder -leistungen werden als **unfertige Erzeugnisse** oder **unfertige Leistungen** bezeichnet. Das Endprodukt selbst stellt das **fertige Erzeugnis** dar. Im Unterschied zu den fertigen Erzeugnissen gibt es noch **Waren**, die nicht selbst hergestellt wurden und der Weiterveräußerung dienen.

Sonstige Vorräte sind gem. § 265 Abs. 5 Satz 2 HGB als eine HGB-Sammelposition konzipiert. Das bedeutet, hier sind alle anderen Vorräte anzugeben, die nicht einer der o. a. Kategorien zugeordnet werden können.

Geleistete Anzahlungen auf Vorräte sind aktivierungspflichtige Forderungen, die mit den Anschaffungskosten (Nennbetrag der Zahlung) zu bilanzieren sind.

Bei kleinen Kapitalgesellschaften kann gem. der Erläuterung in der Visualisierung der Taxonomie (GAAP-Modul, Zelle AD6483) die Bruttosumme der Vorräte vor dem Abzug der Anzahlungen unter der Position „**Vorräte, vor Absetzung von erhaltenen Anzahlungen**" verbucht werden, aber nur wenn andere Positionen im Summenmussfeld „Vorräte" nicht befüllt sind.

Hat das bilanzierende Unternehmen **Anzahlungen auf Bestellungen erhalten**, sind diese entweder gem. § 268 Abs. 5 Satz 2 HGB unter den Verbindlichkeiten auszuweisen oder sie können von den Vorräten offen abgezogen werden.

5.1.5.2 Forderungen und sonstige Vermögensgegenstände

Forderungen stellen finanzielle Verpflichtungen eines Dritten gegenüber dem bilanzierenden Unternehmen dar. In der Taxonomie-Bilanz sind die Forderungen wesentlich breiter gegliedert als nach § 266 Abs. 2 B II HGB und zwar:

- Forderungen und sonstige Vermögensgegenstände, davon mit einer Restlaufzeit von mehr als einem Jahr (*O*),
- Forderungen und sonstige Vermögensgegenstände, davon in den Forderungen und sonstigen Vermögensgegenständen verrechnete Einzelwertberichtigungen (*O*),
- Forderungen und sonstige Vermögensgegenstände, davon in den Forderungen und sonstigen Vermögensgegenständen verrechnete Pauschalwertberichtigungen (*O*),
- Forderungen und sonstige Vermögensgegenstände, davon gegen Gesellschafter (*O*),
- Forderungen aus Lieferungen und Leistungen (*M*),
- Forderungen aus dem Zentralregulierungs- und Delkrederegeschäft (*R*),
- Forderungen gegen Gesellschafter (*SM*),
- Einzahlungsverpflichtungen persönlich haftender Gesellschafter und Kommanditisten (*SM*),
- Forderungen gegen verbundene Unternehmen (*M*),
- Forderungen gegen Unternehmen, mit denen ein Beteiligungsverhältnis besteht (*M*),
- Ansprüche aus betrieblicher Altersversorgung und Pensionsansprüche (Mitunternehmer) (*R*),
- eingeforderte noch ausstehende Kapitaleinlagen (*R*),
- eingeforderte noch ausstehende Kapitaleinlagen persönlich haftender Gesellschafter (*R*),
- eingeforderte noch ausstehende Kapitaleinlagen Kommanditisten (*R*),
- sonstige Vermögensgegenstände (*SM*).

Gem. § 268 Abs. 4 HGB sind Forderungen mit einer Restlaufzeit von länger als einem Jahr gesondert unter jedem Forderungsposten nach § 266 Abs. 2 B II HGB auszuweisen. Da aber kleine Kapitalgesellschaften die Forderungen ihrem Grunde nach nicht aufgliedern müssen, wurde die Position „**Forderungen und sonstige Vermögensgegenstände, davon mit einer Restlaufzeit von mehr als einem Jahr**" eingeführt, um der Vorschrift des § 268 Abs. 4 HGB Rechnung zu tragen. Laut der Erläuterung in der Visualisierung der Taxonomie (GAAP-Modul, Zelle AD6493) ist diese Position nur für kleine Kapitalgesellschaften gedacht, soweit entsprechende Informationen nicht im Anhang angegeben werden.

Gesondert ausgewiesen werden können unter den **Forderungen und sonstigen Vermögensgegenständen verrechnete Einzelwert- bzw. Pauschalwertberichtigungen**. Einzelwert- und Pauschalwertberichtigungen sind gem. § 253 Abs. 4 HGB bei einer Wertminderung von Forderungen vorzunehmen. Bei einer Einzelwertberichtigung wird das Ausfallrisiko jeder Forderung einzeln anhand von Analysen, Untersuchungen usw.

bewertet, bei einer Pauschalwertberichtigung hingegen wird das Ausfallrisiko für eine Gruppe von Forderungen anhand von Erfahrungen geschätzt und eine Pauschale ermittelt. Beide Verfahren sind in der Praxis üblich.

Forderungen aus Lieferungen und Leistungen entstehen, wenn das bilanzierende Unternehmen ein Produkt oder eine Leistung an Kunden geliefert hat, bisher aber noch keine Zahlung für das Produkt bzw. die Leistung erhalten hat. Diese Forderungen sind zum Zeitpunkt der Erlösentstehung zu bilanzieren.

Gesondert auszuweisen sind auch **Forderungen aus den Zentralregulierungs- und Delkrederegeschäften**. Das Zentralregulierungssystem stellt ein besonderes Abrechnungssystem dar. Ein Unternehmen sammelt alle Forderungen gegenüber dem bilanzierenden Unternehmen und zahlt diese in einer Summe an das bilanzierende Unternehmen aus. Bei einem Delkredere verpflichtet sich dieses Unternehmen bei Zahlungsunfähigkeit des Schuldners die Forderung zu begleichen. Grundsätzlich wird diese Position aber nur von Genossenschaften genutzt.

Forderungen gegenüber Gesellschaftern sind genau wie Ausleihungen an Gesellschafter nach § 42 Abs. 3 GmbHG oder nach § 264c Abs. 1 HGB im Anhang anzugeben oder als gesonderter Posten oder unter einer anderen Position nach § 266 Abs. 2 B II HGB mit dem entsprechenden Hinweis „davon" auszuweisen.

In der Taxonomie-Bilanz ist die Position „Forderungen gegen Gesellschafter" wegen des Summenmussfeldcharakters zwingend weiter zu gliedern in:

- Forderungen gegen GmbH-Gesellschafter (M),
- Forderungen gegen persönlich haftende Gesellschafter (M),
- Forderungen gegen Kommanditisten und atypisch stille Gesellschafter (M),
- Forderungen gegen typisch stille Gesellschafter (M),
- Forderungen gegen sonstige Gesellschafter (R),
- Forderungen gegen Gesellschafter, nach Rechtsform des Gesellschafters nicht zuordenbar (R).

Kleine Kapitalgesellschaften und Kleinstkapitalgesellschaften müssen aber gem. § 266 Abs. 1 HGB die Forderungen dem Grunde nach nicht aufteilen. Deshalb können diese Gesellschaften Forderungen gegenüber Gesellschaftern in der Position „Forderungen und sonstige Vermögensgegenstände, davon gegen Gesellschafter" ausweisen, soweit nicht eine andere Ausweismöglichkeit ausgewählt wurde.

Gem. § 264c Abs. 2 HGB sind hier auch **Einzahlungsverpflichtungenpersönlich haftender Gesellschafter und Kommanditisten** anzugeben. Diese entstehen, wenn der auf einen Gesellschafter einer Personengesellschaft i. S. d. § 264a HGB entfallende Verlust die Kapitalanteile dieser Gesellschafter übersteigt und seitens der Gesellschafter eine Einzahlungsverpflichtung zur Deckung dieses Verlustes besteht. Soweit keine Einzahlungsverpflichtung besteht, sind diese übersteigenden Verluste in die Position „nicht durch Vermögenseinlagen gedeckter Verlustanteil" aufzunehmen. Diese Position ist aber auch bei Personengesellschaften anzugeben, die nicht Personengesellschaften i. S. d. § 264a HGB darstellen. In der Taxonomie-Bilanz erfolgt zwingend eine Unterscheidung in:

- Einzahlungsverpflichtungen persönlich haftender Gesellschafter (M),
- Einzahlungsverpflichtungen Kommanditisten (M).

Da grundsätzlich Unternehmen, die gem. § 271 HGB als Beteiligungen oder als verbundene Unternehmen gelten, untereinander Geschäfte zu vorteilhafteren Bedingungen als unter fremden Dritten durchführen, müssen in der Taxonomie-Bilanz auch **Forderungen gegen verbundene Unternehmen bzw. gegen Unternehmen, mit denen ein Beteiligungsverhältnis besteht**, separat ausgewiesen werden. In beiden Fällen handelt es sich um ausstehende Zahlungen dieser Unternehmen gegenüber dem bilanzierenden Unternehmen, bspw. aus getätigten Lieferungen.

Die Position „**Ansprüche aus betrieblicher Altersversorgung und Pensionsansprüche (Mitunternehmer)**" ist nur in einer Sonderbilanz zu verwenden und darf folglich bei anderen Bilanzarten, bspw. in einer Ergänzungsbilanz nicht vorkommen. Soweit die Mitunternehmerschaft (Personengesellschaft) zugunsten eines Mitunternehmers Zuführungen zur Pensionsrückstellung geleistet hat, die im Dienste der Mitunternehmerschaft entstanden sind, stellen diese Zuführungen nach Ansicht des BFH eine Sondervergütung des Mitunternehmers dar, die das Gesamthandsergebnis nicht beeinflussen darf. Die Minderung des Gesamthandsergebnisses, die durch die Passivierung der dem Mitunternehmer zugerechneten Pensionsrückstellung verursacht wurde, wird durch die Aktivierung einer entsprechenden Forderung in der Sonderbilanz neutralisiert.[4]

Gem. § 272 Abs. 1 HGB sind bei Kapitalgesellschaften die nicht eingeforderten Einlagen vom gezeichneten Kapital offen abzusetzen; die eingeforderten, aber noch nicht eingezahlten Einlagen sind unter den Forderungen gesondert auszuweisen. **Eingeforderte, noch ausstehende Einlagen** stellen spezielle Forderungen gegenüber den Gesellschaftern dar, wobei die Gesellschafter aufgefordert werden, die fälligen Kapitaleinzahlungen zu leisten. In Verbindung mit § 264c HGB sind die eingeforderten, noch ausstehenden Einlagen auch bei Personengesellschaften i. S. d. § 264a HGB und bei Personengesellschaften, die nach § 264c HGB bilanzieren, auszuweisen. In der Taxonomie-Bilanz werden sie je nach Rechtsform des Gesellschafters aufgegliedert.

Unter den **sonstigen Vermögensgegenständen** sind alle Forderungen zu erfassen, die einer der o. a. Forderungspositionen nicht zugeordnet werden können. In der Taxonomie-Bilanz ist diese Position wegen des Summenmussfeldcharakters mindestens weiter zu gliedern in:

- Genussrechte (R),
- Einzahlungsansprüche zu Nebenleistungen oder Zuzahlungen (R),
- Genossenschaftsanteile (kurzfristiger Verbleib) (R),

---

[4] Vgl. BFH v. 30.03.2006 IV R 25/04, BStBl 2008 II, S. 171.

- Rückdeckungsansprüche aus Lebensversicherungen (kurzfristiger Verbleib) (*M*),
- Umsatzsteuerforderungen (*R*),
- Körperschaftsteuerüberzahlungen (*R*),
- Gewerbesteuerüberzahlungen (*R*),
- Mindersteuern lt. Finanzverwaltung (*R*),
- Zinsen nach § 233a AO auf Mindersteuern lt. Finanzverwaltung (*R*),
- Körperschaftsteuerguthaben nach § 37 KStG (*R*),
- andere Forderungen gegen Finanzbehörden (*R*),
- Forderungen gegen Sozialversicherungsträger (*R*),
- Forderungen und Darlehen an Mitarbeiter (*R*),
- Forderungen und Darlehen an Organmitglieder (*R*),
- Forderungen gegen Arbeitsgemeinschaften (*R*),
- sonstige Vermögensgegenstände gegenüber Gesellschaftern (*R*),
- übrige sonstige Vermögensgegenstände/nicht zuordenbare sonstige Vermögensgegenstände (*R*),
- sonstige Vermögensgegenstände, soweit aus der/den für die ausländische(n) Betriebsstätte(n) geführten Buchführung(en) nicht anders zuordenbar (*R*).

Im Summenmussfeld „sonstige Vermögensgegenstände" sind auch solche Positionen (Genussrechte, Genossenschaftsanteile, Rückdeckungsansprüche aus Lebensversicherungen) enthalten, die auch im Summenmussfeld „sonstige Finanzanlagen" zu finden sind. Hier handelt es sich aber um solche Vermögensgegenstände, die nur kurzfristig im Unternehmen verbleiben.

Für Informationszwecke werden auch diverse Forderungen gegenüber dem Finanzamt gesondert ausgewiesen. Da sie aber keinen Mussfeldcharakter haben, müssen sie nicht zwingend befüllt werden.

Innerhalb der einzelnen o. a. Posten sind auch verschiedene **„davon-Positionen"** enthalten. Die in den Forderungen enthaltenen „davon-Positionen" beschreiben bspw. die Summe der Forderungen mit einer bestimmten Restlaufzeit gem. § 268 Abs. 4 HGB (die Position „Forderungen aus Lieferung und Leistung, davon mit Restlaufzeit über 1 Jahr"), die Summe der Forderungen mit besonderen Spezifikationen wie bspw. die Position „Forderungen gegen verbundene Unternehmen, davon aus Lieferung und Leistung" usw. Der Ausweis ist aber nicht zwingend.

Beispiel: Forderungen gegenüber Gesellschaftern

Das Unternehmen C-GmbH weist zum 31.12.2018 folgende Bestände auf den Konten aus:

Forderungen aus Lieferungen und Leistungen	1.200.000 €
Forderungen gegenüber Gesellschaftern aus Lieferungen und Leistungen	50.000 €

Zeigen Sie, wie dieser Sachverhalt in der E-Bilanz dargestellt werden kann, wenn die C-GmbH nach § 267 Abs. 2 HGB als eine mittelgroße Kapitalgesellschaft klassifiziert wird!

Lösungsvorschlag: Forderungen gegenüber Gesellschaftern

Gem. § 42 Abs. 3 GmbHG ist auf die Forderungen gegenüber Gesellschaftern entweder in der Bilanz und im Anhang hinzuweisen oder nur in der Bilanz, wobei folgende drei Gestaltungsmöglichkeiten zur Verfügung stehen:

a. Auf die Forderungen gegenüber Gesellschaftern wird mithilfe eines „davon-Vermerks" unter der Position „Forderungen aus Lieferungen und Leistungen" hingewiesen:

	Taxonomie-Bilanz der C-GmbH zum 31.12.2018	€		
		HB	StÜR	StB
=	Bilanzsumme, Summe Aktiva (*SM*)	…		…
	…	…		…
+	Umlaufvermögen (*SM*)	…		…
	…	…		…
+	Forderungen und sonstige Vermögensgegenstände (*SM*)	1.250.000		1.250.000
+	Forderungen aus Lieferungen und Leistungen (*M*)	1.250.000		1.250.000
	Forderungen aus Lieferungen und Leistungen, davon gegen Gesellschafter (*O*)	50.000		50.000
	…	…		…

b. Die Forderungen gegenüber Gesellschaftern werden in einer gesonderten Position in der Bilanz erfasst:

	Taxonomie-Bilanz der C-GmbH zum 31.12.2018	€		
		HB	StÜR	StB
=	Bilanzsumme, Summe Aktiva (*SM*)	…		…
	…	…		…
+	Umlaufvermögen (*SM*)	…		…
	…	…		…
+	Forderungen und sonstige Vermögensgegenstände (*SM*)	1.250.000		1.250.000
+	Forderungen aus Lieferungen und Leistungen (*M*)	1.200.000		1.200.000
+	Forderungen und sonstige Vermögensgegenstände, Forderungen gegen Gesellschafter (*SM*)	50.000		50.000
	Forderungen und sonstige Vermögensgegenstände, Forderungen gegen Gesellschafter, davon aus Lieferungen und Leistungen (*O*)	50.000		50.000
+	Forderungen und sonstige Vermögensgegenstände, Forderungen gegen Gesellschafter, Forderungen gegen GmbH-Gesellschafter (*M*)	50.000		50.000
	…	…		…

c. In der Bilanz werden keine Angaben über die Forderungen gegenüber den Gesellschaftern gemacht; auf die Summe der Forderungen gegenüber Gesellschaftern wird erst im Anhang hingewiesen.

Taxonomie-Bilanz der C-GmbH zum 31.12.2018	€		
	HB	StÜR	StB
= Bilanzsumme, Summe Aktiva (*SM*)	...		...
...	...		...
+ Umlaufvermögen (*SM*)	...		...
...	...		...
+ Forderungen und sonstige Vermögensgegenstände (*SM*)	1.250.000		1.250.000
+ Forderungen aus Lieferungen und Leistungen (*M*)	1.250.000		1.250.000
...	...		...

Anhang

... vom Wert der Forderungen aus Lieferung und Leistung i. H. v. 1.250.000 € entfällt im Geschäftsjahr 2018 ein Wert i. H. v. 50.000 € auf Forderungen gegenüber Gesellschafter ...

Der Ausweis der Forderungen gegenüber Gesellschafter ist dann ohne Änderungen auch in die Steuerbilanz zu übernehmen.

5.1.5.3 Wertpapiere des Umlaufvermögens

Wertpapiere des Umlaufvermögens sind monetäre Vermögensgegenstände, die im Gegensatz zu den Finanzanlagen nicht dauerhaft, also i. d. R. nicht länger als 12 Monate, gehalten werden. In der Taxonomie-Bilanz wird diese Position wie folgt aufgeteilt:

- Anteile an verbundenen Unternehmen (Umlaufvermögen) (*M*),
- sonstige Wertpapiere des Umlaufvermögens (*M*),
- nicht zuordenbare Wertpapiere des Umlaufvermögens (*R*).

Unter „**Anteile an verbundenen Unternehmen**" sind solche Anteile gemeint, die nicht dauernd dem Unternehmen dienen und zum Handeln bestimmt sind. Ansonsten sind sie den Finanzanlagen zuzuordnen.

Besonders zu unterscheiden ist zwischen den „**sonstigen Wertpapieren des Umlaufvermögens**" und den „**nicht zuordenbaren Wertpapieren des Umlaufsvermögens**". Während es sich bei der ersten Position um alle Wertpapiere handelt, die nur vorübergehend gehalten werden (gem. § 265 Abs. 5 Satz 2 HGB Sammelposition des HGB's), stellt die zweite Position eine Auffangposition der Taxonomie dar. Diese Position ist also dann zu nutzen, wenn aus der Buchhaltung keine andere Zuordnung zu den o. a. Positionen möglich ist.

5.1.5.4 Kassenbestand, Bundesbankguthaben, Guthaben bei Kreditinstituten und Schecks

Hier handelt es sich um **liquide Mittel** (Zahlungsmittel), die dem bilanzierenden Unternehmen sofort zur Deckung seiner Bedürfnisse (bspw. Kauf von Rohstoffen) zur Verfügung stehen. In der Taxonomie-Bilanz ist diese Position auf die folgenden Positionen aufzuteilen:

- Schecks (R),
- Kasse (M),
- Bundesbankguthaben (R),
- Guthaben bei Kreditinstituten (R),
- sonstige nicht zuordenbare flüssige Mittel (R),
- Guthaben bei Kreditinstituten und Schecks, soweit aus der/den für die ausländische(n) Betriebsstätte(n) geführten Buchführung(en) nicht anders zuordenbar (R).

5.1.6 Aktive Rechnungsabgrenzungsposten

Aktive Rechnungsabgrenzungsposten dienen der zeitlichen Unterscheidung von Ausgaben und der damit zusammenhängenden Aufwendungen. Sie dienen der periodengerechten Erfolgsermittlung eines bilanzierenden Unternehmens. Gem. § 250 Abs. 1 HGB sind alle Ausgaben, die vor dem Bilanzstichtag getätigt werden, aber erst in der nächsten Periode als Aufwand erfasst werden (bspw. vorab gezahlte Mieten), in einen aktiven Rechnungsabgrenzungsposten einzustellen.

Steuerrechtlich ist gem. § 5 Abs. 5 Satz 1 Nr. 1 EStG genauso zu verfahren. Zusätzlich sind hier gem. § 5 Abs. 5 Satz 2 EStG auch auf das Vorratsvermögen entfallende und als Aufwand berücksichtigte Zölle und Verbrauchsteuern und die als Aufwand erfasste Umsatzsteuer auf Anzahlungen anzugeben.

Unter den aktiven Rechnungsabgrenzungsposten wird auch das aktivierte Disagio gem. § 250 Abs. 3 HGB ausgewiesen. Ein **Disagio** entsteht, wenn der Auszahlungsbetrag einer Darlehensverbindlichkeit niedriger als der Nennwert dieser Verbindlichkeit ist. Ein Darlehen wird also mit einem Abschlag ausbezahlt. Handelsrechtlich kann gem. § 250 Abs. 3 Satz 1 HGB ein Disagio entweder sofort als Aufwand verrechnet werden oder auch aktiviert werden und planmäßig über die Laufzeit des Darlehens abgeschrieben werden. Im Gegensatz zum handelsrechtlichen Aktivierungswahlrecht besteht steuerrechtlich für das Disagio ein Aktivierungsgebot (§ 5 Abs. 5 Satz 1 Nr. 1 EStG).

Für die Zwecke der E-Bilanz muss das bilanzierende Unternehmen den Summenwert der aktiven Rechnungsabgrenzungsposten angeben, d. h., bspw. ein Disagio zusammen mit den in der abgelaufenen Periode angefallenen Ausgaben, die erst in der darauf folgenden Periode aufwandsmäßig erfasst werden. Mithilfe der sonstigen (optionalen) Felder kann das Unternehmen aber der Finanzverwaltung auch im Detail die Zusammensetzung dieser Position übermitteln.

5.1.7   Aktive latente Steuern

Latente Steuern entstehen gem. § 274 Abs. 1 HGB aus den Differenzen unterschiedlicher handelsrechtlicher und steuerrechtlicher Wertansätze, die sich in späteren Jahren wieder auflösen. Aktive latente Steuern ergeben sich aber nur aus Differenzen, die aus einem höheren Ausweis von Aktiva bzw. aus dem niedrigeren Ausweis von Passiva in der Steuerbilanz als in der Handelsbilanz resultieren. Sie stellen eine zukünftige Steuerentlastung für das bilanzierende Unternehmen dar. Sie können mit passiven latenten Steuern saldiert werden oder sie können auch separat in der Bilanz angesetzt werden (§ 274 Abs. 1 Satz 3 HGB). Handelsrechtlich besteht also ein Ansatzwahlrecht. Steuerrechtlich dürfen aktive latente Steuern nicht ausgewiesen werden.

5.1.8   Aktiver Unterschiedsbetrag aus der Vermögensverrechnung

Handelsrechtlich besteht gem. § 246 Abs. 2 Satz 1 HGB in der Bilanz grundsätzlich ein Verrechnungsverbot (Bruttoprinzip). Vermögensgegenstände dürfen nicht mit Schulden verrechnet werden. Eine Ausnahme bildet aber das sog. **Planvermögen**. Hierbei handelt es sich gem. § 246 Abs. 2 Satz 2 HGB um Vermögensgegenstände, die dem Zugriff der Gläubiger entzogen sind und die der Erfüllung von Versorgungszusagen dienen. Diese Vermögensgegenstände müssen mit den Versorgungszusagen saldiert werden. Der daraus resultierende positive Wert ist in der Position „aktiver Unterschiedsbetrag aus der Vermögensverrechnung" auszuweisen.

Steuerrechtlich gibt es in der Bilanz gem. § 5 Abs. 1a EStG ein strenges Verrechnungsverbot, d. h., Vermögensgegenstände dürfen nicht mit Schulden verrechnet werden. Vermögensgegenstände aus Altersversorgungsverpflichtungen (Rückdeckungsansprüche aus Lebensversicherungen) und Altersversorgungsverpflichtungen (insbesondere Pensionsrückstellungen) müssen separat ausgewiesen werden. Die Position „aktiver Unterschiedsbetrag aus der Vermögensverrechnung" gibt es in der Steuerbilanz nicht.

Beispiel: Aktiver Unterschiedsbetrag aus der Vermögensverrechnung

Im handelsrechtlichen Jahresabschluss der W-GmbH wurde zum 31.12.2018 ein aktiver Unterschiedsbetrag aus der Vermögensverrechnung i. H. v. 15.000 € bilanziert. Die darin enthaltenen Pensionsrückstellungen (Direktzusagen) belaufen sich auf 8.000 €. Die Bilanzsumme beläuft sich auf 1.125.000 €. Es gibt keine weiteren innerbilanziellen Abweichungen.

Wie ist der Sachverhalt in der E-Bilanz darzustellen, wenn die Pensionsrückstellungen durch langfristige Vermögensgegenstände gedeckt sind?

(Hinweis: aus Vereinfachungsgründen wird angenommen, dass der handelsrechtliche Wert der Pensionsrückstellung dem steuerlichen Wert entspricht)

Lösungsvorschlag: Aktiver Unterschiedsbetrag aus der Vermögensverrechnung

Der aktive Unterschiedsbetrag aus der Vermögensverrechnung wird in der Handelsbilanz aufgezeigt. In der Steuerbilanz muss aber ein unsaldierter Ausweis erfolgen. Deshalb: aktiver Unterschiedsbetrag aus der Vermögensverrechnung (15.000 €) = Rückdeckungsansprüche aus Lebensversicherungen (23.000 €) − Rückstellung für Direktzusagen (8.000 €)

	Taxonomie-Bilanz der W-GmbH zum 31.12.2018	€		
		HB	StÜR	StB
=	Bilanzsumme, Summe Aktiva (*SM*)	1.125.000	...	1.133.000
	...	...	...	...
+	Anlagevermögen (*SM*)	...	23.000	...
	...	...	...	...
+	Finanzanlagen (*SM*)	...	23.000	...
+	Sonstige Finanzanlagen (*SM*)	NIL	23.000	23.000
+	Sonstige Finanzanlagen, Rückdeckungsansprüche aus Lebensversicherungen (langfristiger Verbleib) (*M*)	NIL	23.000	23.000
+	Aktiver Unterschiedsbetrag aus der Vermögensverrechnung (*R*)	15.000	−15.000	NIL
	...	...	...	...
=	Bilanzsumme, Summe Passiva (*SM*)	1.125.000	...	1.133.000
	...	...	...	...
+	Rückstellungen (*SM*)	...	8.000	...
+	Rückstellungen für Pensionen und ähnliche Verpflichtungen (*SM*)	NIL	8.000	8.000
+	Rückstellungen für Pensionen und ähnliche Verpflichtungen, Rückstellung für Direktzusagen (*M*)	NIL	8.000	8.000
	...	...	...	...

5.1.9   Aktiver Ausgleichsposten für Organschaftsverhältnisse beim Organträger

Gem. § 14 Abs. 4 Satz 1 KStG muss für organschaftliche Minderabführungen, die aus der Organgesellschaft stammen, beim Organträger in der Steuerbilanz ein spezieller aktiver Ausgleichsposten gebildet werden, dessen Höhe dem Verhältnis der Beteiligung des Organträgers am Nennkapital der Organgesellschaft entspricht. Minderabführungen bedeuten, dass der abgeführte handelsrechtliche Gewinn geringer ist als der abgeführte steuerliche Gewinn. Sie resultieren aus Differenzen aus unterschiedlichen Wertansätzen und aus der Ausübung von unterschiedlichen Wahlrechten in der Handels- und Steuerbilanz. Organschaftliche Minderabführungen entstehen nur während des Bestehens der Organschaft.

Da es sich hierbei um eine steuerliche Position handelt, darf sie in der Handelsbilanz nicht ausgewiesen werden.

5.1.10   Allgemeiner aktiver steuerlicher Ausgleichsposten

Diese Position wird in der Praxis dazu genutzt, um die steuerlichen Anpassungen, die aus einer Betriebsprüfung resultieren, in einer Summe in einem Posten aufzuzeigen. Anstelle den steuerbilanziellen Wert einer jeden Position einzeln anzupassen, wird die Summe aller Differenzbeträge zwischen der eingereichten Steuerbilanz und der von der Betriebsprüfung festgestellten Steuerbilanz in einer Summe erfasst. Der allgemeine aktive steuerliche Ausgleichsposten ist aber nur beim festgestellten steuerlichen Mehrkapital anzugeben.[5]

5.1.11   Nicht durch Eigenkapital gedeckter Fehlbetrag/ nicht durch Vermögenseinlagen gedeckter Verlustanteil/ nicht durch Vermögenseinlagen gedeckte Entnahmen

5.1.11.1   Kapitalgesellschaften
Soweit eine Kapitalgesellschaft Verluste erzielt hat, die nicht in voller Höhe durch das Eigenkapital gedeckt werden können, ist gem. § 268 Abs. 3 HGB der daraus resultierende Unterschiedsbetrag in der Position „nicht durch Eigenkapital gedeckter Fehlbetrag" anzugeben. Der nicht durch Eigenkapital gedeckte Fehlbetrag weist auf eine bilanzielle Überschuldung des bilanzierenden Unternehmens hin, nicht aber auf die insolvenzrechtliche Überschuldung. In der Taxonomie-Bilanz ist das negative Eigenkapital bei Kapitalgesellschaften auf dem entsprechenden Summenmussfeld „nicht durch Eigenkapital gedeckter Fehlbetrag/nicht durch Vermögenseinlagen gedeckter Verlustanteil/nicht durch Vermögenseinlagen gedeckte Entnahmen" auszuweisen.

5.1.11.2   Personengesellschaften
Bei Personengesellschaften ist die Problematik des Ausweises des nicht durch Eigenkapital gedeckten Fehlbetrags wesentlich komplexer. Bei Personengesellschaften ist der erzielte Verlust auf die Kapitalanteile der Gesellschafter zu verteilen. Wenn der Verlust die Kapitalanteile der Gesellschafter übersteigt und gleichzeitig keine Einzahlungsverpflichtung der Gesellschafter besteht, wird ein **„nicht durch Vermögenseinlagen gedeckter Verlustanteil"** ausgewiesen. Ähnliches gilt auch bei einer zu hohen Entnahme. Eine Entnahme, die den Betrag des Kapitalanteils eines Gesellschafters übersteigt, ist unter **„nicht durch Vermögenseinlagen gedeckte Entnahmen"** auszuweisen.

---

[5] Vgl. Bongaerts/Neubeck/Brembt/Kinalzik in Deloitte (Hrsg.), E-Bilanz, 2015, Rz. 943.

In der Taxonomie-Bilanz sind dafür die folgenden Positionen vorgesehen:

- nicht durch Vermögenseinlagen gedeckter Verlustanteil der persönlich haftenden Gesellschafter [Aktivseite] (*SM*),
- nicht durch Vermögenseinlagen gedeckter Verlustanteil der Kommanditisten [Aktivseite] (*SM*),
- nicht durch Vermögenseinlagen gedeckte Entnahmen persönlich haftender Gesellschafter [Aktivseite] (*SM*),
- nicht durch Vermögenseinlagen gedeckte Entnahmen der Kommanditisten [Aktivseite] (*SM*).

Da es sich hierbei um Summenmussfelder handelt, ist grundsätzlich die Entwicklung der o. a. Position anzugeben. Die Entwicklung wird wie folgt dargestellt:

- Anfangskapital (*M*),
- Kapitalanpassungen (*R*),
- Einlagen (*M*),
- Entnahmen (*M*),
- Kapitaländerung durch Übertragung einer § 6b EStG Rücklage (*M*),
- Jahresüberschuss (*M*),
- Kapitalumgliederungen (*R*).

Kapitalanpassungen sind Anpassungen, die durch bspw. eine steuerliche Außenprüfung veranlasst sind. Hingegen stellen Kapitalumgliederungen nur Umgliederungen im Eigenkapital der Personengesellschaft dar. Einlagen sind gem. § 4 Abs. 1 Satz 8 EStG alle vom Steuerpflichtigen dem Betrieb zugeführten Wirtschaftsgüter und zugeführtes Kapital. Entnahmen sind gem. § 4 Abs. 1 Satz 2 EStG Wirtschaftsgüter und Geld, soweit sie aus dem Betriebsvermögen entnommen werden.

Auch wenn diese Positionen als Mussfelder definiert sind, müssen sie nicht übermittelt werden, da der Berichtsbestandteil „Kapitalkontenentwicklung" (siehe dazu: Abschn. 7.5) zu übermitteln ist.

Soweit das negative Eigenkapital auf der Aktivseite ausgewiesen ist, sind wegen der Sicherstellung der rechnerischen Richtigkeit der Bilanz bei Personengesellschaften gem. § 264a HGB i. V. m. § 272 Abs. 1 HGB die **nicht eingeforderten ausstehenden Einlagen** der persönlich haftenden Gesellschafter bzw. der Kommanditisten abzubilden. Aus demselben Grund ist an dieser Stelle auch das **Mezzanine-Kapital mit Eigenkapitalcharakter** auszuweisen.

Optional kann das bilanzierende Unternehmen mithilfe der „**davon-Positionen**" den nicht durch Vermögenseinlagen gedeckten Verlustanteil bzw. gedeckte Entnahmen auch nach der Art des Kapitalkontos (Festkapitalkonto, variables Kapitalkonto, Verlustvortragskonto usw.) aufzeigen.

In diesem Zusammenhang ist darauf hinzuweisen, dass die positiven Kapitalkonten mit den negativen Kapitalkonten der jeweiligen Gesellschafter handels- wie auch steuerrechtlich nicht zusammenaddiert werden dürfen.

5.1.11.3 Einzelunternehmen

Die Taxonomie-Bilanz sieht auch für Einzelunternehmen den Ausweis des nicht durch Eigenkapital gedeckten Fehlbetrags vor und zwar mithilfe des Summenmussfeldes „**Privatkonto (Einzelunternehmen) [Aktivseite]**". Der Ausweis wird vor allem wegen der rechnerischen Richtigkeit der Bilanz empfohlen, auch wenn dies gesetzlich nicht geregelt ist.

5.1.12 Sonstige Aktiva

Nach § 265 Abs. 5 HGB dürfen in die Gliederung der Bilanz nach § 266 Abs. 2 und 3 HGB auf Buchstabenebene noch weitere Positionen hinzugenommen werden, soweit der Inhalt einer Position nicht schon in einer vorherigen Position erfasst wurde. Demnach sind die „sonstigen Aktiva" als eine Sammelposition zu verstehen, die solche Vermögensgegenstände erfasst, die weder dem Anlage- noch dem Umlaufvermögen zuzuordnen sind. Der Ansatz dieser Position ist auch in der Steuerbilanz zulässig.

5.2 Passiva

Die Passiva setzen sich zusammen aus Eigenkapital, Fremdkapital, passive Rechnungsabgrenzungsposten und sonstige Korrekturposten ab. Abb. 5.4 stellt dar, welche Oberpositionen entweder in der Handels- oder der Steuerbilanz angesetzt werden dürfen und welche nicht.

5.2.1 Eigenkapital

Das Eigenkapital wurde dem bilanzierenden Unternehmen von den Anteilseignern zugeführt oder es wurde im Unternehmen selbst erwirtschaftet (Gewinnthesaurierung) und steht dem Unternehmen unbefristet zur Verfügung. Das Eigenkapital stellt eine Residualgröße dar, d. h., es ergibt sich als Saldogröße von Vermögensgegenständen und Schulden.

In der Taxonomie-Bilanz sind im Eigenkapital alle Eigenkapitalpositionen aller Rechtsformen enthalten. Deshalb wurden aus Gründen der Übersichtlichkeit die Eigenkapitalpositionen wie folgt eingeteilt:

- spezifische Eigenkapitalpositionen bei Kapitalgesellschaften,
- spezifische Eigenkapitalpositionen bei anderen Körperschaften,

Taxonomieposition	Handelsbilanz	Steuerbilanz
Eigenkapital *(SM)*	ja	ja
Sonderposten mit Rücklageanteil *(SM)*	nein	ja
Sonstige Sonderposten *(SM)*	nein*	ja
Rückstellungen *(SM)*	ja	ja
Verbindlichkeiten *(SM)*	ja	ja
Passive Rechnungsabgrenzungsposten *(M)*	ja	ja
Passive latente Steuern *(R)*	ja	nein
* Unter bestimmten Umständen ist auch Ausweis in der Handelsbilanz möglich		

Abb. 5.4 Passiva in der Taxonomie-Bilanz

- spezifische Eigenkapitalpositionen bei Personengesellschaften,
- spezifische Eigenkapitalpositionen bei Einzelunternehmen,
- gemeinsame Positionen,
- steuerlicher Ausgleichsposten.

5.2.1.1 Spezifische Eigenkapitalpositionen bei Kapitalgesellschaften

Die Gliederung des Eigenkapitals entspricht bei Kapitalgesellschaften § 266 Abs. 3 A
HGB. In der Taxonomie-Bilanz wird das Eigenkapital wie folgt ausgewiesen:

- Gezeichnetes Kapital/Kapitalkonto/Kapitalanteile (*SM*),
- Kapitalrücklagen (*SM*),
- Gewinnrücklagen/Ergebnisrücklagen (*SM*),
- Gewinn-/Verlustvortrag – bei Kapitalgesellschaften (*M*),
- Jahresüberschuss/-fehlbetrag (Bilanz) – bei Kapitalgesellschaften (*M*),
- Bilanzgewinn/Bilanzverlust (Bilanz) – bei Kapitalgesellschaften (*M*).

Der Posten „**Gezeichnetes Kapital/Kapitalkonto/Kapitalanteile**" ist in der Taxonomie-Bilanz von allen Rechtsformarten zu nutzen, die darin enthaltene Position
„gezeichnetes Kapital" aber nur von Kapitalgesellschaften. Das gezeichnete Kapital wird
bei AG's als Grundkapital (§ 152 Abs. 1 AktG) und bei GmbHs als Stammkapital (§ 42
Abs. 1 GmbHG) bezeichnet. Die Gesellschafter haften für Verbindlichkeiten des bilanzierenden Unternehmens nur bis zur Höhe des gezeichneten Kapitals.

Soweit noch nicht alle Einlagen geleistet sind und auch noch nicht eingefordert wurden, sind sie gem. § 272 Abs. 1 HGB vom gezeichneten Kapital offen abzusetzen und in der Taxonomie-Bilanz als „nicht eingeforderte ausstehende Einlagen (offen passivisch abgesetzt)" anzusetzen. Mithilfe einer „davon-Position" kann das eingeforderte Kapital abgebildet werden.

Bei einem Rückerwerb eigener Anteile durch die Kapitalgesellschaft ist gem. § 272 Abs. 1a HGB der Nennbetrag oder falls dieser nicht vorhanden ist, der Wert der eigenen Anteile offen vom gezeichneten Kapital abzusetzen und in die Taxonomieposition „Eigene Anteile – offen vom gezeichneten Kapital abgesetzt" einzustellen.

Bei Zufluss von neuem Kapital ist der Teil des Kapitals, der von außen nicht in das gezeichnete Kapital (Nominalkapital) eingebucht wird, unter den **Kapitalrücklagen** einzustellen.

Gem. § 272 Abs. 2 Nr. 1–4 HGB sind den Kapitalrücklagen folgende Beträge zuzuführen:

- Bei der Ausgabe neuer Anteile der Betrag, der über den Nennbetrag hinaus erzielt wird (Kapitalerhöhung).
- Der Betrag, der bei der Ausgabe von Schuldverschreibungen für Wandlungs- und Optionsrechte zum Erwerb von Anteilen erzielt wird.
- Zuzahlungen, die Gesellschafter für die Gewährung von Vorzügen für ihre Anteile leisten.
- Andere Zuzahlungen, die von Gesellschaftern ins Eigenkapital (bspw. Nachschusskapital bei einer GmbH) geleistet werden.

Diese Angaben können in der Taxonomie-Bilanz aber nur informativ mithilfe der „davon-Positionen" angegeben werden. Eine Berichtspflicht besteht hierfür nicht. In der Taxonomie-Bilanz wird zusätzlich noch die Entwicklung des Mussfelds „Kapitalrücklagen" abgefragt. Die Entwicklung kann mithilfe der Positionen „Kapitalrücklage des letzten Stichtags", „Kapitalanpassungen" bspw. wegen einer steuerlichen Außenprüfung, „Umschichtungen" und „Zuführungen/Minderungen lfd. Jahr" dargestellt werden. Eine Berichtspflicht besteht auch hierfür nicht.

Gewinnrücklagen dürfen nach § 272 Abs. 3 HGB nur aus dem diesjährigen oder früheren Gewinnen gebildet werden. Sie entstehen aus thesaurierten Gewinnen. In der Taxonomie-Bilanz werden die Gewinnrücklagen weiter gegliedert in:

- Gesetzliche Rücklagen (*M*),
- Rücklage für Anteile an einem herrschenden oder mehrheitlich beteiligten Unternehmen (*R*),
- satzungsmäßige Rücklagen (*M*),
- Gewinnrücklage mit Ausschüttungssperre für einen aktivierten Abgrenzungsposten für latente Steuern (*R*),

- Gewinnrücklage mit Ausschüttungssperre für selbst geschaffene immaterielle Vermögensgegenstände des Anlagevermögens unter Berücksichtigung der darauf entfallenden passiven latenten Steuern (R),
- Gewinnrücklage mit Ausschüttungssperre für zum beizulegenden Zeitwert bilanzierte Vermögensgegenstände, soweit dieser die Anschaffungskosten übersteigt unter Berücksichtigung der darauf entfallenden passiven latenten Steuern (R),
- Gewinnrücklage mit Ausschüttungssperre für den Unterschiedsbetrag aus der Abzinsung von Rückstellungen für Altersversorgungsverpflichtungen (R),
- sonstige ausschüttungsgesperrte Rücklagen (R),
- Sonderrücklage (M),
- andere Gewinnrücklagen (M).

Die gesetzliche Rücklage ist nach § 150 Abs. 1 AktG nur bei AGs zu bilden und dient dem Schutz der Gläubiger. Gleiches gilt auch für die haftungsbeschränkte Unternehmergesellschaft gem. § 5a Abs. 2 GmbHG.

Wenn nach § 272 Abs. 4 HGB eine Kapitalgesellschaft Anteile an seinem herrschenden oder einem mehrheitlich beteiligten Unternehmen erwirbt (bspw. ein Tochterunternehmen an seinem Mutterunternehmen), sind Rücklagen für Anteile an einem herrschenden oder mehrheitlich beteiligten Unternehmen zu bilden.

Satzungsmäßige Rücklagen sind nur zu bilanzieren, soweit ihre Bildung in der Satzung des bilanzierenden Unternehmens vereinbart wurde.

In der Taxonomie-Bilanz werden auch diverse Gewinnrücklagen mit Ausschüttungssperren aufgezeigt. Gewinnrücklagen mit Ausschüttungssperren schränken die Ausschüttungsmöglichkeiten des bilanzierenden Unternehmens ein. Ausschüttungssperren wurden vom Gesetzgeber eingeführt, um das Kapital der Gläubiger zu schützen. Der in der Gewinnrücklage mit Ausschüttungssperre enthaltene Betrag ist somit nur zur Sicherheit der Gläubiger des bilanzierenden Unternehmens bestimmt. Gewinnrücklagen mit Ausschüttungssperren werden gebildet für:

- einen aktivierten Abgrenzungsposten für latente Steuern gem. § 268 Abs. 8 Satz 2 HGB,
- selbst geschaffene immaterielle Vermögensgegenstände des Anlagevermögens unter Berücksichtigung der darauf entfallenden passiven latenten Steuern gem. § 268 Abs. 8 Satz 1 HGB,
- zum beizulegenden Zeitwert bilanzierte Vermögensgegenstände, soweit dieser die Anschaffungskosten übersteigt (Planvermögen), unter Berücksichtigung der darauf entfallenden passiven latenten Steuern gem. § 268 Abs. 8 Satz 3 HGB,
- den Unterschiedsbetrag aus der Abzinsung von Rückstellungen für Altersversorgungsverpflichtungen gem. § 253 Abs. 6 Satz 2 HGB.

Gemäß den Erläuterungen in der Taxonomie (GAAP-Modul, Zelle AD7174) sind unter Sonderrücklagen solche Rücklagen einzustellen, die für die Abdeckung eines besonderen Zwecks vorgesehen sind. Es handelt sich hierbei um eine branchenspezifische Position.

Andere Gewinnrücklagen erfassen alle anderen Rücklagen, die aus dem erwirtschafteten Gewinn gebildet werden und nicht gesondert aufzuzeigen sind.

Auch bei den Gewinnrücklagen wird die Entwicklung dieser Rücklagen aufgezeigt. Beginnend mit dem Wert vom letzten Stichtag wird die Gewinnrücklage mithilfe von sonstigen (optionalen) Feldern „Kapitalanpassungen", „Umschichtungen" und „Zuführungen/Minderungen des laufenden Jahrs" dargestellt.

Der **Gewinnvortrag** ist der nicht genutzte Gewinn der vergangenen Wirtschaftsjahre. Ein Gewinnvortrag entsteht, wenn nach dem Beschluss über die Ergebnisverwendung ein Restgewinn verbleibt, der in die folgenden Geschäftsjahre vorgetragen wird. Entsprechend stellt der **Verlustvortrag** den nicht ausgeglichenen Verlust der vergangenen Geschäftsjahre dar. Ein Verlustvortrag entsteht, wenn der entstandene Verlust nicht durch andere Eigenkapitalpositionen gedeckt werden kann und in die Folgegeschäftsjahre vorgetragen wird.

Der **Jahresüberschuss** stellt den positiven Saldo aus den in der GuV aufgezeigten Erträgen und Aufwendungen dar. Der negative Saldo wird als **Jahresfehlbetrag** bezeichnet. In den meisten E-Bilanzprogrammen wird das Jahresergebnis aus der GuV automatisch in die Bilanz übernommen.

Soweit der Jahresabschluss nach einer teilweisen Ergebnisverwendung erstellt worden ist, ist anstelle der Position „Jahresüberschuss/-fehlbetrag" die Position „Bilanzgewinn/ -verlust" auszuweisen. Der Bilanzgewinn/-verlust ist mit dem Berichtsbestandteil „Ergebnisverwendung" (siehe dazu: Abschn. 7.2) verknüpft.

5.2.1.2 Spezifische Eigenkapitalpositionen bei anderen Körperschaften

Andere Körperschaften weisen ähnliche Eigenkapitalgliederungen wie Kapitalgesellschaften auf. Im Folgenden werden die Unterschiede der Eigenkapitalgliederung der anderen Körperschaften erläutert.

Gliederung des Eigenkapitals bei eingetragenen Genossenschaften:

- Geschäftsguthaben,
- Kapitalrücklagen,
- Ergebnisrücklagen,
- Gewinn-/Verlustvortrag,
- Jahresüberschuss/-fehlbetrag.

Bei Genossenschaften ist anstelle des gezeichneten Kapitals nach § 337 Abs. 1 Satz 1 HGB das **Geschäftsguthaben** (*R*) anzugeben. In der Taxonomie-Bilanz kann mithilfe einer „davon-Position" das Geschäftsguthaben der ausgeschiedenen Mitglieder vermerkt werden (§ 337 Abs. 1 Satz 2 HGB). Dasselbe gilt auch für das in der Satzung festgelegte Mindestkapital (§ 337 Abs. 1 Satz 6 HGB) und für rückständige fällige Einzahlungen auf Geschäftsanteile, soweit diese nicht schon im Geschäftsguthaben enthalten sind (§ 337 Abs. 1 Satz 4 HGB).

Genossenschaften müssen gem. § 337 Abs. 2 HGB statt „Gewinnrücklagen" „Ergebnisrücklagen" bilden, die sich aus **„gesetzliche Rücklagen"** (*M*) und **„andere Ergebnis-**
rücklagen" (*R*) zusammensetzen. Die Genossenschaft ist nach § 7 GenG verpflichtet, in
der Satzung festzulegen, welcher Teil des Jahresüberschusses in die gesetzlichen Rücklagen einzustellen ist, da die gesetzlichen Rücklagen der Deckung eines entstehendes
Verlustes dienen soll.

Die Eigenkapitalgliederung der gemeinnützigen Körperschaften entspricht der Eigenkapitalgliederung nach § 266 HGB. Bei Vereinen und Stiftungen ergibt sich aber nach
IDW eine andere Aufteilung.

Gliederung des Eigenkapitals bei Vereinen nach IDW RS HFA 14[6]:

- Vereinskapital,
- Rücklagen,
- Ergebnisvortrag.

Gliederung des Eigenkapitals bei Stiftungen nach IDW RS HFA 5[7]:

- Stiftungskapital,
    - Errichtungskapital,
    - Zustiftungskapital,
- Rücklagen,
    - Kapitalrücklage,
    - Ergebnisrücklage,
- Umschichtungsergebnisse,
- Ergebnisvortrag.

Bei Vereinen ist anstatt des gezeichneten Kapitals das **Vereinskapital** (*R*) anzugeben.
Es gibt keine gesetzliche Definition des Vereinskapitals. Nach herrschender Meinung ist
unter Vereinskapital das Kapital zu verstehen, das dem Verein langfristig zur Verfügung
steht. Bei Stiftungen wird **Stiftungskapital** (*R*) ausgewiesen. Es setzt sich zusammen aus
dem Errichtungskapital (*O*), d. h., dem Kapital, das die Stiftung bei ihrer Errichtung vom
Stifter erhalten hat, und dem Zustiftungskapital (*O*), also dem Kapital, das nach der Errichtung der Stiftung zugewendet wurde.[8]

Gemeinnützige Körperschaften bilanzieren auch Rücklagen. In der Taxonomie-Bilanz
sind hierfür folgende Positionen vorgesehen:

- gebundene Rücklagen (*R*),
- freie Rücklagen (*R*),

---

[6] Vgl. IDW, IDW RS HFA 14 in IDW Fachnachrichten Heft (1/2014), Rz. 35.
[7] Vgl. IDW, IDW RS HFA 5 in IDW Fachnachrichten Heft (1/2014), Rz. 55.
[8] Vgl. Bongaerts/Neubeck/Brembt/Kinzalik in Deloitte (Hrsg.), E-Bilanz, 2015, Rz. 981 ff.

- Kapitalerhaltungsrücklagen (*R*),
- Ansparrücklagen (*R*).

Bei den **gebundenen Rücklagen** handelt es sich gem. § 55 Abs. 1 Nr. 1 AO und § 62 Abs. 1 Nr. 1, 2 und 4 AO um solche Rücklagen, die der Finanzierung eines speziellen Zwecks dienen. Im Gegensatz dazu sind **freie Rücklagen** nicht zweckgebunden; die jährliche Zuführung zu den freien Rücklagen ist aber gem. § 62 Abs. 1 Nr. 3 AO begrenzt. **Kapitalerhaltungsrücklagen** sind nur bei Stiftungen zu passivieren und nur, wenn die Rücklage dazu genutzt wird, um das Eigenkapital der Stiftung zu erhalten. Gem. § 62 Abs. 4 AO dürfen Stiftungen auch **Ansparrücklagen** bilden. Damit wurde den Stiftungen die Möglichkeit gegeben, innerhalb von vier Jahren seit Gründung der Stiftung den Gewinn aus dem wirtschaftlichen Geschäftsbetrieb dem Eigenkapital der Stiftung zuzuführen, um das Vermögen der Stiftung zu erhöhen.

Werden von den gemeinnützigen Körperschaften mehr Mittel verbraucht, als ihnen zugeflossen sind bzw. werden nicht alle zugeflossenen Mittel verwendet, ist das Ergebnis in der Taxonomie-Bilanz unter der Position „**Ergebnisvortrag/Mittelvortrag/Verwendungsüberhang**" (*R*) auszuweisen.

Zusätzlich ist für Stiftungen noch die Position **Umschichtungsergebnisse** (*R*) zu nutzen, wenn aus der Umschichtung im Stiftungskapital Erträge oder Aufwendungen entstehen.

5.2.1.3 Spezifische Eigenkapitalpositionen bei Personengesellschaften

Das Eigenkapital der Personengesellschaften entspricht den Kapitalanteilen der einzelnen Gesellschafter. Alle Entnahmen, Einlagen, Anteile am Gewinn bzw. Verlust werden mit den Kapitalanteilen der Gesellschafter verrechnet. Das bedeutet, dass im Eigenkapital der Personengesellschaften grundsätzlich keine Rücklagen, Gewinn-/Verlustvorträge, Jahresüberschüsse/-fehlbeträge auszuweisen sind.

Bei Personengesellschaften i. S. d. § 264a HGB, also bei Personengesellschaften, an denen mindestens eine Kapitalgesellschaft unmittelbar oder mittelbar beteiligt ist, ist das Eigenkapital nach § 264c Abs. 2 HGB aufzuteilen. In der Taxonomie-Bilanz sind dafür folgende Positionen vorgesehen:

- Gezeichnetes Kapital/Kapitalkonto/Kapitalanteile (*SM*),
  - Kapitalanteile der persönlich haftenden Gesellschafter (*SM*),
  - nicht eingeforderte ausstehende Einlagen der persönlich haftenden Gesellschafter (*R*),
  - Kapitalanteile der Kommanditisten (*SM*),
  - nicht eingeforderte ausstehende Einlagen der Kommanditisten (*R*),
- Rücklagen (gesamthänderisch gebunden) (*M*),
- Gewinn-/Verlustvortrag im Sinne des 264c Abs. 2 HGB bei Personen(handels)gesellschaften (*R*),

- Jahresüberschuss/-fehlbetrag (Bilanz) im Sinne des § 264c Abs. 2 HGB bei Personen(handels)gesellschaften (*R*),
- Bilanzgewinn/Bilanzverlust (Bilanz) im Sinne des § 264c Abs. 2 HGB bei Personen(handels)gesellschaften (*R*).

Die vorherige Eigenkapitalgliederung kann auch bei Personengesellschaften, die nicht Personengesellschaften i. S. d. § 264a HGB darstellen, verwendet werden, soweit die Gesellschafterversammlung entschieden hat, die Vorschrift des § 264c HGB anzuwenden und eine solche Bilanzierung auch im Gesellschaftsvertrag beschlossen wurde.

Im Summenmussfeld „gezeichnetes Kapital/Kapitalkonto/Kapitalanteile" werden nach § 264c Abs. 2 HGB die **Kapitalanteile der Gesellschafter** je nach Haftungsart ausgewiesen. Die negativen Kapitalanteile der Gesellschafter dürfen aber nicht mit den positiven Kapitalanteilen anderer Gesellschafter saldiert werden. In der Taxonomie-Bilanz wird zudem eine Entwicklung der Kapitalkonten aufgezeigt:

- Summe Anfangskapital (*M*),
- Summe Kapitalanpassungen (*M*),
- Summe Einlagen (*M*),
- Summe Entnahmen (*M*),
- Summe Kapitaländerung durch Übertragung einer § 6b EStG Rücklage (*M*),
- Summe Jahresüberschuss (*M*),
- Summe Kapitalumgliederungen (*M*).

Kapitalanpassungen sind Anpassungen, die bspw. durch eine steuerliche Außenprüfung veranlasst sind. Hingegen stellen Kapitalumgliederungen nur Umgliederungen im Eigenkapital der Personengesellschaft dar. Einlagen sind gem. § 4 Abs. 1 Satz 8 EStG alle vom Steuerpflichtigen dem Betrieb zugeführten Wirtschaftsgüter und zugeführtes Kapital. Entnahmen sind gem. § 4 Abs. 1 Satz 2 EStG Wirtschaftsgüter und Geld, soweit sie aus dem Betriebsvermögen entnommen werden.

Auch wenn diese Positionen als Mussfelder definiert sind, müssen sie nicht zwingend übermittelt werden, da der Berichtsbestandteil „Kapitalkontenentwicklung" (siehe dazu: Abschn. 7.5) in jedem Fall zu übermitteln ist.

Soweit Kapitalanteile noch nicht eingezahlt worden sind, sind gem. § 264c HGB i. V. m. § 272 Abs. 1 HGB die nicht eingeforderten ausstehenden Einlagen der persönlich haftenden Gesellschafter bzw. der Kommanditisten unter den Kapitalanteilen abzubilden. Mithilfe von „davon-Positionen" können die eingeforderten Einlagen an dieser Stelle informativ dargestellt werden.

Rücklagen sind nur zu bilanzieren, soweit aufgrund einer gesellschaftsrechtlichen Vereinbarung die Bildung von Rücklagen beschlossen wurde.

Auszuweisen ist hier auch der **Jahresüberschuss/-fehlbetrag** aus der GuV, der den Kapitalanteilen nicht zugerechnet wurde, und auch der **Gewinn-/Verlustvortrag**, der das fortgeführte Ergebnis der vergangenen Wirtschaftsjahre abbildet. Im Falle der Übermittlung des Berichtsbestandteils „Ergebnisverwendung" ist anstatt des Jahresüberschusses/ -fehlbetrags der **Bilanzgewinn/-verlust** anzugeben und mit der Ergebnisverwendung zu verknüpfen. Mittels der „davon-Positionen" können hier auch die Ergebnisse von anderen Personengesellschaften, an denen die bilanzierende Personengesellschaft als Kommanditist oder Komplementär beteiligt ist, dargestellt werden.

5.2.1.4 Spezifische Eigenkapitalpositionen bei Einzelunternehmen

Für Einzelunternehmen gibt es die Taxonomie-Position „Privatkonto (Einzelunternehmen)". Es sind hier alle getätigten Entnahmen, Einlagen, Kapitalanpassungen, Kapitaländerungen und entstandene Gewinne und Verluste darzustellen.

5.2.1.5 Gemeinsame Positionen

Außer den in den vorherigen Unterkapiteln dargestellten spezifischen Eigenkapitalpositionen befinden sich in der Taxonomie-Bilanz auch Positionen, die grundsätzlich von Unternehmen aller Rechtsformen verwendet werden können. Dazu gehören im Einzelnen:

- Gesellschafterdarlehen mit Eigenkapital-Charakter (*R*),
- Genussrechtskapital mit Eigenkapital-Charakter (*R*),
- nachrangiges Kapital (Eigenkapital-Charakter) (*R*),
- Einlagen stiller Gesellschafter mit EK-Charakter (*R*),
- nicht durch Eigenkapital gedeckter Fehlbetrag (Passivausweis) (*R*),
- nachrichtlich: nicht gedeckter Fehlbetrag (Passivausweis) (*R*),
- Währungsumrechnungsdifferenzen (*R*),
- Dotationskapital (*R*).

Bei den ersten vier Positionen handelt es sich um **Mezzanine-Kapital** (Hybridkapital). Soweit der Eigenkapital-Charakter (Nachrangigkeit im Insolvenzfall, langfristige Kapitalüberlassung, Teilnahme am Gewinn und Verlust des bilanzierenden Unternehmens) im Mezzanine-Kapital überwiegt, ist dieses Mezzanine-Kapital als Eigenkapital zu bilanzieren. Ansonsten ist der Ausweis im Fremdkapital vorzunehmen. Das Gesellschafterdarlehen mit Eigenkapital-Charakter und das nachrangige Kapital gibt es bei Einzelunternehmen nicht.

Der Posten „**nicht durch Eigenkapital gedeckter Fehlbetrag (Passivausweis)**" wird dazu genutzt, um das gegebenenfalls entstandene negative Eigenkapital auf die Aktivseite umzugliedern. Der Posten „nicht durch Eigenkapital gedeckter Fehlbetrag (Passivausweis)" wird als letzte Position im Eigenkapital ausgewiesen. Dadurch beläuft sich das Eigenkapital auf Null und das negative Eigenkapital wird dann auf der Aktivseite aufgezeigt.

Gem. § 12 Abs. 1 und 2 BsGaV[9] muss bei inländischen Betriebstätten von ausländischen Unternehmen das **Dotationskapital** bilanziert werden, wobei das Dotationskapital nach der Höhe des Eigenkapitals des ausländischen Unternehmens zu bestimmen ist.

5.2.1.6 Steuerlicher Ausgleichsposten

Aufgrund des Maßgeblichkeitprinzip (§ 5 Abs. 1 Satz 1 EStG) ist die Steuerbilanz nach den handelsrechtlichen Grundsätzen der ordnungsmäßigen Buchführung zu erstellen, soweit steuerliche Vorschriften nicht etwas anderes vorschreiben. In der Regel wird die Steuerbilanz von der Handelsbilanz abweichen. Durch die unterschiedlichen Wertansätze in der Handels- und Steuerbilanz entsteht ein Mehr- bzw. Minderergebnis, welches das steuerliche Eigenkapital verändert. Diese Differenzen können ab der Taxonomie 6.0 vom 01.04.2016 auf zwei unterschiedliche Arten in der Taxonomie-Bilanz abgebildet werden. Bei der **ersten Alternative** werden die diesjährigen Differenzen aus den unterschiedlichen Wertansätzen in der Handels- und Steuerbilanz in der Position „Jahresüberschuss/-fehlbetrag" dargestellt. Die Differenzen aus dem Vorjahr werden in der Position „steuerlicher Ausgleichsposten – des letzten Stichtags" abgebildet. Der Grund für die Unterscheidung besteht darin, dass, soweit in der GuV aufgrund der steuerlichen Vorschriften eine Anpassung des Jahresergebnisses stattgefunden hat, entsprechend auch das in der Bilanz gezeigte Jahresergebnis angepasst werden muss. Bei der **zweiten Alternative** werden die diesjährigen und die vorjährigen Differenzen zusammen im Summenmussfeld „steuerlicher Ausgleichsposten" dargestellt. Innerhalb dieser Position muss aber eine Unterscheidung in diesjährige (Position „steuerliches Mehr-/Minderergebnis lfd. Jahr gegenüber HB") und vorjährige (Position „steuerlicher Ausgleichsposten – des letzten Stichtags") Differenzen erfolgen. Das für steuerliche Zwecke angepasste Jahresergebnis aus der GuV wird anschließend rechnerisch mit dem in der Bilanz ausgewiesenen Jahresergebnis und der Position „steuerliches Mehr-/Minderergebnis lfd. Jahr gegenüber HB" abgeglichen. Bis zum Inkrafttreten der Taxonomie 6.0 war nur die erste Ausweismöglichkeit zulässig.

Die Position „steuerlicher Ausgleichsposten" ist in der Taxonomie-Bilanz weiter aufzuteilen:

- steuerlicher Ausgleichsposten – des letzten Stichtags (M),
- Kapitalanpassungen (R),
- Umschichtungen (R),
- Einlagenkorrektur (R),
- Entnahmenkorrektur (R),
- Zuführungen/Minderungen lfd. Jahr (R),
- steuerliches Mehr-/Minderergebnis lfd. Jahr gegenüber HB (M).

---

[9] Verordnung zur Anwendung des Fremdvergleichsgrundsatzes auf Betriebsstätten nach § 1 Abs. 5 des Außensteuergesetzes (Betriebsstättengewinnaufteilungsverordnung) v. 17.10.2014, BGBl 2014 I, S. 1603.

Erfolgsneutrale Anpassungen sind in der Position „Zuführungen/Minderungen lfd. Jahr" zu erfassen. Anpassungen aufgrund einer steuerlichen Außenprüfung werden in der Position „Kapitalanpassungen" aufgezeigt. Die Positionen „Einlagenkorrektur" und „Entnahmenkorrektur" beinhalten von der Finanzverwaltung geänderte Einlagen und Entnahmen.

Ein steuerlicher Ausgleichsposten ist bei einer Personengesellschaft grundsätzlich nicht zu führen, da alle Abweichungen zwischen der Handelsbilanz und der Steuerbilanz in den Kapitalkonten berücksichtigt sein sollten. Trotzdem kann u. E. ein steuerlicher Ausgleichsposten auch bei Personengesellschaften i. S. d. § 264a HGB durchaus vorkommen.

Beispiel: Steuerlicher Ausgleichsposten

Die R-GmbH erzielte im Wirtschaftsjahr (= Kalenderjahr) 2018 einen Jahresfehlbetrag i. H. v. 200.000 €. Die steuerlichen Anpassungen belaufen sich im Wirtschaftsjahr 2018 auf 50.000 €. In der Vorperiode war die Höhe des steuerlichen Ausgleichspostens −15.000 €. Das Eigenkapital der R-GmbH beträgt im Wirtschaftsjahr 2018 insgesamt 500.000 €.

Zeigen Sie, wie dieser Sachverhalt im Berichtsbestandteil „Bilanz" dargestellt werden kann!

Lösungsvorschlag: Steuerlicher Ausgleichsposten

Die R-GmbH muss für die Erstellung der E-Bilanz auswählen, wie sie die Differenzen aus den unterschiedlichen handels- und steuerrechtlichen Wertansätzen aufzeigen möchte.

Bei der **ersten** Alternative werden die Differenzen der jetzigen Perioden gesondert im Jahresergebnis aufgezeigt:

	Taxonomie-Bilanz der R-GmbH zum 31.12.2018	€		
		HB	StÜR	StB
=	Bilanzsumme, Summe Aktiva (SM)	...	...	...
	...	...	...	...
=	Bilanzsumme, Summe Passiva (SM)	...	...	...
+	Eigenkapital (SM)	500.000	35.000	535.000
	...		...	...
+	Eigenkapital, Jahresüberschuss/-fehlbetrag (Bilanz) – bei Kapitalgesellschaften (M)	−200.000	50.000	−150.000
+	Eigenkapital, steuerlicher Ausgleichsposten (SM)	NIL	−15.000	−15.000
+	Eigenkapital, steuerlicher Ausgleichsposten, steuerlicher Ausgleichsposten – des letzten Stichtags (M)	NIL	−15.000	−15.000
	...		...	...

Bei der **zweiten** Alternative werden die Differenzen kumuliert im Summenmussfeld „steuerlicher Ausgleichsposten" aufgezeigt.

Taxonomie-Bilanz der R-GmbH zum 31.12.2018	€		
	HB	StÜR	StB
= Bilanzsumme, Summe Aktiva (*SM*)	…	…	…
…	…	…	…
= Bilanzsumme, Summe Passiva (*SM*)	…	…	…
+ Eigenkapital (*SM*)	500.000	35.000	535.000
…		…	…
+ Eigenkapital, Jahresüberschuss/-fehlbetrag (Bilanz) – bei Kapitalgesellschaften (*M*)	−200.000		−200.000
+ Eigenkapital, steuerlicher Ausgleichsposten (*SM*)	NIL	35.000	35.000
+ Eigenkapital, steuerlicher Ausgleichsposten, steuerlicher Ausgleichsposten – des letzten Stichtags (*M*)	NIL	−15.000	−15.000
+ Eigenkapital, steuerlicher Ausgleichsposten, steuerliches Mehr-/Minderergebnis lfd. Jahr gegenüber HB (*M*)	NIL	50.000	50.000
…	…		…

5.2.2 Sonderposten mit Rücklageanteil

Bei dem „Sonderposten mit Rücklageanteil" handelt es sich um eine Position, die sowohl Eigenkapital- als auch Fremdkapitalcharakter hat. Es handelt sich um eine rein steuerliche Position, die seit dem Inkrafttreten des BilMoG's und der Abschaffung der umgekehrten Maßgeblichkeit nur in der Steuerbilanz vorkommen kann. Ein Ausweis in der Handelsbilanz ist nicht möglich.

In der Position „Sonderposten mit Rücklageanteil" sind somit:

- steuerfreie Rücklagen (*SM*) und
- steuerliche Sonderabschreibungen (*R*) abzubilden.

5.2.2.1 Steuerfreie Rücklagen

Unter steuerfreien Rücklagen sind zeitlich befristete Anpassungen zu verstehen, die dazu dienen, den steuerlichen Gewinn zu schmälern. Gesondert ausgewiesen werden in der Taxonomie:

- steuerfreie Rücklagen für Veräußerungsgewinne (*M*),
- steuerfreie Rücklagen für Zuschüsse (*R*),
- steuerfreie Rücklagen für Ersatzbeschaffung (*M*),
- steuerfreie Rücklagen nach dem Steuerentlastungsgesetz (*R*),
- Übrige steuerfreie Rücklagen/nicht zuordenbare steuerfreie Rücklagen (*R*).

Die **steuerfreien Rücklagen für Veräußerungsgewinne** sind in **§ 6b EStG** dargestellt. Für den Veräußerungsgewinn aus den nach § 6b Abs. 1 Satz 1 EStG definier-

ten begünstigten Wirtschaftsgütern (Grund und Boden, Aufwuchs auf Grund und Boden, Gebäude und Binnenschiffe) kann unter bestimmten Voraussetzungen gem. § 6b
Abs. 3 EStG eine den steuerlichen Gewinn mindernde Rücklage gebildet werden. Innerhalb einer vier- bzw. sechsjährigen Frist kann die Auflösung dieser Rücklage dazu
dienen, die Anschaffung oder Herstellung von begünstigten Wirtschaftsgütern gem. § 6b
Abs. 1 Satz 2 EStG zu finanzieren. Ähnliches gilt auch für den Verkauf von Anteilen an
Kapitalgesellschaften nach § 6b Abs. 10 Satz 1 EStG. Diese Veräußerungsgewinne können entweder auf neu angeschaffte Anteile an Kapitalgesellschaften oder auf angeschaffte
oder hergestellte bewegliche abnutzbare Wirtschaftsgüter oder auf bestimmte angeschaffte oder hergestellte Gebäude sofort oder erst innerhalb einer bestimmten Frist, maximal
jedoch i. H. v. 500.000 €, übertragen werden.

Damit diese Übertragung auch in späteren Zeitpunkten möglich ist, darf eine Rücklage in Höhe der aufgedeckten stillen Reserven, maximal jedoch i. H. v. 500.000 € gebildet
werden und später zum Anschaffungs- oder Herstellungszeitpunkt eines bestimmten Wirtschaftsgutes wieder aufgelöst werden. § 6b Abs. 10 EStG darf aber nur von solchen
bilanzierenden Unternehmen genutzt werden, soweit es sich nicht um Körperschaften,
Personenvereinigungen oder Vermögensmassen handelt.

Gem. **R 6.5 Abs. 4 EStR** darf für vorab erhaltene Zuschüsse, die den steuerlichen
Gewinn nicht erhöhen sollen, eine **steuerfreie Rücklage für Zuschüsse** gebildet werden. Die Höhe dieser Rücklage entspricht der Höhe der erhaltenen, aber nicht ganz
oder teilweise aufgebrauchten Zuschüsse. Diese Rücklage ist im Jahr der Anschaffung oder Herstellung des Wirtschaftsgutes gewinnerhöhend aufzulösen und mit den
Anschaffungs- oder Herstellungskosten des Wirtschaftsgutes zu verrechnen.

Auszuweisen sind auch die **steuerfreien Rücklagen für Ersatzbeschaffung** nach
R 6.6 EStR. Wenn gem. R 6.6. Abs. 1 EStR das Wirtschaftsgut des Anlage- oder Um-
laufsvermögens aus dem Betriebsvermögen aufgrund besonderer Tatsachen (Einfluss
höherer Gewalt oder aufgrund eines behördlichen Eingriffs) ausscheidet, können dadurch
unfreiwillig stille Reserven aufgedeckt werden. Diese unfreiwillig aufgedeckten stillen
Reserven können nach R 6.6 Abs. 3 EStR entweder gleich mit den Anschaffungs- oder
Herstellungskosten des neuen Wirtschafsgutes verrechnet werden oder alternativ kann in
Höhe der unfreiwillig aufgedeckten stillen Reserven nach R 6.6 Abs. 4 EStR bei Vorliegen einer geplanten Ersatzbeschaffung eine steuerfreie Rücklage gebildet werden. Diese
Rücklage ist grundsätzlich für ein Jahr beizubehalten. Bei der Anschaffung oder Her-
stellung eines Ersatzwirtschaftswirtschafsgutes ist die Rücklage wieder gewinnerhöhend
aufzulösen und mit den Anschaffungs- bzw. Herstellungskosten zu verrechnen.

Mit der Taxonomie 6.2 wurde die Gültigkeit der **Rücklage nach dem Steuerentlas-
tunggesetz** auf den 31.12.2018 begrenzt. Anschließend darf die Position in der Handelsbilanz nicht mehr ausgewiesen werden.[10]

Bei den **übrigen steuerfreien Rücklagen** handelt es sich um eine Auffangposition, in
der alle anderen steuerfreien Rücklagen abzubilden sind.

---

[10] Vgl. KONSENS, Änderungsnachweis zum Taxonomie-Update 2018, 2018, S. 4.

5.2.2.2 Steuerliche Sonderabschreibungen

Der Teil des Sonderpostens mit Rücklageanteil, der auf steuerliche Sonderabschreibungen entfällt, ist hier anzugeben und zu erklären. In der Taxonomie-Bilanz kann diese Position weiter nach Art des Vermögensgegenstandes gegliedert werden.

5.2.3 Sonstige Sonderposten

Unter den sonstigen Sonderposten befinden sich solche Positionen, die zwischen dem Eigenkapital und dem Fremdkapital stehen. Laut der Taxonomie-Bilanz werden sie wie folgt gegliedert:

- Einlagen stiller Gesellschafter (*R*),
- zur Durchführung der Kapitalerhöhung geleistete Einlagen (*R*),
- Sonderposten für Investitionszulagen und für Zuschüsse Dritter (*R*),
- Ausgleichsposten für aktivierte eigene Anteile (*R*),
- passiver Ausgleichsposten für Organschaftsverhältnisse beim Organträger (*M*),
- allgemeiner passiver steuerlicher Ausgleichsposten (*R*),
- noch nicht verbrauchte Spendenmittel (*R*),
- Nutzungsgebundenes Kapital (*R*),
- andere Sonderposten (*SM*).

Soweit an dem bilanzierenden Unternehmen ein anderes Unternehmen als stiller Gesellschafter beteiligt ist, kann der Ausweis entweder als Fremdkapital oder als Eigenkapital oder als Sonderposten zwischen Eigen- und Fremdkapital (**Einlagen stiller Gesellschafter**) erfolgen.

Wurde beim bilanzierenden Unternehmen eine Kapitalerhöhung beschlossen, die aber noch nicht durchgeführt wurde, können laut der Erläuterung in der Visualisierung der Taxonomie (GAAP-Modul, Zelle AD7306) die **zur Durchführung der Kapitalerhöhung geleisteten Einlagen** als Sonderposten unter dem Eigenkapital angegeben werden.

Gesondert auszuweisen sind auch **Investitionszulagen und Zuschüsse Dritter,** soweit sie nicht von den Anschaffungs- oder Herstellungskosten des Wirtschaftsgutes abgezogen werden. In diesem Zusammenhang ist weiter anzugeben, aufgrund welcher Vorschriften, wofür und unter welchen Bedingungen die Investitionszulage oder der Zuschuss erhalten wurde.[11]

Gem. § 264c Abs. 4 HGB i. V. m. § 272 Abs. 4 HGB sind bei Personengesellschaften nach § 264a HGB die Anteile an der eigenen Komplementärgesellschaft unter dem Eigenkapital als gesonderter „**Ausgleichsposten für aktivierte eigene Anteile**" anzugeben. Die Höhe des Ausgleichspostens muss der Höhe der Anteile bzw. der Höhe der Beteiligung an der Komplementärgesellschaft, ausgewiesen unter der Position „Anteile an den verbundenen Unternehmen" bzw. der Position „Beteiligungen", entsprechen.

---

[11] Vgl. Bongaerts/Neubeck/Brembt/Kinalzik in Deloitte (Hrsg.), E-Bilanz, 2015, Rz. 1070.

Gem. § 14 Abs. 4 Satz 1 KStG muss für organschaftliche Mehrabführungen, die aus der Organgesellschaft stammen, in der Steuerbilanz des Organträgers ein spezieller **passiver Ausgleichsposten** gebildet werden, dessen Höhe dem Verhältnis der Beteiligung des Organträgers am Nennkapital der Organgesellschaft entspricht. Mehrabführungen bedeuten, dass der an den Organträger abgeführte steuerliche Gewinn geringer ist als der abgeführte handelsrechtliche Gewinn. Sie ergeben sich aus den Differenzen, die aus unterschiedlichen Wertansätzen und der Ausübung unterschiedlicher Wahlrechte in der Handels- und Steuerbilanz resultieren. Organschaftliche Mehrabführungen entstehen nur während des Bestehens der Organschaft. Diese Position darf in der Handelsbilanz nicht ausgewiesen werden.

Beispiel: steuerlicher Ausgleichsposten des Organträgers

Die P-GmbH ist Organgesellschaft der Q-GmbH. Die P-GmbH hat im Wirtschaftsjahr 2018 Minderabführungen an die Q-GmbH i. H. v. 200.000 € geleistet. Im Wirtschaftsjahr 2019 wurden Mehrabführungen an die Q-GmbH i. H. v. 300.000 € geleistet. In beiden Wirtschaftsjahren wurden bei der Q-GmbH keine weiteren außer- oder innerbilanziellen Differenzen festgestellt.

Zeigen Sie, wie diese organschaftlichen Mehr-/Minderabführungen für beide Jahre in der E-Bilanz der Q-GmbH darzustellen sind und ermitteln Sie für beide Jahre das steuerliche Mehr-/Minderergebnis der Q-GmbH!

(Hinweis: im Jahr 2017 wurden bei der Q-GmbH keine innerbilanziellen Abweichungen festgestellt.)

Lösungsvorschlag: steuerlicher Ausgleichsposten des Organträgers

Im Jahr **2018** ist in der Steuerbilanz der Q-GmbH gem. § 14 Abs. 4 Satz 1 KStG in Höhe der Minderabführung ein aktiver Ausgleichsposten zu bilden.

	Taxonomie-Bilanz der P-GmbH zum 31.12.2018	€		
		HB	StÜR	StB
=	Bilanzsumme, Summe Aktiva (*SM*)	...	200.000	...
	...	...		...
+	Aktiver Ausgleichsposten für Organschaftsverhältnisse beim Organträger (*M*)	NIL	200.000	200.000
	...	...		...

Eine Minderabführung entsteht dadurch, dass der abgeführte handelsrechtliche Gewinn kleiner ist als der abgeführte steuerliche Gewinn. Eine Minderabführung führt also zu einem steuerlichen Mehrkapital, soweit vorher keine Mehr-/Minderabführungen geleistet wurden oder soweit der bestehende passive Ausgleichsposten kleiner ist als die Minderabführung. Das steuerliche Mehrergebnis der Q-GmbH wird wie folgt berechnet:

Steuerliches Mehrergebnis 200.000 € = steuerliches Mehrkapital 200.000 € (= die Summe des aktiven Ausgleichsposten in der Bilanz) – Mehr-/Minderkapital Vorjahr 0 € (= die Summe des aktiven/passiven Ausgleichsposten in der Bilanz im Vorjahr).

Das steuerliche Mehrergebnis entspricht also der Höhe der Minderabführung.

Im Jahr **2019** führt die Mehrabführung der P-GmbH gem. § 14 Abs. 4 Satz 1 KStG zu der Minderung des bestehenden aktiven Ausgleichspostens und zur Bildung eines passiven Ausgleichsposten.

	Taxonomie-Bilanz der P-GmbH zum 31.12.2019	**€**		
		HB	**StÜR**	**StB**
=	Bilanzsumme, Summe Passiva (*SM*)	...	100.000	...
	...	...		...
+	Sonstige Sonderposten (*SM*)	NIL	100.000	100.000
+	Sonstige Sonderposten, Passiver Ausgleichsposten für Organschaftsverhältnisse beim Organträger (*M*)	NIL	100.000	100.000
	...	...		...

Eine Mehrabführung entsteht dadurch, dass der abgeführte handelsrechtliche Gewinn größer ist als der abgeführte steuerliche Gewinn. Eine Mehrabführung führt also zu einem steuerlichen Minderkapital, soweit vorher keine Mehr-/Minderabführungen geleistet wurden oder soweit der bestehende aktive Ausgleichsposten kleiner ist als die Mehrabführung.

Das steuerliche Minderergebnis der Q-GmbH ist dann wie folgt zu berechnen:

Steuerliches Minderergebnis −300.000 € = steuerliches Minderkapital −100.000 € (= die Summe des passiven Ausgleichsposten in der Bilanz) – steuerliches Mehrkapital Vorjahr 200.000 € (= die Summe des aktiven Ausgleichsposten in der Bilanz vom Vorjahr)

Der **allgemeine passive steuerliche Ausgleichsposten** ist genau wie der allgemeine aktive steuerliche Ausgleichsposten (siehe dazu: Abschn. 5.1.10) bei steuerlichen Anpassungen, die aus einer Betriebsprüfung resultieren, zu bilden. Im Gegensatz zum allgemeinen aktiven steuerlichen Ausgleichsposten ist dieser Ausgleichsposten nur bei steuerlichem Minderkapital anzugeben.

Für gemeinnützige Körperschaften sind zwei Positionen (noch nicht verbrauchte Spenden und nutzungsgebundenes Kapital) zu nutzen. Nach Ansicht des IDW können vereinnahmte Spenden zu einer Verzerrung der GuV führen. Deshalb sind sie nur dann erfolgswirksam zu erfassen, wenn die Spendenmittel verwendet worden sind. Demnach sind **noch nicht verbrauchte Spenden** als Sonderposten nach dem Eigenkapital anzugeben. Diese Position ist nur für spendensammelnde Organisationen vorgesehen.[12]

---

[12] Vgl. IDW, IDW RS HFA 21 in IDW Fachnachrichten Heft (5/2010), Rz. 17.

Laut der Erläuterung in der Visualisierung der Taxonomie (GAAP-Modul, AC1143) ist die Position „**nutzungsgebundenes Kapital**" nur dann bei gemeinnützigen Körperschaften zu bilden, soweit aus eigenen Mitteln ein Vermögensgegenstand angeschafft wurde. Demnach beinhaltet die Position bereits verwendete Mittel.

Unter den „**anderen Sonderposten**" sind bspw. der Sonderposten nach § 4 g EStG oder der Sonderposten nach § 5 Abs. 7 EStG auszuweisen. **§ 4 g EStG** regelt hierbei die Übergabe von Wirtschaftsgütern aus einer inländischen Betriebstätte in eine ausländische Betriebsstätte des bilanzierenden Unternehmens, wobei dann das Wirtschaftsgut als entnommen gilt. Der entstehende Gewinn darf nach § 4 g Abs. 2 EStG in einen Sonderposten (als Rücklage) eingestellt werden und jährlich um ein Fünftel ergebniswirksam aufgelöst werden. **§ 5 Abs. 7 EStG** regelt Verpflichtungsübernahmen (bspw. Übertragung von Pensionsrückstellungen) beim übernehmenden bilanzierenden Unternehmen, die gem. § 5 Abs. 7 Satz 1 EStG beim übergebenden bilanzierenden Unternehmen zu Ansatzverboten, -beschränkungen oder Bewertungsvorbehalten geführt haben. Gem. § 5 Abs. 7 Satz 2 EStG sind die übernommenen Verpflichtungen beim übernehmenden Unternehmen so zu bilanzieren wie sie bei dem übergebenden Unternehmen bilanziert worden sind. Entsteht durch die Übernahme beim übernehmenden Unternehmen ein Gewinn, kann gem. § 5 Abs. 7 Satz 5 EStG eine Rücklage i. H. v. 14/15 des entstandenen Gewinnes gebildet und unter den sonstigen Sonderposten bilanziert werden. Diese Rücklage ist jährlich um ein 1/14 gewinnerhöhend aufzulösen. Im Zusammenhang mit § 5 Abs. 7 EStG steht § 4f EStG, in dem die Verpflichtungsübernahmen beim übergebenden bilanzierenden Unternehmen geregelt werden (siehe dazu: Abschn. 7.3.3).

Beispiel: Übertragung von Pensionsrückstellungen

Die K-GmbH bilanzierte zum 31.12.2018 eine Pensionsrückstellung i. H. v. 50.000 €. Der Teilwert der Pensionsverpflichtung beläuft sich auf 84.000 €. Zum 01.01.2019 wurde die Pensionsrückstellung von der K-GmbH auf die L-GmbH übertragen. Dafür zahlte die K-GmbH der L-GmbH 84.000 €.

Wie ist dieser Sachverhalt in der E-Bilanz der L-GmbH in den Jahren 2019 und 2020 darzustellen, wenn die jährliche Zuführung zur Pensionsrückstellung 4.000 € beträgt?

(Hinweis: Die Bilanzsumme in der Handelsbilanz beträgt zum 31.12.2019 1.054.000 € inkl. Pensionsrückstellung und zum 31.12.2020 1.058.000 € inkl. Pensionsrückstellung)

Lösungsvorschlag: Übertragung von Pensionsrückstellungen

Die L-GmbH muss die Pensionsrückstellung so bilanzieren, als käme es zu keiner Übertragung. D. h., die Pensionsrückstellung muss zum 31.12.2019 mit 50.000 € zuzüglich der jährlichen Zuführung für das Jahr 2019 i. H. v. 4.000 €, also 54.000 € bilanziert werden. Der Differenzbetrag in Höhe von 30.000 € (84.000 € − 54.000 € = 30.000 €) wird dann in Höhe von 28.000 € (14/15 * 30.000 €) in einer erfolgswirksamen Rücklage erfasst.

Taxonomie-Bilanz der L-GmbH zum 31.12.2019	**€**		
	HB	**StÜR**	**StB**
= Bilanzsumme, Summe Aktiva (*SM*)	1.054.000	...	1.082.000
...		...	...
= Bilanzsumme, Summe Passiva (*SM*)	1.054.000	...	1.082.000
...		...	...
+ Sonstige Sonderposten (*SM*)		...	...
...		...	...
+ Sonstige Sonderposten, andere Sonderposten (*SM*)	NIL	28.000	28.000
+ Sonstige Sonderposten, andere Sonderposten, Rücklagen für Verpflichtungsübernahme (*R*)	NIL	28.000	28.000
+ Rückstellungen (*SM*)			...
+ Rückstellungen für Pensionen und ähnliche Verpflichtungen (*SM*)	54.000	...	...
+ Rückstellungen für Pensionen und ähnliche Verpflichtungen, Rückstellung für Direktzusagen (*M*)	54.000	...	...
...		...	...

Durch die jährliche Zuführung zur Pensionsrückstellung (4.000 €) wird in der Handelsbilanz zum 31.12.2020 bei Pensionsrückstellungen ein Wert i. H. v. 58.000 € ausgewiesen. Die erfolgswirksame Rücklage ist die folgenden 13 Jahre jährlich um 2.000 € (1/14 * 28.000 €) aufzulösen. Zum 31.12.2020 wird also in der Steuerbilanz eine Rücklage i. H. v. 26.000 € ausgewiesen.

Taxonomie-Bilanz der L-GmbH zum 31.12.2020	**€**		
	HB	**StÜR**	**StB**
= Bilanzsumme, Summe Aktiva (*SM*)	1.058.000	...	1.084.000
...		...	...
= Bilanzsumme, Summe Passiva (*SM*)	1.058.000	...	1.084.000
...		...	...
+ Sonstige Sonderposten (*SM*)		...	...
...		...	...
+ Andere Sonderposten (*SM*)	NIL	26.000	26.000
+ Sonstige Sonderposten, andere Sonderposten, Rücklagen für Verpflichtungsübernahme (*R*)	NIL	26.000	26.000
+ Rückstellungen (*SM*)			...
+ Rückstellungen für Pensionen und ähnliche Verpflichtungen (*SM*)	58.000	...	...
+ Rückstellungen für Pensionen und ähnliche Verpflichtungen, Rückstellung für Direktzusagen (*M*)	58.000	...	...
...		...	...

5.2.4 Rückstellungen

Gem. § 249 Abs. 1 HGB sind in der Handelsbilanz Rückstellungen zu bilden für:

- ungewisse Verbindlichkeiten, die von zwei Merkmalen – Schuldcharakter und Unge-
  wissheit – geprägt sind, d. h., es bestehen Verbindlichkeiten und/oder eine sehr hohe
  Wahrscheinlichkeit einer Verbindlichkeit gegenüber Dritten. Die Verbindlichkeit ist un-
  gewiss der Höhe und/oder dem Entstehen oder Bestehen nach,
- drohende Verluste aus schwebenden Geschäften, wenn bspw. noch nicht realisierte,
  aber mit an Sicherheit grenzender Wahrscheinlichkeit Verluste auf das Unternehmen
  zukommen,
- unterlassene Instandhaltungsaufwendungen, die innerhalb von drei Monaten nach dem
  Ende des Geschäftsjahres nachgeholt werden,
- Abraumbeseitigungsaufwendungen, die im folgenden Geschäftsjahr nachgeholt werden,
- Gewährleistungen ohne rechtliche Verpflichtungen (Kulanzrückstellungen).

Diese Rückstellungen sind nach dem Maßgeblichkeitsprinzip (§ 5 Abs. 1 EStG) auch in
der Steuerbilanz zu übernehmen, soweit die steuerlichen Vorschriften nicht etwas anderes
vorschreiben. Bspw. dürfen nach § 5 Abs. 4a EStG in der Steuerbilanz keine Rückstellungen für drohende Verluste aus schwebenden Geschäften gebildet werden.

Diese Rückstellungen sind in der Taxonomie gem. § 266 Abs. 3 B HGB in folgende
drei Rückstellungsarten aufzuteilen:

- Rückstellungen für Pensionen und ähnliche Verpflichtungen (*SM*),
- Steuerrückstellungen (*M*),
- sonstige Rückstellungen (*M*).

5.2.4.1 Rückstellungen für Pensionen und ähnliche Verpflichtungen

Pensionsrückstellungen stellen eine Versorgungszusage des bilanzierenden Unternehmens
an die Mitarbeiter dar (betriebliche Altersversorgung). Es handelt sich also um eine der
Höhe und Fälligkeit nach ungewisse Verbindlichkeit.

Es werden direkte (unmittelbare) und indirekte (mittelbare) Versorgungszusagen unterschieden. Bei den **direkten Versorgungszusagen** verpflichtet sich der Arbeitgeber
beim Eintreten der gesetzlichen und vereinbarten Rahmenbedingungen zu einer Leistung (Zahlung) gegenüber dem Mitarbeiter. Diese direkten Versorgungszusagen sind
grundsätzlich zu passivieren. Soweit sich die Leistungsverpflichtung aber auf eine Versorgungszusage bezieht, die vor dem 01.01.1987 erworben wurde bzw. sich nach dem
31.12.1986 aufgrund eines vorher entstandenen Anspruchs erhöht, besteht hierfür gem.
Art. 28 Abs. 1 Satz 1 EGHGB ein Passivierungswahlrecht. Nach Art. 28 Abs. 2 EGHGB
sind die nicht ausgewiesenen direkten Versorgungszusagen im Anhang anzugeben.

Indirekte Versorgungszusagen entstehen, soweit der Arbeitgeber einen externen Dienstleister (Pensionsfonds, Unterstützungskassen) mit der Ausübung der Verpflichtungen aus der betrieblichen Altersversorgung beauftragt hat. Soweit die Versorgungszusagen des Arbeitgebers den Leistungen des externen Dienstleister entsprechen, ist gem. § Art. 28 Abs. 1 Satz 2 EGHGB in keinem Fall eine Rückstellung zu bilden. Handelsrechtlich besteht aber bei einer Unterdeckung eine Passivierungspflicht.

Steuerrechtlich besteht gem. § 6a Abs. 1 und 2 EStG unter bestimmten Voraussetzungen (bspw. der Berechtigte muss einen Rechtsanspruch haben, die Pensionszusage muss schriftlich erteilt werden usw.) ein Passivierungswahlrecht für die Pensionszusagen. Das steuerliche Wahlrecht wird aber aufgrund des Maßgeblichkeitsprinzips auch zum steuerlichen Passivierungsgebot. Gem. § 6a Abs. 3 EStG ist die Pensionsrückstellung mit dem Teilwert zu bewerten, wobei zur Berechnung des Teilwerts ein Zinssatz von 6 % anzusetzen ist.

In der Taxonomie werden die Pensionsrückstellungen aufgeteilt in:

- Rückstellungen für Pensionen und ähnliche Verpflichtungen, davon kurzfristiger Anteil (*O*),
- Rückstellungen für Pensionen und ähnliche Verpflichtungen, davon langfristiger Anteil (*O*),
- Rückstellungen für Pensionen und ähnliche Verpflichtungen, davon gegenüber Gesellschaftern oder nahestehenden Personen (*M*),
- Rückstellung für Direktzusagen (*M*),
- Rückstellungen für Zuschussverpflichtungen für Pensionskassen und Lebensversicherungen (bei Unterdeckung oder Aufstockung) (*M*),
- Rückstellungen für Pensionen und ähnliche Verpflichtungen, nicht zuordenbar (*M*),
- Rückstellungen für Pensionen und ähnliche Verpflichtungen, davon verrechnete Vermögensgegenstände nach § 246 Abs. 2 HGB (*O*),
- Rückstellungen für Pensionen und ähnliche Verpflichtungen, soweit aus der/den für die ausländische(n) Betriebsstätte(n) geführten Buchführung(en) nicht anders zuordenbar (*R*).

5.2.4.2 Steuerrückstellungen

Steuerrückstellungen sind auch ungewisse Verbindlichkeiten, da sie erwartete Steuernachzahlungen an die Finanzverwaltung abbilden. In der Taxonomie können die Steuerrückstellungen je nach Art als Rückstellungen für Körperschaftsteuern, Gewerbesteuern, latente Steuern, Mehrsteuern laut Finanzverwaltung, Zinsen nach § 233a AO auf Mehrsteuern oder für sonstige Steuern ausgewiesen werden. Rückstellungen für latente Steuern dürfen in der Steuerbilanz jedoch nicht bilanziert werden.

5.2.4.3 Sonstige Rückstellungen

Unter dem Summenmussfeld „sonstige Rückstellungen" werden alle anderen Rückstellungen ausgewiesen, soweit sie nicht zu den Pensions- oder Steuerrückstellungen gehören.

Die sonstigen Rückstellungen werden in der Taxonomie weiter aufgeteilt, wobei folgende Rückstellungen angegeben werden können:

- Rückstellungen für satzungsgemäße Verpflichtungen (*O*),
- Rückstellungen für Gewährleistungen (*O*),
- Rückstellungen für Währungsrisiken (*O*),
- Rückstellung für die Aufbewahrung von Geschäftsunterlagen (*O*),
- Rückstellung wegen zukünftiger Betriebsprüfungen bei Großbetrieben (*O*),
- Rückstellung für Altersteilzeit (*O*),
- Rückstellung für Jubiläumsaufwendungen (*O*),
- Rückstellungen für drohende Verluste aus schwebenden Geschäften (*O*),
- Rückstellungen für ungewisse Verbindlichkeiten (*O*),
- Aufwandstückstellungen (*O*),
- übrige sonstige Rückstellungen/nicht zuordenbare Rückstellungen (*O*),
- sonstige Rückstellungen, soweit aus der/den für die ausländische(n) Betriebsstätte(n) geführten Buchführung(en) nicht anders zuordenbar (*O*).

Als handelsrechtliche Sammelposition dient der Posten „Rückstellungen für ungewisse Verbindlichkeiten". Gegebenenfalls können Auffangpositionen („übrige sonstige Rückstellungen/nicht zuordenbare Rückstellungen" und „sonstige Rückstellungen, soweit aus der/den für die ausländische(n) Betriebsstätte(n) geführten Buchführung(en) nicht anders zuordenbar") genutzt werden.

5.2.5 Verbindlichkeiten

Verbindlichkeiten stellen Zahlungsverpflichtungen des bilanzierenden Unternehmens gegenüber anderen Unternehmen dar, die am Bilanzstichtag der Höhe und Fälligkeit nach feststehen. Bei den Verbindlichkeiten handelt es sich um eine fremdbezogene Außenfinanzierung. In der Taxonomie-Bilanz werden die Verbindlichkeiten in Anlehnung an § 266 Abs. 3 C HGB wie folgt aufgeteilt:

- Verbindlichkeiten aus Lieferungen und Leistungen, davon durch Pfandrechte oder ähnliches gesichert (*O*),
- Verbindlichkeiten aus Lieferungen und Leistungen, davon gegenüber Gesellschaftern (*O*),
- Verbindlichkeiten aus Lieferungen und Leistungen, davon mit einer Restlaufzeit bis zu einem Jahr (*O*),
- Verbindlichkeiten aus Lieferungen und Leistungen, davon mit einer Restlaufzeit von mehr als einem Jahr (*O*),
- Anleihen (*M*),
- sonstige Schuldtitel/sonstige Finanzschulden (*R*),

- Verbindlichkeiten gegenüber Kreditinstituten (*M*),
- erhaltene Anzahlungen auf Bestellungen (*M*),
- Verbindlichkeiten aus Lieferungen und Leistungen (*M*),
- Verbindlichkeiten aus dem Zentralregulierungs- und Delkrederegeschäft (*M*),
- Verbindlichkeiten aus der Annahme gezogener Wechsel und der Ausstellung eigener Wechsel (*M*),
- Verbindlichkeiten gegenüber Gesellschaftern (*SM*),
- Verbindlichkeiten gegenüber verbundenen Unternehmen (*M*),
- Verbindlichkeiten gegenüber Unternehmen, mit denen ein Beteiligungsverhältnis besteht (*M*),
- Verbindlichkeiten aus bedingt rückzahlungspflichtigen Spenden (*R*),
- Verbindlichkeiten für satzungsgemäße Leistungen (*R*),
- sonstige Verbindlichkeiten (*SM*).

Nach § 285 Nr. 1 HGB ist der Gesamtbetrag der Verbindlichkeiten, der durch Pfandrechte gesichert ist, im Anhang anzuführen. In der Taxonomie kann der durch Pfandrechte gesicherte Betrag im Anhang oder im sonstigen (optionalen) Feld „**Verbindlichkeiten aus Lieferungen und Leistungen, davon durch Pfandrechte oder ähnliches gesichert**" angegeben werden.

Gem. § 268 Abs. 5 HGB sind Verbindlichkeiten mit einer Restlaufzeit bis zu einem Jahr und von mehr als einem Jahr gesondert unter jedem Verbindlichkeitsposten nach § 266 Abs. 3 C HGB auszuweisen. Da aber kleine Kapitalgesellschaften und Kleinstkapitalgesellschaften gem. § 266 Abs. 1 HGB eine detaillierte Gliederung der Verbindlichkeiten nicht machen müssen, wurde die Position „**Verbindlichkeiten aus Lieferungen und Leistungen, davon mit einer Restlaufzeit bis zu einem Jahr**" und die Position „**Verbindlichkeiten aus Lieferungen und Leistungen, davon mit einer Restlaufzeit von mehr als einem Jahr**" eingeführt, um der Vorschrift des § 268 Abs. 5 HGB Rechnung zu tragen. Entsprechendes gilt gem. § 264a Abs. 1 HGB i. V. m. §§ 267, 267a HGB auch für Personengesellschaften, die als kleine Personengesellschaften bzw. Kleinstpersonengesellschaften anzusehen sind. Dasselbe gilt u. E. auch für kleine Genossenschaften und Kleinstgenossenschaften. Diese Positionen sind also vor allem für kleine Gesellschaften und Kleinstgesellschaften gedacht.

Anleihen sind vom bilanzierenden Unternehmen am Kapitalmarkt ausgegebene festverzinsliche Wertpapiere, die ein Recht auf Rückzahlung des Nennbetrags zuzüglich Zinsen verbriefen. Der Emittent/Verkäufer der Anleihe (hier das bilanzierende Unternehmen) verpflichtet sich gegenüber dem Käufer der Anleihe am Fälligkeitsdatum der Anleihe die Schuld zurückzubezahlen. Fälligkeitsdatum, Verzinsung und Tilgung wurden bei der Ausgabe der Anleihen festgesetzt.

Unter den **sonstigen Schuldtiteln/sonstige Finanzanlagen** sind alle anderen finanziellen Verbindlichkeiten des bilanzierenden Unternehmens aufzunehmen, die nicht unter anderen Posten, vor allem unter Verbindlichkeiten gegenüber Kreditinstituten oder unter

Anleihen oder Wechsel ausgewiesen werden können. Anzugeben sind hier bspw. auch Inhaberschuldverschreibungen.

Unter den **Verbindlichkeiten gegenüber Kreditinstituten** sind nicht nur die tatsächlich in Anspruch genommenen Kredite und Darlehen auszuweisen, sondern auch negative Salden der Kontokorrentkonten oder Zinszahlungsverpflichtungen. Demnach beinhaltet diese Position alle ausstehenden Verbindlichkeiten gegenüber Kreditinstituten.

Soweit **erhaltene Anzahlungen auf Bestellungen** gem. § 268 Abs. 5 Satz 2 HGB nicht von den Vorräten offen abgesetzt werden, sind sie unter den Verbindlichkeiten gesondert auszuweisen, da sie eine ausstehende Schuld darstellen, die entweder durch die Lieferung/Leistung oder durch die Rückzahlung ausgeglichen wird.

Verbindlichkeiten aus Lieferungen und Leistungen entstehen, wenn das bilanzierende Unternehmen von einem anderen Unternehmen Produkte oder Leistungen erhalten hat, diese aber noch nicht bezahlt hat. Sie sind zum Zeitpunkt der Lieferung/Leistung zu bilanzieren.

Anzugeben sind auch **Verbindlichkeiten aus dem Zentralregulierungs- und Delkrederegeschäft**. Das Zentralregulierungssystem stellt ein Abrechnungssystem dar. Ein Unternehmen sammelt alle Verbindlichkeiten des bilanzierenden Unternehmens und zahlt dann diese in einer Summe an die Gläubiger aus. Bei einem Delkredere verpflichtet sich dieses Unternehmen bei Zahlungsunfähigkeit des bilanzierenden Unternehmens die Schuld zu übernehmen. Diese Position ist grundsätzlich von Genossenschaften zu nutzen.

Ein Wechsel ist ein Wertpapier, welches das bilanzierende Unternehmen entweder als Aussteller oder als Bezogenen dazu verpflichtet, eine bestimmte im Wechsel genannte Summe an den Halter des Wechsels bzw. an ein im Wechsel angegebenes Unternehmen zu leisten. Diese Verbindlichkeiten aus Wechseln sind unter der Position „**Verbindlichkeiten aus der Annahme gezogener Wechsel und der Ausstellung eigener Wechsel**" anzuführen.

Nach § 42 Abs. 3 GmbHG und nach § 264c Abs. 1 HGB müssen **Verbindlichkeiten gegenüber Gesellschaftern** entweder im Anhang oder als separater Posten oder unter anderen Positionen gem. § 266 Abs. 3 C HGB mit dem entsprechenden Vermerk „davon" ausgewiesen werden. Laut der Erläuterung in der Visualisierung der Taxonomie (GAAP-Modul, Zelle AD7486) ist diese Position nicht bei AGs zu verwenden.

Wegen dem Summenmussfeldcharakter ist die Position „Verbindlichkeiten gegenüber Gesellschaftern" mindestens weiter aufzuteilen in:

- Verbindlichkeiten gegenüber GmbH-Gesellschaftern und stillen Gesellschaftern (*M*),
- Verbindlichkeiten gegenüber persönlich haftenden Gesellschaftern (*M*),
- Verbindlichkeiten gegenüber Kommanditisten (*M*),
- nicht nach Rechtsform zuordenbar (*R*).

Bei kleinen Kapitalgesellschaften und Kleinstkapitalgesellschaften erfolgt keine Gliederung der Verbindlichkeiten nach 266 Abs. 3 C HGB. Dies gilt gem. § 264a Abs. 1 HGB auch für Personengesellschaften, die gem. § 264a HGB i. V. m. §§ 267, 267a HGB als kleine Personengesellschaften oder Kleinstpersonengesellschaften angesehen werden. Um den Anforderungen der Vorschrift des § 42 Abs. 3 GmbHG bzw. § 264c Abs. 1 HGB zu entsprechen, können bei kleinen Gesellschaften und Kleinstgesellschaften die Verbindlichkeiten gegenüber den Gesellschaftern in der Position „Verbindlichkeiten, davon gegenüber Gesellschaftern" erfasst werden, soweit keine andere Ausweismöglichkeit gewählt wurde.

Genau wie Forderungen müssen auch **Verbindlichkeiten gegenüber verbundenen Unternehmen bzw. gegenüber Unternehmen, mit denen ein Beteiligungsverhältnis besteht**, gesondert ausgewiesen werden. In beiden Fällen handelt es sich um noch nicht geleistete Zahlungen des bilanzierenden Unternehmens gegenüber diesen Unternehmen.

Spendensammelnde Organisationen dürfen erhaltene Spenden nach IDW nicht in den Umsatzerlösen erfassen, sonst würde es zu einer Verzerrung des Umsatzergebnisses in der GuV kommen. Noch nicht verbrauchte, erhaltene Spenden sind in einem speziellen Sonderposten auszuweisen. Sollten aber die erhaltenen Spenden zweckgebunden sein, dann sind sie nicht als Sonderposten, sondern als **Verbindlichkeit aus bedingt rückzahlungspflichtigen Spenden** zu passivieren, da bei Nichtbefolgung der Zweckvorgabe die Spenden zurückzuzahlen sind.[13]

Verbindlichkeiten für satzungsmäßige Leistungen sind nur bei gemeinnützigen Körperschaften anzugeben.

In den **sonstigen Verbindlichkeiten** werden alle anderen Verbindlichkeiten aufgezeigt, die nicht den o. a. Positionen zugeordnet werden können. Es handelt sich hierbei aber um keine Auffangposition i. S. d. E-Bilanz, da eine entsprechende Position auch in der Bilanzgliederung nach § 266 Abs. 3 HGB vorzufinden ist.

Sonstige Verbindlichkeiten sind in der Taxonomie-Bilanz mindestens wie folgt weiter aufzuteilen:

- sonstige Verbindlichkeiten aus Steuern (*R*),
- sonstige Verbindlichkeiten im Rahmen der sozialen Sicherheit (*R*),
- sonstige Verbindlichkeiten gegenüber Gesellschaftern (*M*),
- sonstige Verbindlichkeiten gegenüber Mitarbeitern (*R*),
- sonstige Verbindlichkeiten aus partiarischen Darlehen (*R*),
- sonstige Verbindlichkeiten gegenüber Arbeitsgemeinschaften (*R*),
- sonstige Verbindlichkeiten aus Genussrechten mit Fremdkapitalcharakter (*R*),
- übrige sonstige Verbindlichkeiten (*R*),
- sonstige Verbindlichkeiten, soweit aus der/den für die ausländische(n) Betriebsstätte(n) geführten Buchführung(en) nicht anders zuordenbar (*R*).

Innerhalb dieser Positionen sind auch „**davon-Positionen**" enthalten. Diese vermitteln an die Finanzverwaltung Informationen über die Summe der Verbindlichkeiten mit einer bestimmten Restlaufzeit (§ 268 Abs. 5 Satz 1 HGB), über die Summe der Finanzverbind-

---

[13] Vgl. IDW, IDW RS HFA 21 in IDW Fachnachrichten Heft (5/2010), Rz. 17.

lichkeiten, die durch ein Pfandrecht gesichert sind usw. Die Angabe dieser Informationen ist aber nicht zwingend.

Beispiel: Genussrechte

Die G-GmbH hat während des Wirtschaftsjahres 2018 zwei Genussrechte ausgegeben.

Erklären Sie, wie diese Sachverhalte zu bilanzieren sind und wie sie in der E-Bilanz abzubilden sind, wenn:

- durch das Genussrecht A (10.000 €) der G-GmbH das Kapital langfristig zur Verfügung gestellt wird, die Verbindlichkeit aus der Kapitalüberlassung im Insolvenzfall erst nachrangig befriedigt wird und wenn der Inhaber des Genussrechts am Jahresergebnis der G-GmbH beteiligt ist?
- durch das Genussrecht B (15.000 €) der G-GmbH das Kapital langfristig zur Verfügung gestellt wird, die Verbindlichkeit aus der Kapitalüberlassung im Insolvenzfall erst nachrangig befriedigt wird, aber der Inhaber des Genussrechts nur am Reingewinn der G-GmbH beteiligt ist?

Lösungsvorschlag: Genussrechte

Das Genussrecht A ist eigenkapitalähnlich, weil dieses Genussrecht alle Merkmale von Eigenkapital (langfristige Kapitalüberlassung, Nachrangigkeit im Insolvenzfall und Beteiligung am Gewinn und Verlust der G-GmbH) erfüllt.

Das Genussrecht B ist als Fremdkapital zu bilanzieren, da hier nur eine Beteiligung am Reingewinn vereinbart wurde.

	Taxonomie-Bilanz der G-GmbH zum 31.12.2018	€		
		HB	StÜR	StB
=	Bilanzsumme, Summe Aktiva (*SM*)	...		...
	...	...		...
=	Bilanzsumme, Summe Passiva (*SM*)	...		...
+	Eigenkapital (*SM*)	...		...
	...	...		...
+	Eigenkapital, Genussrechtskapital mit Eigenkapital-Charakter (*R*)	10.000		10.000
	...	...		...
+	Verbindlichkeiten (*SM*)	...		...
+	Sonstige Verbindlichkeiten (*SM*)	...		...
+	Sonstige Verbindlichkeiten, sonstige Verbindlichkeiten aus Genussrechten mit Fremdkapitalcharakter (*R*)	15.000		15.000
	...	...		...

Die Werte der Handelsbilanz sind auch für die Steuerbilanz zu übernehmen.

5.2.6 Passiver Rechnungsabgrenzungsposten

Ähnlich wie die aktiven Rechnungsabgrenzungsposten dienen passive Rechnungsabgrenzungsposten der zeitlichen Unterscheidung zwischen Einnahmen und den damit zusammenhängenden Erträgen. Gem. § 250 Abs. 2 HGB sind alle vor dem Bilanzstichtag anfal-
lenden Einnahmen in dieser Position anzugeben, soweit der entsprechende Ertrag erst in
der darauf folgenden Periode eintritt (bspw. erhaltene Mietvorauszahlungen). Steuerrechtlich ist gem. § 5 Abs. 5 Satz 1 Nr. 2 EStG genauso zu verfahren.

In der Taxonomie-Bilanz muss nur der Summenwert des passiven Rechnungsabgren-
zungspostens genannt werden. Eine weitere Unterteilung wird von der Finanzverwaltung
nicht vorgegeben.

5.2.7 Passive latente Steuern

Passive latente Steuern entstehen bei einer zukünftigen Steuerbelastung für das bilanzierende Unternehmen, wenn die Aktiva in der Steuerbilanz niedriger sind als in der
Handelsbilanz bzw. die Passiva in der Steuerbilanz höher sind als in der Handelsbilanz.

5.3 Bilanz nach der MicroBilG-Taxonomie

Kleinstkapitalgesellschaften gem. § 267a HGB[14] dürfen nach § 266 Abs. 1 Satz 4 HGB
eine verkürzte Bilanz aufstellen (Abb. 5.5). Diese Vorschrift ist gem. § 264a Abs. 1 HGB
i. V. m. § 267a HGB auch für Personengesellschaften anzuwenden, die als Kleinstpersonengesellschaften angesehen werden. Gem. § 337 Abs. 4 HGB dürfen auch Kleinstgenossenschaften eine verkürzte Bilanz erstellen, die grundsätzlich der Aufstellung nach § 266
Abs. 1 Satz 4 HGB entspricht. Im Eigenkapital der Kleinstgenossenschaft muss aber ein
„davon-Vermerk" zum Geschäftsguthaben der Mitglieder und zu den gesetzlichen Rücklagen erfolgen.

Diese handelsrechtliche Erleichterung soll dazu führen, dass der Aufwand bei der
Erstellung eines Jahresabschlusses der Kleinstgesellschaften bzw. Kleinstgenossenschaft
sinkt. In der Struktur der Taxonomie wird die Vorschrift des § 266 Abs. 1 Satz 4 HGB aber
nicht übernommen. D. h., der Mindestumfang der zu übermittelnden Daten einer normalen Taxonomie gleicht grundsätzlich dem Mindestumfang der zu übermittelnden Daten

---

[14] Nach § 267a Abs. 1 HGB gilt eine Kapitalgesellschaft als eine Kleinstkapitalgesellschaft, wenn
zwei der drei folgenden Merkmale nicht überschritten werden: Bilanzsumme 350.000 €; Umsatzerlöse in den zwölf Monaten vor dem Abschlussstichtag 700.000 €; zehn Arbeitnehmer im
Durchschnitt. Gem. § 264a Abs. 1 HGB gelten diese Merkmale auch für Personengesellschaften
i. S. d. 264a HGB.

Aktiva	Passiva
A. Anlagevermögen	A. Eigenkapital
B. Umlaufvermögen	B. Rückstellungen
C. Rechnungsabgrenzungsposten	C. Verbindlichkeiten
D. Aktive latente Steuern	D. Rechnungsabgrenzungsposten
E. Aktiver Unterschiedsbetrag aus der Vermögensverrechnung	E. Passive latente Steuern

Abb. 5.5 Verkürzte Bilanz nach § 266 Abs. 1 HGB

einer Taxonomie nach MicroBilG. Kleinstgesellschaften bzw. Kleinstgenossenschaften müssen also unabhängig von der handelsrechtlichen Erleichterungsregelung eine genau so detaillierte E-Bilanz bei der Finanzverwaltung einreichen wie alle anderen Gesellschaften. Soweit aber die wegen der geführten Buchhaltung entsprechenden Mussfelder werthaltig nicht angegeben werden können, besteht die Möglichkeit, Auffangpositionen bzw. Summenmussfelder als sekundäre Auffangpositionen zu nutzen.

Da die Struktur der Taxonomie-Bilanz nach MicroBilG grundsätzlich der Struktur der normalen Taxonomie entspricht, wird sie an dieser Stelle nicht mehr angesprochen.

Gewinn- und Verlustrechnung im Jahresabschlussmodul

6

Handelsrechtlich ist gem. § 275 Abs. 1 Satz 1 HGB die GuV in Staffelform entweder nach dem Gesamtkostenverfahren (GKV) gem. § 275 Abs. 2 HGB oder nach dem Umsatzkostenverfahren (UKV) gem. § 275 Abs. 3 HGB aufzustellen.

Beim GKV (Abb. 6.1) werden alle in einer Periode angefallenen Aufwendungen der Gesamtleistung gegenüber gestellt.

Beim UKV (Abb. 6.2) werden alle in einer Periode durch die Umsatzerlöse verursachten Herstellungskosten den entsprechenden Umsatzerlösen gegenüber gestellt.

Diese Gliederung der GuV wird aufgrund der Vorschriften des § 4 Abs. 1 Satz 1 EStG i. V. m. § 5 Abs. 1 Satz 1 EStG (Maßgeblichkeitsprinzip) auch vom Steuerrecht übernommen, soweit die steuerlichen Vorschriften nicht etwas anderes gebieten.

Die Taxonomie-GuV orientiert sich grundsätzlich an § 275 HGB, wobei sich aber in der Taxonomie-GuV auch andere Vorschriften, einschließlich bereits nicht mehr existierender Vorschriften des HGB's widerspiegeln. Die Taxonomie-GuV ist wie eine Steuer-GuV konstruiert und enthält deshalb auch Positionen, die in einer handelsrechtlichen GuV nicht vorkommen dürfen. Die Taxonomie-GuV ist in verkürzter Fassung in Abb. 6.3 dargestellt.

Die Position „Ergebnis nach Steuern" setzt sich in der Taxonomie-GuV aus den folgenden Positionen zusammen:

- Ergebnis nach Steuern, davon Aufwendungen für das häusliche Arbeitszimmer, einschließlich anteilige Schuldzinsen,
- Betriebsergebnis (GKV),
- Betriebsergebnis (Umsatzkosten)[1],
- Finanz- und Beteiligungsergebnis,
- Steuern vom Einkommen und vom Ertrag.

---

[1] Die Taxonomie spricht beim Betriebsergebnis statt vom UKV von Umsatzkosten. Alle weiteren Unterpositionen werden aber richtigerweise dann mit UKV bezeichnet.

© Springer Fachmedien Wiesbaden GmbH, ein Teil von Springer Nature 2019
K. von Sicherer und E. Čunderlíková, *E-Bilanz*, https://doi.org/10.1007/978-3-658-21498-2_6

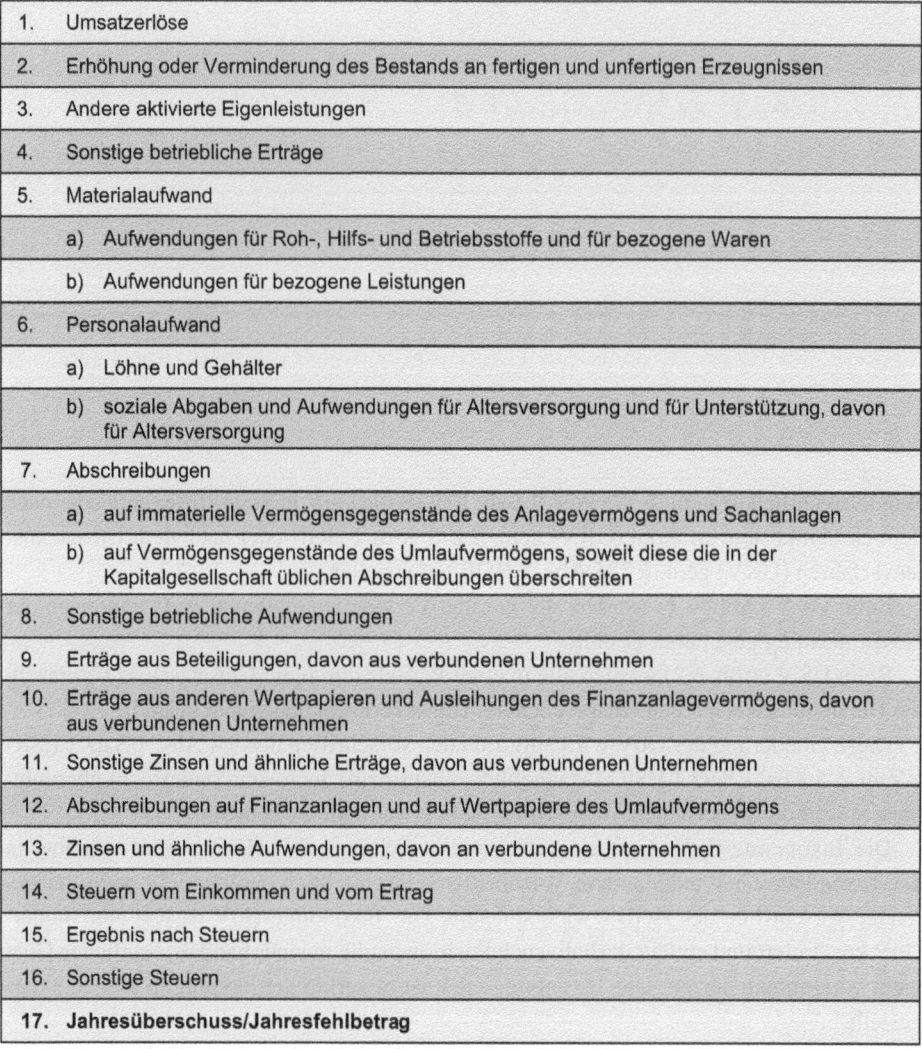

1.	Umsatzerlöse
2.	Erhöhung oder Verminderung des Bestands an fertigen und unfertigen Erzeugnissen
3.	Andere aktivierte Eigenleistungen
4.	Sonstige betriebliche Erträge
5.	Materialaufwand
	a) Aufwendungen für Roh-, Hilfs- und Betriebsstoffe und für bezogene Waren
	b) Aufwendungen für bezogene Leistungen
6.	Personalaufwand
	a) Löhne und Gehälter
	b) soziale Abgaben und Aufwendungen für Altersversorgung und für Unterstützung, davon für Altersversorgung
7.	Abschreibungen
	a) auf immaterielle Vermögensgegenstände des Anlagevermögens und Sachanlagen
	b) auf Vermögensgegenstände des Umlaufvermögens, soweit diese die in der Kapitalgesellschaft üblichen Abschreibungen überschreiten
8.	Sonstige betriebliche Aufwendungen
9.	Erträge aus Beteiligungen, davon aus verbundenen Unternehmen
10.	Erträge aus anderen Wertpapieren und Ausleihungen des Finanzanlagevermögens, davon aus verbundenen Unternehmen
11.	Sonstige Zinsen und ähnliche Erträge, davon aus verbundenen Unternehmen
12.	Abschreibungen auf Finanzanlagen und auf Wertpapiere des Umlaufvermögens
13.	Zinsen und ähnliche Aufwendungen, davon an verbundene Unternehmen
14.	Steuern vom Einkommen und vom Ertrag
15.	Ergebnis nach Steuern
16.	Sonstige Steuern
17.	**Jahresüberschuss/Jahresfehlbetrag**

Abb. 6.1 Gesamkostenverfahren nach § 275 Abs. 2 HGB

Auch wenn hier gleichzeitig das Betriebsergebnis nach dem GKV und UKV aufgezeigt wird, ist immer in Abhängigkeit vom gewählten GuV-Verfahren nur eine der beiden Positionen werthaltig anzugeben.

1.	Umsatzerlöse
2.	Herstellungskosten der zur Erzielung der Umsatzerlöse erbrachten Leistungen
3.	Bruttoergebnis vom Umsatz
4.	Vertriebskosten
5.	Allgemeine Verwaltungskosten
6.	Sonstige betriebliche Erträge
7.	Sonstige betriebliche Aufwendungen
8.	Erträge aus Beteiligungen, davon aus verbundenen Unternehmen
9.	Erträge aus anderen Wertpapieren und Ausleihungen des Finanzanlagevermögens, davon aus verbundenen Unternehmen
10.	Sonstige Zinsen und ähnliche Erträge, davon aus verbundenen Unternehmen
11.	Abschreibungen auf Finanzanlagen und auf Wertpapiere des Umlaufvermögens
12.	Zinsen und ähnliche Aufwendungen, davon an verbundene Unternehmen
13.	Steuern vom Einkommen und vom Ertrag
14.	Ergebnis nach Steuern
15.	Sonstige Steuern
16.	**Jahresüberschuss/Jahresfehlbetrag**

Abb. 6.2 Umsatzkostenverfahren nach § 275 Abs. 3 HGB

	Ergebnis der gewöhnlichen Geschäftstätigkeit *(R)*	
+	Ergebnis nach Steuern *(SM)*	
	+	Ergebnis nach Steuern, davon Aufwendungen für das häusliche Arbeitszimmer einschl. anteilige Schuldzinsen *(O)*
	+	Betriebsergebnis (GKV) *(SM)*
	+	Betriebsergebnis (Umsatzkosten) *(SM)*
	+	Finanz- und Beteiligungsergebnis *(SM)*
	-	Steuern vom Einkommen und vom Ertrag *(SM)*
+	außerordentliches Ergebnis *(R)*	
-	Steuern vom Einkommen und vom Ertrag – Vorjahr *(R)*	
-	sonstige Steuern *(M)*	
+	Verlust- bzw. Gewinnabführung (Tochter) *(SM)*	
-	Ausgleichszahlung an Minderheiten (Tochter) *(R)*	
+	Sammelposten für Gewinnänderungen aus der Überleitungsrechnung *(R)*	
+	Ergebnis der ausländischen Betriebsstätten, soweit aus der/den für die ausländische(n) Betriebsstätte(n) geführten Buchführung(en) nicht anders zuordenbar *(R)*	
=	**Jahresüberschuss/-fehlbetrag *(SM)***	

Abb. 6.3 Gewinn- und Verlustrechnung nach der Taxonomie

6.1   Betriebsergebnis (GKV)

Die Bezeichnung der Position „Betriebsergebnis (GKV)" ist gem. Taxonomie im Handelsrecht nicht vorzufinden. Aber sie stellt die Anwendung des Gesamtkostenverfahrens beim bilanzierenden Unternehmen dar. In der Taxonomie-GuV wird diese Position weiter aufgegliedert in:

- Rohergebnis (GKV) (*SM*),
- Personalaufwand (GKV) (*SM*),
- Abschreibungen (GKV) (*SM*),
- sonstige betriebliche Aufwendungen (GKV) (*SM*),
- Genossenschaftliche Rückvergütung (GKV) (*SM*).

6.1.1   Rohergebnis (GKV)

Das Rohergebnis bildet eine Zwischensumme in der GuV-Taxonomie. Das Rohergebnis setzt sich wie folgt zusammen aus:

- Gesamtleistung (GKV) (*SM*),
- sonstige betriebliche Erträge (GKV) (*SM*),
- Sonderbetriebseinnahmen (*R*),
- Aufwendungen zur Erfüllung satzungsmäßiger Aufgaben (GKV) (*R*),
- Materialaufwand (GKV) (*SM*).

6.1.1.1   Gesamtleistung (GKV)

Die Gesamtleistung nach dem GKV stellt eine Zwischensumme aus den folgenden Positionen dar:

- Erträge zur Erfüllung satzungsmäßiger Aufgaben (GKV) (*R*),
- Umsatzerlöse (GKV) (*SM*),
- Erhöhung oder Verminderung des Bestandes an fertigen und unfertigen Erzeugnissen (GKV) (*M*),
- andere aktivierte Eigenleistungen (GKV) (*M*).

Erträge zur Erfüllung satzungsmäßiger Aufgaben entstehen, wenn entsprechende Rückstellungen bzw. Verbindlichkeiten, die aufgrund der Satzung gebildet wurden, aufgelöst werden. In der Taxonomie-GuV kann diese Position noch weiter bspw. in Spenden, Mitgliedsbeiträge usw. aufgeteilt werden. Diese Position kann nur von gemeinnützigen Körperschaften verwendet werden.

Mit Inkrafttreten des BilRUG's hat sich die gesetzliche Definition der Umsatzerlöse wesentlich geändert. Als **Umsatzerlöse** sind jetzt nach § 277 Abs. 1 HGB „die Erlöse aus dem Verkauf und der Vermietung oder Verpachtung von Produkten sowie aus der Erbringung von Dienstleistungen der Kapitalgesellschaft nach Abzug von Erlösschmälerungen und der Umsatzsteuer sowie sonstiger direkt mit dem Umsatz verbundener Steuern auszuweisen." Damit entfällt die bisherige Problematik der Aufteilung der Erlöse nach der typischen und atypischen Geschäftstätigkeit des Unternehmens. In der Taxonomie werden die Umsatzerlöse aber nicht saldiert aufgezeigt (Bruttoprinzip), sondern es erfolgt ein gesonderter Ausweis:

- in Umsatzerlösen enthaltene Bruttowerte (*SM*),
- in Umsatzerlösen verrechnete Erlösschmälerungen und sonstige direkt mit dem Umsatz verbundene Steuern (*SM*),
- Umsatzerlöse (GKV), davon in Umsatzerlösen verrechneter Eigenverbrauch (*O*),
- Umsatzerlöse (GKV), davon Umsatzerlöse mit verbundenen Unternehmen (*O*),
- Umsatzerlöse (GKV), davon in Umsatzerlösen enthaltene Auslandsumsätze (*O*).

In der Position „in Umsatzerlösen enthaltener Bruttowert" sind also die Bruttowerte ohne Erlösschmälerungen und sonstigen Steuern nach Art der Umsatzes und/oder nach dem Umsatzsteuersatz aufzuzeigen:

- Erlöse aus Leistungen nach § 13b UStG (*M*),
- sonstige Umsatzerlöse, nicht steuerbar (*M*),
- steuerfreie Umsätze nach § 4 Nr. 1a UStG (Ausfuhr Drittland) (*M*),
- steuerfreie EG-Lieferungen § 4 Nr. 1b UStG (Innergemeinschaftliche Lieferungen) (*M*),
- steuerfreie Umsätze nach § 4 Nr. 8 ff UStG (*SM*),
- steuerfreie Umsätze nach § 4 Nr. 2–7 UStG (*M*),
- sonstige umsatzsteuerfreie Umsätze (*M*),
- ermäßigter Steuersatz (*M*),
- Regelsteuersatz (*M*),
- Umsatzerlöse nach § 25 und § 25a UStG (*M*),
- sonstige Umsatzsteuersätze (*M*),
- ohne Zuordnung nach Umsatzsteuertatbeständen (*M*).

Als „davon-Positionen" sind hier Erlöse aus Vermietung und Verpachtung, Erlöse aus Provisionen, Lizenzen und Patenten und Erträge aus Verwaltungskostenumlagen anzugeben.

Alle Nachlässe, Rabatte usw. sind in der Position „in Umsatzerlöse verrechnete Erlösschmälerungen und sonstige direkt mit dem Umsatz verbundene Steuern" darzustellen. Dieses Feld wird noch weiter nach dem Umsatzsteuersatz und/oder nach Umsatzsteuertatbeständen (bspw. für steuerfreie Lieferungen nach § 4 Nr. 1b UStG (innergemeinschaftliche Lieferungen)) aufgegliedert.

Die Position „**Erhöhung oder Verminderung des Bestandes an fertigen und unfertigen Erzeugnissen**" korrespondiert mit dem Summenmussfeld „Vorräte" in Abschn. 5.1.3.

Alle im Geschäfts-/Wirtschaftsjahr realisierten Änderungen bezüglich der fertigen und/oder unfertigen Erzeugnisse und/oder Bauaufträge sind hier anzuführen.

Andere aktivierte Eigenleistungen entstehen, wenn ein selbst hergestellter Vermögensgegenstand in der Bilanz aktiviert wird. Dadurch werden die mit der Herstellung dieses Vermögensgenstandes angefallenen Aufwendungen neutralisiert. Entsprechend gibt es in der Taxonomie-GuV hierfür die Position „andere aktivierte Eigenleistungen".

6.1.1.2   Sonstige betriebliche Erträge (GKV)

Sonstige betriebliche Erträge sind alle Erträge, die gem. § 277 Abs. 1 HGB i. S. d. Bil-RUG's nicht als Umsatzerlöse definiert werden können. Nach § 277 Abs. 5 HGB sind unter den sonstigen betrieblichen Erträgen bspw. Erträge aus Währungsumrechnungen auszuweisen. Zu den sonstigen betrieblichen Erträgen gehören aber auch Erträge aus der Auflösung von Rückstellungen, Gewinne aus Umwandlungsvorgängen usw.

Die GuV-Taxonomie verlangt eine weitergehende Aufteilung der sonstigen betrieblichen Erträge. An dieser Stelle seien nur ein paar Beispiele aus der Taxonomie-GuV angeführt:

- Erträge aus Auflösung des Sonderpostens mit und ohne Rücklageanteil (*SM*),
- Erträge aus der Auflösung von Rückstellungen (*M*),
- Erträge aus Zuschreibungen des Anlagevermögens (*M*),
- Erträge aus Abgängen des Umlaufvermögens (außer Produkte) (*R*),
- Erträge aus Zuschreibungen des Umlaufvermögens (*M*),
- Erträge aus der Herabsetzung/Auflösung von Einzel- und Pauschalwertberichtigungen (*SM*),
- Erträge aus der Aktivierung unentgeltlich erworbener Vermögensgegenstände (*R*),
- Zahlungseingänge auf in früheren Perioden abgeschriebene Forderungen (*M*),
- Versicherungsentschädigungen und Schadensersatzleistungen (*M*),
- Kurs-/Währungsgewinne (*R*),
- usw.

Die Gliederung der sonstigen betrieblichen Erträge erfasst also auch solche Erträge, die handelsrechtlich nicht gesondert ausgewiesen werden. Somit ist bspw. die Position „Erträge aus Auflösung des Sonderpostens mit und ohne Rücklageanteil" nur in der Steuer-GuV anzugeben.

Soweit ein Vermögensgegenstand des Anlage- und Umlaufsvermögens außerplanmäßig abgeschrieben wird (§ 253 Abs. 3 und 4 HGB) und die Gründe für diese Abschreibung nicht mehr bestehen, ist nach § 253 Abs. 5 HGB grundsätzlich eine Zuschreibung vorzunehmen. Diese Zuschreibungen sind als sonstige betriebliche Erträge zu bilanzieren.

6.1.1.3   Sonderbetriebseinnahmen

Neben seinem Gewinn- bzw. Verlustanteil erhält der Gesellschafter einer Personengesellschaft für seine Tätigkeit im Dienst der Gesellschaft und/oder für die Hingabe von

Darlehen und/oder für die Überlassung von Wirtschaftsgütern auch Sondervergütungen (Sonderbetriebseinnahmen). Entsprechend wurde in der Taxonomie die Position „Sonderbetriebseinnahmen" eingeführt, die aber nur bei der Übermittlung von Sonderbilanzen freigestellt ist. Ansonsten darf diese Position werthaltig nicht angegeben werden. In der Taxonomie-GuV werden die üblichen Sonderbetriebseinnahmen als sonstige (optionale) Felder erfasst, wie bspw. Miet-/Pachteinnahmen, Zinseinnahmen, Haftungsvergütungen, usw.

6.1.1.4   Aufwendungen zur Erfüllung satzungsmäßiger Aufgaben (GKV)

Aufwendungen zur Erfüllung satzungsmäßiger Aufgaben entstehen, wenn entsprechende Rückstellungen bzw. Verbindlichkeiten gebildet worden sind. In der GuV-Taxonomie kann diese Position noch weiter aufgeteilt werden, wobei sie nur von gemeinnützigen Körperschaften zu benutzen ist.

6.1.1.5   Materialaufwand (GKV)

Die Position „Materialaufwand" wird wegen des Summenmussfeldcharakters in der Taxonomie-GuV in Anlehnung an § 275 Abs. 2 Nr. 5 HGB weiter aufgeteilt in:

- Aufwendungen für Roh-, Hilfs- und Betriebsstoffe und für bezogene Waren (GKV) (*SM*),
- Aufwendungen für bezogene Leistungen (GKV) (*SM*),
- Materialaufwand (GKV), davon im Materialaufwand verrechnete Nachlässe (*O*).

Aufwendungen für Roh-, Hilfs- und Betriebsstoffe und für bezogene Waren beinhalten alle Aufwendungen, die mit der Anschaffung von Roh-, Hilfs- und Betriebsstoffen zusammenhängen. Bestandsänderungen beinhalten sowohl Bestandsminderungen als auch Bestandserhöhungen. Bestandsminderungen entstehen nicht nur durch Verbrauch oder Schwund, sondern auch durch Anwendung des handelsrechtlichen Niederstwertprinzips. Soweit der beizulegende Wert niedriger ist als der Buchwert der Vorräte, muss eine Abschreibung auf den niedrigeren beizulegenden Wert erfolgen.

In der Taxonomie wird diese Position weiter gegliedert in:

- Aufwendungen für Roh-, Hilfs- und Betriebsstoffe und für bezogene Waren (GKV), davon von verbundenen Unternehmen (*O*),
- Aufwendungen für Roh-, Hilfs- und Betriebsstoffe (*SM*),
- Aufwendungen für bezogene Waren (*SM*),
- Anschaffungsnebenkosten (*R*).

Soweit keine Aufteilung zwischen „Aufwendungen für Roh-, Hilfs- und Betriebsstoffe" und „Aufwendungen für bezogene Waren" erfolgen kann, ist das Feld „Aufwendungen für bezogene Waren" zu nutzen.[2]

---

[2] Vgl. KONSENS, Projekt E-Bilanz: Häufig gestellte Fragen, 2018, S. 13.

Aufwendungen für bezogene Leistungen stellen alle Aufwendungen des bilanzierenden Unternehmens dar, die in Zusammenhang mit in Anspruch genommenen Leistungen entstanden sind. In der Taxonomie wird diese Position nach den Umsatzsteuertatbeständen weiter gegliedert in:

- Leistungen nach § 13b UStG mit Vorsteuerabzug (*M*),
- Leistungen nach § 13b UStG ohne Vorsteuerabzug (*M*),
- übrige Leistungen mit Vorsteuerabzug (*M*),
- übrige Leistungen ohne Vorsteuerabzug (*M*),
- übrige Leistungen ohne Zuordnung nach Umsatzsteuertatbeständen (*R*),
- Aufwendungen für bezogene Leistungen (GKV), davon von verbundenen Unternehmen (*O*).

6.1.2   Personalaufwand (GKV)

Unter Personalaufwendungen sind alle Aufwendungen zu erfassen, die in Form von Geld- oder Sachleistungen an Mitarbeiter oder Geschäftsführer geleistet worden sind. In Anlehnung an § 275 Abs. 2 Nr. 6 HGB ist diese Position in der Taxonomie-GuV weiter aufgegliedert in:

- Personalaufwand (GKV), davon Personalaufwand – verbundene Unternehmen (*O*),
- Personalaufwand (GKV), davon Vergütungen an Gesellschafter-Geschäftsführer insgesamt (*O*),
- Löhne und Gehälter (GKV) (*SM*),
- soziale Abgaben und Aufwendungen für Altersversorgung und für Unterstützung (GKV) (*SM*).

Unter der Position **„Löhne und Gehälter"** ist der Bruttowert, d. h. einschließlich der von den Mitarbeitern und/oder Geschäftsführern getragenen Lohnsteuern und Sozialabgaben zu erfassen. Unter der Position „Löhne und Gehälter" sind nicht nur geldliche Leistungen an die o. a. Personen zu erfassen, sondern auch geleistete Sachbezüge. Dieses Feld muss in der Taxonomie-GuV nach Art bzw. Empfangsperson der Leistung zwingend weiter aufgeteilt werden in:

- Vergütungen an Gesellschafter-Geschäftsführer (*M*),
- Vergütungen an angestellte Mitunternehmer § 15 EStG (*M*),
- Löhne für Minijobs (*M*),
- Sachbezüge (*M*),
- freiwillige Zuwendungen (*M*),
- übrige Löhne und Gehälter (*R*),
- nicht zuordenbare Löhne und Gehälter (*R*).

Besonders wichtig erscheint die Position „Vergütungen an angestellte Mitunternehmer § 15 EStG" bei Personengesellschaften, da diese Position die schuldrechtlichen, nicht aber die gesellschaftsrechtlichen Ansprüche der Mitunternehmer aufzeigt. Diese schuldrechtlichen Ansprüche sind natürlich auch in der Sonderbilanz des Mitunternehmers anzugeben.

Neben den Löhnen und Gehältern muss das bilanzierende Unternehmen für seine Mitarbeiter und Geschäftsführer noch soziale Abgaben (bspw. Kranken-, Rentenversicherung usw.) abführen. Zudem können Aufwendungen für Altersversorgung (bspw. Beiträge an Unterstützungskassen i. S. d. § 4 d EStG) und für sonstige Unterstützungen (bspw. Unterstützungsleistungen nach § 3 Nr. 34 EStG) entstehen. D. h., hier sind die Arbeitgeberanteile auszuweisen. Hierfür ist die Position „**soziale Abgaben und Aufwendungen für Altersversorgung und für Unterstützung**" zu nutzen, die weiter untergliedert wird:

- soziale Abgaben (*M*),
- Aufwendungen für Altersversorgung (*M*),
- Aufwendungen für Unterstützung (*M*),
- soziale Abgaben und Aufwendungen für Altersversorgung und für Unterstützung (GKV), nicht zuordenbar (*M*).

6.1.3 Abschreibungen (GKV)

Gem. § 253 Abs. 1 Satz 1 HGB sind bilanzierte Vermögensgegenstände höchstens mit den Anschaffungs- oder Herstellungskosten evtl. vermindert um planmäßige oder außerplanmäßige Abschreibungen anzusetzen. Steuerrechtlich ist entsprechend vorzugehen. Nach § 6 Abs. 1 Nr. 1 EStG sind Wirtschaftsgüter mit den Anschaffungs- oder Herstellungskosten vermindert um Absetzungen für Abnutzung, erhöhte Absetzungen, Sonderabschreibungen, Abzüge nach § 6b EStG und ähnliche Abzüge anzusetzen. Abschreibungen als Wertminderungen des Vermögens werden in der Taxonomie-GuV gem. § 275 Abs. 2 Nr. 7 HGB weiter untergegliedert in:

- Abschreibungen (GKV) auf immaterielle Vermögensgegenstände des Anlagevermögens und Sachanlagen (*SM*),
- Abschreibungen (GKV), auf Vermögensgegenstände des Umlaufvermögens, soweit diese die in der Kapitalgesellschaft üblichen Abschreibungen überschreiten (*SM*).

6.1.3.1 Abschreibungen (GKV) auf immaterielle Vermögensgegenstände des Anlagevermögens und Sachanlagen

In der Position „Abschreibungen (GKV) auf immaterielle Vermögensgegenstände des Anlagevermögens und Sachanlagen" sind alle planmäßigen und außerplanmäßigen Abschreibungen (§ 253 Abs. 3 und 5 HGB), wie auch Absetzungen für Abnutzung (§ 7 EStG), Sonderabschreibungen (§ 7g EStG) und sonstige Abzüge auf immaterielle Vermögensgegenstände des Anlagevermögens und Sachanlagen anzugeben. Wegen des Summenmussfeldcharakters ist diese Position mindestens weiter aufzugliedern in:

- Abschreibungen auf Geschäfts-, Firmen- oder Praxiswert (*M*),
- Abschreibungen auf andere immaterielle Vermögensgegenstände (*M*),
- Abschreibungen auf Sachanlagen (*SM*),
- Außerplanmäßige Abschreibungen, Sonderabschreibungen und sonstige Abzüge (*SM*),
- nicht zuordenbare Abschreibungen (*R*).

In den Positionen „**Abschreibungen auf Geschäfts-, Firmen- oder Praxiswert**", „**Abschreibungen auf andere immaterielle Vermögensgegenstände**" und „**Abschreibungen auf Sachanlagen**" sind nur die planmäßigen Abschreibungen anzuführen. Die einzelnen Vermögensgenstände, deren Nutzung zeitlich begrenzt ist, sind nach § 253 Abs. 3 Satz 1 HGB planmäßig abzuschreiben. Steuerrechtlich ist entsprechend zu verfahren. Nach § 7 Abs. 1 Satz 1 EStG sind bei Wirtschaftsgütern Absetzungen für Abnutzung anzusetzen, wobei die Höhe der Absetzungen für Abnutzung (AfA) über die betriebsgewöhnliche Nutzungsdauer des Wirtschaftsgutes konstant bleibt. Unter bestimmten Voraussetzungen können hier auch degressive Absetzungen für Abnutzungen (§ 7 Abs. 2 und 5 EStG), Leistungsabsetzungen für Abnutzung (§ 7 Abs. 1 Satz 6 EStG) bzw. Absetzungen für Substanzverringerung (§ 7 Abs. 6 EStG) vorgenommen werden. Für Sachanlagen gelten Sondervorschriften. Gebäude sind steuerrechtlich nach § 7 Abs. 4 und Abs. 5 EStG oder nach § 7h und § 7i EStG abzuschreiben. Spezielle Vorschriften gelten auch für geringwertige Wirtschaftsgüter (GWG). Gem. § 6 Abs. 2 EStG können GWG's sofort in voller Höhe als Aufwand verbucht werden.[3]

Auch für den derivativen Geschäfts- oder Firmenwert gelten spezielle Bedingungen. Handelsrechtlich ist der derivative Geschäfts- oder Firmenwert, soweit seine Nutzungsdauer nicht verlässlich geschätzt werden kann, gem. § 253 Abs. 3 Satz 4 HGB auf 10 Jahre abzuschreiben. Steuerrechtlich ist er aber nach § 7 Abs. 1 Satz 3 EStG über den Zeitraum von 15 Jahren abzuschreiben.

In die Position „**Außerplanmäßige Abschreibungen, Sonderabschreibungen und sonstige Abzüge**" sind alle anderen Abschreibungen bzw. Absetzungen für den Geschäfts-, Firmen- oder Praxiswert, andere immaterielle Vermögensgegenstände und Sachanlagen mit einem Wert zu erfassen. Abschreibungen auf Finanzanlagen sind hier nicht anzugeben. Gem. § 253 Abs. 3 Satz 5 HGB sind zusätzlich zu den planmäßigen Abschreibungen noch außerplanmäßige Abschreibungen auf Vermögensgegenstände des Anlagevermögens bei voraussichtlich dauernder Wertminderung vorzunehmen. Nach § 277 Abs. 3 Satz 1 HGB müssen diese außerplanmäßigen Abschreibungen entweder gesondert in der GuV ausgewiesen werden oder sie sind im Anhang anzugeben. Mit dieser Taxonomieposition wurde also der Vorschrift § 277 Abs. 3 Satz 1 HGB voll Rechnung getragen. Steuerrechtlich kann (Wahlrecht) nach § 6 Abs. 1 Nr. 1 und 2 EStG nur bei einer voraussichtlich dauernden Wertminderung der niedrigere Teilwert angesetzt werden. Das Maßgeblich-

---

[3] Vgl. von Sicherer, Bilanzierung im Handels- und Steuerrecht, 2018, S. 73 ff.

keitsprinzip findet hier keine Anwendung. Bei Wegfall der Gründe der außerplanmäßigen Abschreibung ist handels- wie steuerrechtlich eine Zuschreibung vorzunehmen.

Das Steuerrecht sieht auch die Bildung von Sonderabschreibungen vor. Gem. § 7g Abs. 5 EStG dürfen von den Anschaffungs- oder Herstellungskosten abnutzbarer beweglicher Wirtschaftsgüter des Anlagevermögens neben den normalen Absetzungen für Abnutzung nach § 7 Abs. 1 oder Abs. 2 EStG zusätzlich Sonderabschreibungen i. H. v. 20 %, beginnend mit dem Jahr der Anschaffung oder Herstellung, berücksichtigt werden. Das bilanzierende Unternehmen darf aber die Sonderabschreibungen nach § 7g Abs. 6 EStG nur dann in Anspruch nehmen, soweit bestimmte Größenmerkmale gem. § 7g Abs. 1 Satz 2 Nr. 1 EStG nicht überschritten werden und das Wirtschaftsgut ausschließlich betrieblich oder fast ausschließlich betrieblich mindestens bis zum Ende des folgenden Jahres nach der Anschaffung oder Herstellung des Wirtschaftsgutes in einer inländischen Betriebsstätte genutzt wird. Gegebenenfalls sind nach § 7 Abs. 1 Satz 7 EStG Absetzungen für außergewöhnliche technische oder wirtschaftliche Abnutzung zu tätigen. Auszuweisen ist auch hier der Herabsetzungsbetrag nach § 7g Abs. 2 EStG.

Diese Werte müssen in der Taxonomie-GuV nicht angeführt werden, wenn der Anlagenspiegel übermittelt wird.

6.1.3.2   Abschreibungen (GKV), auf Vermögensgegenstände des Umlaufvermögens, soweit diese die in der Kapitalgesellschaft üblichen Abschreibungen überschreiten

Nach § 253 Abs. 4 HGB sind bei einer Wertminderung Abschreibungen auf Vermögensgegenstände des Umlaufvermögens vorzunehmen (strenges Niederstwertprinzip). Hierbei kommt es handelsrechtlich nicht darauf an, ob es sich um eine voraussichtlich dauernde Wertminderung handelt. In diese Position sind also gem. § 253 Abs. 4 HGB alle Abschreibungen auf Vermögensgegenstände des Umlaufvermögens des bilanzierenden Unternehmens aufzunehmen, die von den üblichen Abschreibungen im Unternehmen abweichen. Eine Definition von üblichen Abschreibungen gibt es nicht. Deshalb ist es dem Unternehmen überlassen, welche handelsrechtlichen Abschreibungen hier anzugeben sind. In der Taxonomie-GuV sind sie mindestens zu gliedern in:

- Abschreibungen auf Vorräte (*M*),
- Abschreibungen auf Forderungen und sonstige Vermögensgegenstände (*M*).

Abschreibungen auf Wertpapiere sind hier nicht auszuweisen, sondern erst im Finanz- und Beteiligungsergebnis des bilanzierenden Unternehmens.

Hier sind u. E. auch steuerliche Teilwertabschreibungen zu erfassen. Steuerlich kann aber eine Abschreibung auf den niedrigeren Teilwert i. S. d. § 6 Abs. 1 Nr. 2 EStG nur bei einer voraussichtlich dauernden Wertminderung vorgenommen werden.

6.1.4 Sonstige betriebliche Aufwendungen (GKV)

Unter den sonstigen betrieblichen Aufwendungen sind alle anderen Aufwendungen zu erfassen, die nicht als Materialaufwand, Personalaufwand, Abschreibungen oder Zinsaufwendungen dargestellt werden können. Nach § 277 Abs. 5 HGB sind unter den „sonstigen betrieblichen Aufwendungen" bspw. Aufwendungen aus einer Währungsumrechnung zu erfassen. Zu den sonstigen betrieblichen Aufwendungen zählen aber auch übliche Abschreibungen auf Forderungen, Zuführungen zu Aufwandsrückstellungen usw.

Die Taxonomie-GuV enthält eine weitergehende Gliederung der sonstigen betrieblichen Aufwendungen. An dieser Stelle seien deshalb nur ein paar Beispiele angeführt:

- Miet- und Pachtaufwendungen für unbewegliche Wirtschaftsgüter (*SM*),
- Miet- und Pachtaufwendungen für bewegliche Wirtschaftsgüter (*SM*),
- Aufwendungen für Leasing (*SM*),
- Aufwendungen für Werbung und allgemeine Öffentlichkeitsarbeit (*R*),
- beschränkt abziehbare Betriebsausgaben (*SM*),
- Reisekosten Unternehmer (*M*),
- Einstellung in steuerliche Rücklagen (*SM*),
- Verluste aus dem Abgang von Vermögensgegenständen des Umlaufvermögens (*R*),
- Verluste durch Verschmelzung und Umwandlung (*M*),
- usw.

Diese detaillierte Aufteilung wurde deshalb angeführt, um einerseits den handelsrechtlichen und steuerrechtlichen Vorschriften Rechnung zu tragen und andererseits dem Informationsbedarf der Finanzverwaltung zu entsprechen. Das Summenmussfeld „Einstellung in steuerliche Rücklagen" ist eine rein steuerliche Position, die in einem handelsrechtlichen Abschluss nicht vorkommt. Die Aufteilung auf „Miet- und Pachtaufwendungen für unbewegliche Wirtschaftsgüter", „Miet- und Pachtaufwendungen für bewegliche Wirtschaftsgüter" und „Aufwendungen für Leasing" dient wiederum als Informationsquelle für die Finanzverwaltung zur Prüfung des Hinzurechnungsbetrags nach § 8 Nr. 1 Buchstaben (d) und (e) GewStG im Rahmen der Gewerbesteuererklärung. Auch die Position „beschränkt abziehbare Betriebsausgaben" kann der Finanzverwaltung zur Prüfung von Werten dienen, die in der Anlage A der Körperschaftsteuererklärung eingegeben sind. Bei Personengesellschaften muss sogar dann eine entsprechende Zurechnung im Berichtsbestandteil „steuerliche Gewinnermittlung" (siehe dazu: Abschn. 7.3.2) erfolgen.

6.1.5 Genossenschaftliche Rückvergütung (GKV)

Genossenschaftliche Rückvergütungen stellen eine Form der Gewinnverteilung dar. Es handelt sich hierbei aber keineswegs um eine Gewinnausschüttung, sondern um die Verteilung von Überschüssen, die durch Geschäfte mit Mitgliedern erwirtschaftet worden sind.

Die Höhe dieser genossenschaftlichen Rückvergütungen ist also vom Umsatz abhängig, den die Genossenschaft mit den Mitgliedern erzielt hat. Nach R 22 Abs. 4 Satz 5 KStR darf die Gewährung der genossenschaftlichen Rückvergütungen nicht von bestimmten Voraussetzungen abhängig gemacht werden. Gem. § 22 KStG ist die Abziehbarkeit von genossenschaftlichen Rückvergütungen begrenzt. Sie sind nämlich nach § 22 Abs. 1 KStG nur dann als Betriebsausgaben abzugsfähig, wenn die genossenschaftlichen Rückvergütungen im Mitgliedergeschäft erwirtschaftet worden sind. Für die Zwecke des § 22 KStG sind sie in der Taxonomie-GuV gesondert auszuweisen. Diese Position ist also nur für Genossenschaften von Bedeutung.

6.2   Betriebsergebnis (Umsatzkosten)

Die Bezeichnung der Position „Betriebsergebnis (Umsatzkosten)" gibt es im Handelsrecht nicht. Diese Position stellt aber die Anwendung des Umsatzkostenverfahrens beim bilanzierenden Unternehmen dar. In der Taxonomie-GuV wird sie weiter untergegliedert in:

- Bruttoergebnis vom Umsatz (UKV) (*SM*),
- Vertriebskosten (UKV) (*M*),
- Aufwendungen für Werbung und allgemeine Öffentlichkeitsarbeit (UKV) (*R*),
- allgemeine Verwaltungskosten (UKV) (*M*),
- sonstige betriebliche Erträge (UKV) (*SM*),
- sonstige betriebliche Aufwendungen außerhalb des Herstellungs-, Vertriebs- und Verwaltungsbereichs (UKV) (*SM*),
- diverse „nachrichtlich-Positionen" (entsprechend GKV).

6.2.1   Bruttoergebnis vom Umsatz (UKV)

Das Bruttoergebnis vom Umsatz stellt eine Zwischensumme dar, die sich aus folgenden Positionen ergibt:

- Erträge zur Erfüllung satzungsmäßiger Aufgaben (UKV) (*R*),
- Umsatzerlöse (UKV) (*SM*),
- Aufwendungen zur Erfüllung satzungsmäßiger Aufgaben (UKV) (*R*),
- Herstellungskosten der zur Erzielung der Umsatzerlöse erbrachten Leistungen (UKV) (*R*).

Die Position „**Erträge zur Erfüllung satzungsmäßiger Aufgaben**" und die Position „**Aufwendungen zur Erfüllung satzungsmäßiger Aufgaben**" stimmen inhaltlich mit den entsprechenden Positionen im GKV überein. Deshalb wird an dieser Stelle auf die entsprechenden Textpassagen (siehe dazu: Abschn. 6.1.1.4 und 6.1.1.1) hingewiesen.

Auch die Position „**Umsatzerlöse**" ist ähnlich wie die entsprechende Position im GKV aufgebaut. Auch hier sind die Umsatzerlöse nach § 277 Abs. 1 HGB nach dem Bruttoprinzip auszuweisen. Das bedeutet, dass wie beim GKV zwischen den Positionen „Umsatzerlöse (UKV), in Umsatzerlösen enthaltener Bruttowert" und „Umsatzerlöse (UKV), in Umsatzerlösen verrechnete Erlösschmälerungen und sonstige direkt mit dem Umsatz verbundene Steuern" unterschieden wird.

„**Herstellungskosten der zur Erzielung der Umsatzerlöse erbrachten Leistungen**" sind Kosten, die direkt oder indirekt dem Herstellungsbereich zuzuordnen sind, aber nur soweit sie sich auf abgesetzte Erzeugnisse und Leistungen einer Periode beziehen. In der Taxonomie-GuV wird diese Position noch in weitere sonstige (optionale) Felder aufgeteilt, wobei hier Fertigungskosten, Sondereinzelkosten, Gemeinkosten der einzelnen Bereiche, planmäßige und außerplanmäßige herstellungsbedingte Abschreibungen und unter bestimmten Voraussetzungen in die Herstellungskosten einbezogene Aufwandszinsen gesondert auszuweisen sind.

6.2.2 Vertriebskosten (UKV)

Vertriebskosten sind solche Kosten, die durch den Absatz von Produkten und Leistungen am Markt entstehen. Sie sind durch absatzpolitische Entscheidungen des bilanzierenden Unternehmens verursacht. Zu den Vertriebskosten gehören bspw. Lagerkosten, Frachtkosten, Werbekosten, Kundenbetreuungskosten usw. Vertriebskosten dürfen nach § 255 Abs. 2 Satz 4 HGB nicht in die Herstellungskosten einbezogen werden, deshalb sind sie bei der Anwendung des UKV nach § 275 Abs. 3 Nr. 4 HGB gesondert in der GuV ausweisen. In der Taxonomie-GuV wird diese Position noch weiter aufgeteilt in:

- Vertriebskosten (UKV), davon Vertriebskosten – verbundene Unternehmen (O),
- Vertriebseinzelkosten (O),
- Sondereinzelkosten des Vertriebs (O),
- Gemeinkosten des Vertriebs (O),
- Verwaltungskosten des Vertriebs (O),
- vertriebsbedingte planmäßige Abschreibungen auf Sachanlagen und Vermögensgegenstände des Umlaufvermögens (O),
- vertriebsbedingte außerplanmäßige Abschreibungen auf Sachanlagen und Vermögensgegenstände des Umlaufvermögens (O).

6.2.3 Aufwendungen für Werbung und allgemeine Öffentlichkeitsarbeit (UKV)

In dieser Position sind, wie der Name andeutet, Aufwendungen für Werbung und allgemeine Öffentlichkeitsarbeit anzugeben. Diese Position ist u. E. nur von gemeinnützigen

Körperschaften zu nutzen, da der Ausweis dieses Postens von IDW RS HFA 21 vorgeschlagen wird. Bei der Anwendung des GKV wird diese Position unter den sonstigen betrieblichen Aufwendungen erfasst.

6.2.4   Allgemeine Verwaltungskosten (UKV)

Allgemeine Verwaltungskosten sind solche Kosten, die direkt oder indirekt in der Verwaltung des bilanzierenden Unternehmens entstehen. Bspw. gehören zu den allgemeinen Verwaltungskosten die Kosten der Planung, Organisation, des Rechnungswesen usw. Allgemeine Verwaltungskosten können als Gemeinkosten dem Kostenträger nicht direkt zugerechnet werden. Diese Kosten sind beim UKV nach § 275 Abs. 3 Nr. 5 HGB gesondert auszuweisen. In der Taxonomie-GuV werden sie weiter gegliedert in:

- allgemeine Verwaltungskosten (UKV), davon verbundene Unternehmen (*O*),
- Kosten der Geschäftsführung und anderer Unternehmensorgane (*O*),
- Kosten für Sozial- und Schulungseinrichtungen (*O*),
- sonstige Kosten der allgemeinen Verwaltung (*O*).

6.2.5   Sonstige betriebliche Erträge (UKV) und sonstige betriebliche Aufwendungen außerhalb des Herstellungs-, Vertriebs- und Verwaltungsbereichs (UKV)

Das Summenmussfeld „**sonstige betriebliche Erträge**" ist identisch aufgebaut wie die gleich lautende Position nach dem GKV. Deshalb wird an dieser Stelle auf die entsprechenden Textpassagen (siehe dazu: Abschn. 6.1.1.2) hingewiesen.

Im Summenmussfeld „**sonstige betriebliche Aufwendungen außerhalb des Herstellungs-, Vertriebs- und Verwaltungsbereichs**" sind alle Aufwendungen zu erfassen, die nicht als Herstellungskosten definiert werden können. Auch diese Position wird in der Taxonomie weiter untergliedert, mindestens in:

- Aufwendungen für die Forschung und Entwicklung (*R*),
- ordentliche sonstige Aufwendungen (*R*),
- Einstellungen in Sonderposten mit Rücklageanteil (*R*),
- Zuführungen zu Aufwandsrückstellungen (*R*),
- Abschreibungen auf den Geschäfts- oder Firmenwert (*R*),
- Haftungsvergütung an Mitunternehmer § 15 EStG (*R*),
- Aufwendungen nach Art. 67 Abs. 1 und 2 EGHGB (*R*),
- Verluste durch Verschmelzung und Umwandlung (*R*),
- Aufwendungen für Restrukturierungs- und Sanierungsmaßnahmen (*R*),
- andere sonstige betriebliche Aufwendungen (*R*).

Im Gegensatz zu der ähnlich lautenden Position nach dem GKV ist die o.a. Aufteilung nur knapp dargestellt, weil die meisten Aufwendungen als Herstellungskosten charakterisiert werden. Auch diese Aufteilung erfasst aber Positionen, die in einem handelsrechtlichen Jahresabschluss nicht vorkommen (bspw. Einstellungen in Sonderposten mit Rücklageanteil) oder die steuerrechtlich anders zu bewerten sind (bspw. Abschreibungen auf den Geschäfts- oder Firmenwert) oder bei denen die Finanzverwaltung weitere Aktionen erwartet (bspw. eine E-Sonderbilanz bei der Auszahlung einer Haftungsvergütung an Mitunternehmer i. S. d. § 15 EStG).

6.2.6 Nachrichtlich-Positionen (entsprechend GKV)

Soweit sich das bilanzierende Unternehmen entschieden hat, die GuV nach dem UKV zu erstellen, müssen gem. § 285 Nr. 8 HGB im Anhang Angaben über den Materialaufwand (Aufwendungen für Roh-, Hilfs- und Betriebsstoffe und für bezogene Waren und Aufwendungen für bezogene Leistungen) und über den Personalaufwand (Löhne und Gehälter, soziale Abgaben, Aufwendungen für Altersversorgung und für Unterstützung, davon für Altersversorgung) gemacht werden. Diese Informationspflicht wurde in die Taxonomie-GuV durch sog. „nachrichtlich-Positionen" aufgenommen. Diese „nachrichtlich-Positionen" informieren die Finanzverwaltung darüber, wie die E-Bilanz aussehen würde, wenn anstatt des UKV das GKV ausgewählt worden wäre. Diese Positionen sind aber nicht rechnerisch mit dem Jahresüberschuss/-fehlbetrag verbunden.

In der Taxonomie-GuV sind als „nachrichtlich-Positionen" folgende Positionen definiert:

- Nachrichtlich: Erhöhung oder Verminderung des Bestandes an fertigen und unfertigen Erzeugnissen (entsprechend GKV) (*O*),
- Nachrichtlich: andere aktivierte Eigenleistungen (*O*),
- Nachrichtlich: Materialaufwand (entsprechend GKV) (*SM*),
- Nachrichtlich: Personalaufwand (entsprechend GKV) (*SM*),
- Nachrichtlich: Abschreibungen (entsprechend GKV) (*SM*),
- Nachrichtlich: sonstige betriebliche Aufwendungen (entsprechend GKV) (*SM*).

Der Summenmussfeldcharakter der meisten „nachrichtlich-Positionen" führt für bilanzierende Unternehmen, welche die GuV nach dem UKV erstellen, u. E. zu einem erheblichen Mehraufwand. Diese bilanzierenden Unternehmen werden somit in Zukunft mehr Zeit- und Personalaufwand in die Erstellung des Berichtsbestandteiles „GuV" investieren müssen, um den Anforderungen der Finanzverwaltung gerecht zu werden.

Die J-GmbH hatte im Jahr 2018 Personalaufwendungen i. H. v. 2.300.000 €. Davon belaufen sich 1.700.000 € auf ausgezahlte Löhne und Gehälter und 600.000 € auf soziale Abgaben, sowie Aufwendungen für Altersversorgung und für Unterstützung.

Zeigen Sie, wie diese Sachverhalte in der E-Bilanz im Berichtsbestandteil „GuV" abzubilden sind, wenn bei der Erstellung des Jahresabschlusses

a. das GKV benutzt wird,
b. das UKV benutzt wird.

a. Wenn bei der Erstellung des Jahresabschlusses das GKV genutzt wird, sind die Personalaufwendungen in der Position „Personalaufwand" auszuweisen. Da keine genaueren Angaben gemacht wurden, sind die Auffangpositionen zu nutzen.

	Taxonomie-GuV der J-GmbH (2018) (GKV)	**€**		
		HB (GuV)	**StÜR**	**StB (GuV)**
=	Jahresüberschuss/-fehlbetrag (*SM*)	…		…
+	Ergebnis nach Steuern (*SM*)	…		…
+	Betriebsergebnis (GKV) (*SM*)	…		…
	…	…		…
+	Personalaufwand (GKV) (*SM*)	2.300.000		2.300.000
+	Löhne und Gehälter (GKV) (*SM*)	1.700.000		1.700.000
+	Löhne und Gehälter (GKV), nicht zuordenbare Löhne und Gehälter (*R*)	1.700.000		1.700.000
+	Soziale Abgaben und Aufwendungen für Altersversorgung und für Unterstützung (GKV) (*SM*)	600.000		600.000
+	Soziale Abgaben und Aufwendungen für Altersversorgung und für Unterstützung (GKV), nicht zuordenbar (*R*)	600.000		600.000
	…	…		…

b. Wird bei der Erstellung des Jahresabschlusses das UKV genutzt, sind die Personalaufwendungen ein Teil der Herstellungskosten. Gleichzeitig müssen die Personalaufwendungen aber auch als „nachrichtlich-Positionen" ausgewiesen werden.

Taxonomie-GuV der J-GmbH (2018) (UKV)	€		
	HB (GuV)	StÜR	StB (GuV)
= Jahresüberschuss/-fehlbetrag (*SM*)	…		…
+ Ergebnis nach Steuern (*SM*)	…		…
+ Betriebsergebnis (Umsatzkosten) (*SM*)	…		…
+ Bruttoergebnis vom Umsatz (UKV) (*SM*)	…		…
…	…		…
+ Herstellungskosten der zur Erzielung der Umsatzerlöse erbrachten Leistungen (UKV) (*R*)	2.300.000		2.300.000
…	…		…
Nachrichtlich: Personalaufwand (entsprechend GKV) (*SM*)	2.300.000		2.300.000
+ Nachrichtlich: Personalaufwand (entsprechend GKV), Löhne und Gehälter (*SM*)	1.700.000		1.700.000
+ Nachrichtlich: Personalaufwand (entsprechend GKV), Löhne und Gehälter, nicht zuordenbare Löhne und Gehälter (*R*)	1.700.000		1.700.000
+ Nachrichtlich: Personalaufwand (entsprechend GKV), soziale Abgaben und Aufwendungen für Altersvorsorgung und Unterstützung (*SM*)	600.000		600.000
+ Nachrichtlich: Personalaufwand (entsprechend GKV), soziale Abgaben und Aufwendungen für Altersvorsorgung und Unterstützung, nicht zuordenbar (*R*)	600.000		600.000
…	…		…

6.3   Finanz- und Beteiligungsergebnis

Das Finanz- und Beteiligungsergebnis ist unabhängig vom ausgewählten GuV-Verfahren bei jedem bilanzierenden Unternehmen auszuweisen. In der Taxonomie-GuV teilt es sich wie folgt in:

- Erträge aus Beteiligungen (*SM*),
- Aufgrund einer Gewinngemeinschaft, eines Gewinnabführungs- oder Teilgewinnabführungsvertrags erhaltene Gewinne (Mutter) (*M*),
- Erträge aus anderen Wertpapieren und Ausleihungen des Finanzanlagevermögens (*SM*),
- sonstige Zinsen und ähnliche Erträge (*SM*),
- Abschreibungen auf Finanzanlagen und auf Wertpapiere des Umlaufvermögens (*SM*),
- Aufwendungen aus Verlustübernahmen (Mutter) (*M*),
- Zinsen und ähnliche Aufwendungen (*SM*),
- Nachrichtlich: Netto-Beteiligungsergebnis (*O*),
- Nachrichtlich: Netto-Zinsergebnis (*O*).

Erträge aus Beteiligungen stellen erhaltene Bezüge des bilanzierenden Unternehmens von Gesellschaften dar, mit denen ein Beteiligungsverhältnis gem. § 271 Abs. 1 HGB besteht oder die gem. § 271 Abs. 2 HGB als verbundene Unternehmen charakterisiert sein können. Im Rahmen der Taxonomie-GuV müssen sie aufgeteilt werden in:

- Erträge aus Beteiligungen, an Kapitalgesellschaften (*M*),
- Erträge aus Beteiligungen, an Personengesellschaften (*M*),
- Erträge aus Beteiligungen, nach Rechtsform der Beteiligung nicht zuordenbar (*R*),
- Erträge aus Beteiligungen, davon aus Beteiligungen an verbundenen Unternehmen (*O*),
- Erträge aus Beteiligungen, davon aus Beteiligungen an nicht verbundenen Unternehmen (*O*),
- Erträge aus Beteiligungen, davon aus Beteiligungen an assoziierten Unternehmen (*O*).

Der Grund für die Unterscheidung besteht in den steuerlichen Vorschriften. Während Erträge aus Beteiligungen an Kapitalgesellschaften grundsätzlich gem. § 8b KStG, soweit die Höhe der Beteiligung an der Kapitalgesellschaft mindestens 10 % ist, de facto zu 95 % steuerfrei sind oder nach dem Teileinkünfteverfahren gem. § 3 Nr. 40 EStG nur zu 60 % besteuert werden, gibt es für Erträge aus Beteiligungen an Personengesellschaften keine ähnlichen Steuerbefreiungen.

Gewerbesteuerrechtlich sind Anteile am Gewinn einer Personengesellschaft nach § 9 Nr. 2 GewStG vom Gewerbeertrag/-verlust abzuziehen und Anteile am Verlust einer Personengesellschaft nach § 8 Nr. 8 GewStG dem Gewerbeertrag/-verlust hinzuzurechnen. Ähnliches gilt auch für Anteile an Gewinnen aus Kapitalgesellschaften, d. h., die Hinzurechnung der Gewinnminderungen gem. § 8 Nr. 10 GewStG, Kürzung des Gewinnes aus Anteilen an einer nicht steuerbefreiten inländischen oder ausländischen Kapitalgesellschaft gem. § 9 Nr. 2a, Nr. 7 GewStG, soweit die Höhe der Beteiligung mindestens 15 % beträgt.

Die Position „**Aufgrund einer Gewinngemeinschaft, eines Gewinnabführungs- oder Teilgewinnabführungsvertrags erhaltene Gewinne (Mutter)**" und die Position „**Aufwendungen aus Verlustübernahmen (Mutter)**" wurden in die Taxonomie auf Basis des § 277 Abs. 3 HGB eingeführt. § 277 Abs. 3 Satz 2 HGB besagt, dass „Erträge und Aufwendungen aus Verlustübernahme und auf Grund einer Gewinngemeinschaft, eines Gewinnabführungs- oder eines Teilgewinnabführungsvertrags erhaltene oder abgeführte Gewinne jeweils gesondert unter entsprechender Bezeichnung auszuweisen sind". Aufwendungen aus Verlustübernahme entstehen, wenn die Tochtergesellschaft einen Verlust erzielt hat und die Muttergesellschaft verpflichtet ist, diesen Verlust zu übernehmen. Spiegelbildlich dazu ist beim Tochterunternehmen das Mussfeld „Erträge aus Verlustübernahme" zu befüllen. Erträge aus Gewinnabführung entstehen dann, wenn die Tochtergesellschaft einen Gewinn erzielt hat, den sie an das Mutterunternehmen abführen muss. Beim Tochterunternehmen befindet sich das Spiegelbild dieser Position im Mussfeld „aufgrund einer Gewinngemeinschaft, eines Gewinnabführungs- oder Teilgewinnabführungsvertrags abgeführte Gewinne".

In beiden o. a. Positionen sind noch folgende sonstige (optionale) Felder angeführt:

- Gem. § 14 Abs. 4 Satz 1 KStG die Position „Ertrag aus der Bildung aktiver oder der Auflösung passiver Ausgleichsposten bei Organschaftsverhältnissen" bei organschaftlicher Minderabführung.
- Gem. § 14 Abs. 3 Satz 2 KStG die Position „Ertrag aus der Zuaktivierung des Beteiligungsbuchwerts an der OG aufgrund von vororganschaftlichen Minderabführungen".
- Gem. § 14 Abs. 4 Satz 1 KStG die Position „Aufwand aus der Auflösung aktiver oder der Bildung passiver Ausgleichsposten bei Organschaftsverhältnissen" bei organschaftlicher Mehrabführung.
- Gem. § 14 Abs. 3 Satz 1 KStG die Position „Ertrag aus vororganschaftlichen Mehrabführungen".

Da es sich hierbei um steuerliche Positionen handelt, dürfen diese Posten nicht in der Handelsbilanz des Organträgers angegeben werden, sondern nur in der Steuerbilanz des Organträgers. Da die ersten drei Positionen (organschaftliche Minderabführung, vororganschaftliche Minderabführung und organschaftliche Mehrabführung) nach herrschender Meinung immer eine Gewinnauswirkung beim Organträger verursachen, müssen sie außerbilanziell korrigiert werden. Die außerbilanzielle Korrektur findet bei Körperschaften in der Anlage OT der Körperschaftsteuererklärung statt. Bei Personengesellschaften muss die außerbilanzielle Korrektur im Berichtsbestandteil „steuerliche Gewinnermittlung" im rechnerisch notwendigen Feld „Steuerliche Korrekturen bei Organschaftsverhältnissen beim Organträger" (siehe dazu: Abschn. 7.3.5) erfolgen. Bei Erträgen aus vororganschaftlichen Mehrabführungen, die als Gewinnausschüttungen der Organgesellschaft an den Organträger gelten, muss keine außerbilanzielle Korrektur erfolgen. Diese Erträge sind grundsätzlich Bestandteil der handelsrechtlichen Gewinnabführung und sind deshalb in der Position „Ertrag aus vororganschaftlichen Mehrabführungen" nicht gesondert auszuweisen. Soweit aber die handelsrechtliche Gewinnabführung den Ertrag aus der vororganschaftlichen Mehrabführung nicht beinhaltet, ist gem. der Erläuterung in der Visualisierung der Taxonomie (GAAP-Modul, Zelle AF8709) dieser Ertrag in dieser Position auszuweisen.

Die Position „**Erträge aus anderen Wertpapieren und Ausleihungen des Finanzanlagevermögens**" erfasst alle Erträge, die dem bilanzierenden Unternehmen aus Ausleihungen und Wertpapieren zufließen, die gem. § 247 Abs. 2 HGB dauernd dem bilanzierenden Unternehmen dienen. Wegen des Summenmussfeldcharakters ist diese Position zwingend mindestens wie folgt weiter aufzugliedern:

- Erträge aus Beteiligungen an Kapitalgesellschaften (*M*),
- Erträge aus Beteiligungen an Personengesellschaften (*M*),
- Erträge aus Beteiligungen, nach Rechtsform der Beteiligung nicht zuordenbar (*R*),
- Erträge aus Ausleihungen an Gesellschaften und Gesellschafter [KapG/Mitunternehmer (PersG)] (*R*),

- Zins- und Dividendenerträge (*SM*),
- erhaltene Ausgleichszahlungen (als außenstehender Aktionär) (*R*).

Wie bei der Position „Erträge aus Beteiligungen" muss auch hier wegen den steuerlichen Vorschriften eine Unterscheidung zwischen den Rechtsformen gemacht werden.

Soweit das bilanzierende Unternehmen Gesellschafter bei einem anderen Unternehmen ist und dieses andere Unternehmen mit seinem Mutterunternehmen einen Gewinnabführungsvertrag abgeschlossen hat, steht dem bilanzierenden Unternehmen gem. § 304 AktG eine Garantiedividende (Ausgleichszahlung) zu. § 304 AktG ist nicht nur bei AG's, sondern auch bei GmbH's anwendbar. Die Garantiedividende wird in der Position „erhaltene Ausgleichszahlungen (als außenstehender Aktionär)" erfasst.

Erhält das bilanzierende Unternehmen Zinsen oder den Zinsen ähnliche Erträge, muss darüber in der Position **„sonstige Zinsen und ähnliche Erträge"** werthaltig berichtet werden. Je nach Art der erhaltenen Erträge muss in der GuV-Taxonomie eine Mindestaufteilung erfolgen in:

- sonstige Zinsen und ähnliche Erträge aus Abzinsung (*M*),
- sonstige Zinsen und ähnliche Erträge im Zusammenhang mit Vermögensverrechnung (*R*),
- Erträge aus Forderungen an Gesellschaften und Gesellschafter [KapG/Mitunternehmer (PersG)] (*R*),
- Zinsen auf Einlagen bei Kreditinstituten und auf Forderungen an Dritte (*M*),
- Diskonterträge (*M*),
- Zins- und Dividendenerträge aus Wertpapieren des Umlaufvermögens (*M*),
- übrige/nicht zuordenbare sonstige Zinsen und ähnliche Erträge (*R*).

Die Position „sonstige Zinsen und ähnliche Erträge im Zusammenhang mit Vermögensverrechnung" hängt mit der Bilanzposition „aktiver Unterschiedsbetrag aus der Vermögensverrechnung" (siehe dazu: Abschn. 5.1.8) zusammen. Nach § 246 Abs. 2 HGB sind beim Planvermögen nicht nur die Vermögensgegenstände mit den Schulden zu verrechnen, sondern auch die daraus resultierenden Erträge und Aufwendungen. Da aber nach § 5 Abs. 1a EStG ein Verrechnungsverbot besteht, darf diese Position nur in der Handelsbilanz, nicht aber in der Steuerbilanz ausgewiesen werden.

Gesondert anzugeben ist auch die Position **„Abschreibungen auf Finanzanlagen und auf Wertpapiere des Umlaufvermögens"**. Diese ist weiter aufzuteilen in:

- davon an verbundene Unternehmen (*M*),
- Abschreibungen auf Finanzanlagen (*M*),
- Einzelwertberichtigungen auf langfristige Ausleihungen (*M*),
- Pauschalwertberichtigungen auf langfristige Ausleihungen (*M*),
- übliche und unübliche Abschreibungen auf Wertpapiere des Umlaufvermögens (*M*),
- Aufwendungen aufgrund von Verlustanteilen an Mitunternehmerschaften (*M*),

- außerplanmäßige Abschreibungen auf Finanzanlagen (*M*),
- Abschreibungen auf Finanzanlagen und auf Wertpapiere des Umlaufvermögens, nicht zuordenbar (*M*).

Unter der Position „Abschreibungen auf Finanzanlagen" sind laut der Erläuterungen in der Visualisierung der Taxonomie (GAAP-Modul, Zelle AF2829) nur außerplanmäßige Abschreibungen auf Finanzanlagen des Umlaufvermögens vorzunehmen. Ist der Zeitwert des Umlaufvermögens niedriger als der bilanzierte Wert, sind nach § 253 Abs. 4 HGB bei Vermögensgegenständen des Umlaufvermögens Abschreibungen auf den niedrigeren Zeitwert vorzunehmen (strenges Niederstwertprinzip). Soweit die Gründe für den niedrigeren Zeitwert nicht mehr bestehen, ist nach § 253 Abs. 5 Satz 1 HGB eine Zuschreibung vorzunehmen, die dann als sonstiger betrieblicher Ertrag zu erfassen ist. Hier sind u. E. auch Teilwertabschreibungen i. S. d. § 6 Abs. 1 Satz 1 Nr. 2 EStG anzugeben. Teilwertabschreibungen können aber nur vorgenommen werden, wenn eine voraussichtlich dauernde Wertminderung des Umlaufvermögens vorliegt. Dieses steuerliche Wahlrecht kann unabhängig von der handelsrechtlichen Vorgehensweise ausgeübt werden. Das Maßgeblichkeitsprinzip ist hier nicht zu beachten. Soweit handelsrechtlich also eine Abschreibung auf Finanzanlagen des Umlaufsvermögens vorgenommen wird und steuerlich nicht, ist diese Position an dieser Stelle zu korrigieren.

Hingegen sind außerplanmäßige Abschreibungen auf Finanzanlagen des Anlagevermögens laut der Erläuterungen in der Visualisierung der Taxonomie (GAAP-Modul, Zelle AF2853) unter der Position „außerplanmäßige Abschreibungen auf Finanzanlagen" auszuweisen. Gem. § 253 Abs. 3 Satz 5 HGB müssen nämlich bei einer voraussichtlich dauernden Wertminderung der Vermögensgegenstände des Anlagevermögens außerplanmäßige Abschreibungen auf den niedrigeren Zeitwert vorgenommen werden (gemildertes Niederstwertprinzip). Eine außerplanmäßige Abschreibung auf den niedrigeren Zeitwert kann bei Finanzanlagen gem. § 253 Abs. 3 Satz 6 HGB auch bei einer nicht dauernden Wertminderung erfolgen. Auch hier sind u. E. steuerrechtliche Teilwertabschreibungen gem. § 6 Abs. 1 Nr. 2 EStG vorzunehmen. Soweit aber die Gründe für den niedrigeren Zeitwert entfallen, ist gem. § 253 Abs. 5 Satz 1 HGB eine Zuschreibung vorzunehmen, die dann als sonstiger betrieblicher Ertrag zu erfassen ist. Über diese Position braucht aber nicht werthaltig berichtet werden, soweit ein Anlagenspiegel elektronisch übermittelt wird.

§ 253 Abs. 3 und 5 HGB ist auch bei Ausleihungen anzuwenden. Soweit nämlich bei langfristigen Ausleihungen der Zahlungseingang unsicher ist, muss eine Einzel- bzw. Pauschalwertberichtigung auf langfristige Ausleihungen vorgenommen werden. Mit anderen Worten, es ist eine Abschreibung auf Ausleihungen vorzunehmen. Bei einer Einzelwertberichtigung wird das Ausfallrisiko jeder einzelnen Ausleihung in Hinblick auf den Schuldner genau berechnet und entsprechend wird der Wert der Ausleihung angepasst. Bei einer Pauschalwertberichtigung hingegen werden alle Ausleihungen mit einem Pauschalsatz berichtigt, der das allgemeine Ausfallrisiko widerspiegelt. Die Einzel- und Pauschwertberichtigungen sind auch auf den entsprechenden Positionen der Taxonomie auszuweisen.

Gesondert auszuweisen sind auch „übliche und unübliche Abschreibungen auf Wertpapiere des Umlaufvermögens". Auch hier greift § 253 Abs. 4 und 5 HGB, d. h., Abschreibungen auf Wertpapiere des Umlaufsvermögens sind bei einer Wertminderung vorzunehmen (strenges Niederstwertprinzip), wobei nach Wegfall der Gründe für die Abschreibung wiederum eine Zuschreibung erfolgen muss.

Anzugeben ist auch die Position „Abschreibungen auf Finanzanlagen und auf Wertpapiere des Umlaufvermögens, Aufwendungen aufgrund von Verlustanteilen an Mitunternehmerschaften". Diese Position ist im Zusammenhang mit § 8 Nr. 8 GewStG und § 15 Abs. 1 Nr. 2 EStG zu verstehen. In dieser Position sind u. E. nur solche Aufwendungen abzubilden, die aufgrund der erwirtschafteten Verluste der Mitunternehmerschaft und aufgrund der Verwendung der Spiegelbildmethode beim Mitunternehmer entstehen. Mit anderen Worten sind hier u. E. steuerliche Abschreibungen auf den Beteiligungswert einer Personengesellschaft anzugeben.

Soweit das bilanzierende Unternehmen Zinsen oder den Zinsen ähnliche Aufwendungen gezahlt hat, ist die Position „**Zinsen und ähnliche Aufwendungen**" mit entsprechenden Werten zu befüllen. In der Taxonomie-GuV wird diese Position mindestens weiter unterteilt in:

- sonstige Zinsen und ähnliche Aufwendungen aus Abzinsung (*M*),
- sonstige Zinsen und ähnliche Aufwendungen im Zusammenhang mit der Vermögensverrechnung (*M*),
- Zinsen (*M*),
- Zinsanteil der Zuführungen zu Pensionsrückstellungen (*M*),
- Renten und dauernde Lasten (*R*),
- Diskontaufwendungen (*M*),
- Abschreibungen auf ein Agio, Disagio oder Damnum (*M*),
- Kreditprovisionen und Verwaltungskostenbeiträge (*M*),
- übrige/nicht zuordenbare sonstige Zinsen und ähnliche Aufwendungen (*M*).

Genau wie bei den Zinserträgen darf die Position „sonstige Zinsen und ähnliche Aufwendungen im Zusammenhang mit der Vermögensverrechnung" in der Steuer-GuV nicht ausgewiesen werden. Die Zinsaufwendungen dürfen gem. § 5 Abs. 1a EStG nicht mit Zinserträgen saldiert werden.

Beim Disagio besteht handelsrechtlich ein Aktivierungswahlrecht (§ 250 Abs. 3 Satz 1 HGB) und steuerrechtlich ein Aktivierungsgebot (§ 5 Abs. 5 Satz 1 Nr. 1 EStG). Nach § 250 Abs. 3 Satz 2 HGB ist bei Aktivierung das Disagio über die Darlehenslaufzeit abzuschreiben. Diese Abschreibungen sind in der Position „Abschreibungen auf ein Agio, Disagio oder Damnum" auszuweisen.

Die beiden „**nachrichtlich-Positionen**" (Nachrichtlich: Netto-Beteiligungsergebnis und Nachrichtlich: Netto-Zinsergebnis) sind rechnerisch nicht mi dem Finanz- und Beteiligungsergebnis verbunden. Es handelt sich hier um keine Positionen, die das

Handels- oder Steuerrecht fordert. In der Praxis kommen diese Positionen aber vor und aus diesem Grunde wurden sie auch in die Taxonomie übernommen.

6.4   Steuern vom Einkommen und Ertrag

In dieser Position sind die im Wirtschaftsjahr angefallenen Steuern(nach)zahlungen und Steuerrückerstattungen, wie auch Erträge und Aufwendungen aus der Bildung und Auflösung von Steuerrückstellungen und -forderungen zu erfassen. Zinsen aus Steuern gem. § 233a AO sind unter dieser Position nicht auszuweisen, sondern müssen als Zinserträge oder -aufwendungen erfasst werden. In der GuV-Taxonomie wird die Position weiter gegliedert in:

- Steuern vom Einkommen und vom Ertrag, davon aus verbundenen Unternehmen/ Organsteuerverrechnung (O),
- Körperschaftsteuer (R),
- Solidaritätszuschlag (R),
- Gewerbesteuer (M),
- Kapitalertragsteuer (R),
- Steuernachzahlungen für Vorjahre (R),
- Steuererstattungen für Vorjahre (R),
- Erträge aus der Auflösung von Steuerrückstellungen (R),
- anrechenbare ausländische Steuern (R),
- nicht anrechenbare ausländische Steuern (R),
- sonstige Steuern (R),
- bilanzierte latente Steuern (R).

Steuernachzahlungen und Steuererstattungen für Vorjahre dürfen in der E-Bilanz nicht zusammen mit diesjährigen Steueraufwendungen und -erträgen saldiert werden. Andererseits sind gem. § 274 Abs. 2 Satz 3 HGB Erträge bzw. Aufwendungen aus der Auflösung bzw. Bildung von aktiven und passiven latenten Steuern zu verrechnen.

In den früheren Taxonomieversionen war die Position „Steuern vom Einkommen und Ertrag" nicht als Summenmussfeld, sondern als Mussfeld definiert. Es bestand also keine Pflicht, die Steueraufwendungen und -erträge weiter aufzuteilen. Der gesonderte Ausweis wurde u. E. deshalb eingeführt, damit die Finanzverwaltung die Werte im Berichtsbestandteil „GuV" mit den Werten, die in der Körperschaftsteuererklärung in der Anlage A angegeben wurden, abstimmen kann. Bei einer Personengesellschaft muss sogar zwingend eine Hinzurechnung der Gewerbesteuer im Berichtsbestandteil „steuerliche Gewinnermittlung" (siehe dazu: Abschn. 7.3.2) erfolgen, soweit die Gewerbesteuer werthaltig angegeben wird.

Beispiel: Steuern vom Einkommen und Ertrag

Die L-GmbH hat im Wirtschaftsjahr (= Kalenderjahr) 2018 für das Wirtschaftsjahr 2012 aufgrund einer Betriebsprüfung eine Gewerbesteuerrückerstattung i. H. v. 5.000 € erhalten. Eine entsprechende Forderung wurde Ende 2017 nicht gebucht. Weiter muss die L-GmbH für das Wirtschaftsjahr 2018 nach eigener Berechnung eine Körperschaftsteuer i. H. v. 7.000 €, Solidaritätszuschlag i. H. v. 385 € und Gewerbesteuer i. H. v. 5.500 € bezahlen. Entsprechend wurden diese Beträge in die Steuerrückstellungen eingestellt.

Stellen Sie diese Sachverhalte im Berichtsbestandteil „GuV" dar!

Lösungsvorschlag: Steuern vom Einkommen und Ertrag

Die Gewerbesteuerrückerstattung für das Wirtschaftsjahr 2012 darf im Berichtsbestandteil „GuV" nicht zusammen mit dem Gewerbesteueraufwand für das Wirtschaftsjahr 2018 zusammenaddiert werden; diese Steuerbeträge sind also gesondert auszuweisen. Auch der Körperschaftsteueraufwand ist getrennt vom Solidaritätszuschlag auszuweisen.

Taxonomie-GuV der L-GmbH (2018)	€		
	HB (GuV)	StÜR	StB (GuV)
= Jahresüberschuss/-fehlbetrag (*SM*)	...		...
+ Ergebnis nach Steuern (*SM*)	...		...
...	...		...
− Steuern vom Einkommen und vom Ertrag (*SM*)	7.885		7.885
+ Steuern vom Einkommen und vom Ertrag, Körperschaftsteuer (*R*)	7.000		7.000
+ Steuern vom Einkommen und vom Ertrag, Solidaritätszuschlag (*R*)	385		385
+ Steuern vom Einkommen und vom Ertrag, Gewerbesteuer (*M*)	5.500		5.500
− Steuern vom Einkommen und vom Ertrag, Steuererstattungen für Vorjahre (*R*)	5.000		5.000
...	...		...

6.5   Andere Positionen in der GuV

Zu den übrigen Positionen in der GuV gehören:

- Ergebnis der gewöhnlichen Geschäftstätigkeit (*R*),
- außerordentliches Ergebnis (*R*),
- Steuern vom Einkommen und vom Ertrag – Vorjahr (*R*),
- sonstige Steuern (*M*),

- Verlust- bzw. Gewinnabführung (Tochter) (*SM*),
- Ausgleichszahlung an Minderheiten (Tochter) (*R*),
- Sammelposten für Gewinnänderungen aus der Überleitungsrechnung (*R*),
- Ergebnis der ausländischen Betriebsstätten, soweit aus der/den für die ausländische(n) Betriebsstätte(n) geführten Buchführung(en) nicht anders zuordenbar (*R*).

In der Taxonomie-GuV sind auch noch die Positionen „**Ergebnis der gewöhnlichen Geschäftstätigkeit**" und „**außerordentliches Ergebnis**" enthalten, obwohl es diese Positionen wegen dem BilRUG nicht mehr gibt. Trotzdem wurden diese Positionen in der Taxonomie-GuV beibehalten, um einen Vergleich zu der Taxonomie 5.4 vom 03.04.2015 zu ermöglichen.[4] Über diese Positionen darf aber nicht werthaltig berichtet werden.

Der Posten „**Steuern vom Einkommen und vom Ertrag – Vorjahr**" dient ab der Taxonomie 6.0 nur zum Vergleich mit dem entsprechenden Posten in der Taxonomie 5.4. Das bedeutet, dieser Posten ist nicht werthaltig anzugeben.

Die Position „**sonstige Steuern**" ist sowohl bei der Anwendung des GKV, als auch bei der Anwendung des UKV zu nutzen. Diese Position ist auch in der Gliederung der GuV nach § 275 HGB enthalten. Hier sind alle Steuererträge und -aufwendungen zu erfassen, die keine Ertragsteuern sind.

Die Position „**Verlust- bzw. Gewinnabführung (Tochter)**" ist wegen dem Summenmussfeldcharakter zwingend weiter zu gliedern in:

- Erträge aus Verlustübernahme (*M*),
- aufgrund einer Gewinngemeinschaft, eines Gewinnabführungs- oder Teilgewinnabführungsvertrags abgeführte Gewinne (*M*).

Gem. § 277 Abs. 3 Satz 2 HGB sind nämlich „Erträge und Aufwendungen aus Verlustübernahme und auf Grund einer Gewinngemeinschaft, eines Gewinnabführungs- oder eines Teilgewinnabführungsvertrags erhaltene oder abgeführte Gewinne" jeweils gesondert unter entsprechender Bezeichnung auszuweisen. Erträge aus Verlustübernahme stellen vom Mutterunternehmen erhaltene Zahlungen zur Deckung eines sonst entstehenden Verlustes dar. Sie sind das Spiegelbild des Mussfeldes „Aufwendungen aus Verlustübernahmen (Mutter)", das beim Mutterunternehmen vorzufinden ist. Im Gegensatz dazu stehen Aufwendungen aus abgeführtem Gewinn, die durch die Übertragung des Gewinnes auf das Mutterunternehmen entstehen. Spiegelbildlich dazu ist beim Mutterunternehmen das Mussfeld „Aufgrund einer Gewinngemeinschaft, eines Gewinnabführungs- oder Teilgewinnabführungsvertrags erhaltene Gewinne (Mutter)" vorzufinden. Außerdem sind unter der Position „aufgrund einer Gewinngemeinschaft, eines Gewinnabführungs- oder Teilgewinnabführungsvertrags abgeführte Gewinne" Vergütungen für Genussrechtskapital und Gewinnabführungen aufgrund von typisch bzw. atypisch stillen Beteiligungen erfasst.

Soweit zwischen dem Tochterunternehmen und dem Mutterunternehmen ein Gewinnabführungsvertrag abgeschlossen wurde und an dem Tochterunternehmen noch andere

---

[4] Vgl. KONSENS, Technischer Leitfaden zur HGB-Taxonomie 6.0 v. 01.04.2016, 2016, Abschn. 4.

Unternehmen beteiligt sind, muss gem. § 304 AktG an die Minderheitsgesellschafter eine Garantiedividende (Ausgleichszahlung) gezahlt werden. Diese Garantiedividende muss in der Position „**Ausgleichszahlung an Minderheiten (Tochter)**" erfasst werden. § 304 AktG ist nicht nur bei AG's, sondern auch bei GmbH's anwendbar.

Wird anstelle einer Steuerbilanz eine Handelsbilanz mit Überleitungsrechnung gem. § 60 Abs. 2 EStDV an die Finanzverwaltung übermittelt, sind die Gewinnauswirkungen entweder auf die einzelnen Positionen der GuV zu verteilen oder alternativ können sie auch in einem Sammelposten erfasst werden. Dafür steht in der Taxonomie-GuV die Position „**Sammelposten für Gewinnänderungen aus der Überleitungsrechnung**" zur Verfügung.

Beispiel: Ergebnisabführung

Die N-AG hat gem. § 291 AktG einen Ergebnisabführungsvertrag mit der O-AG und der P-AG abgeschlossen. Die N-AG hat sich hierbei verpflichtet, entstandene Verluste der O-AG zu übernehmen und erwirtschaftete Gewinne an die P-AG abzuführen. Im Gegenzug dazu hat die N-AG die O-AG verpflichtet, erwirtschaftete Gewinne an die N-AG abzuführen und die P-AG hat sich verpflichtet, entstandene Verluste der N-AG zu übernehmen. Im Geschäftsjahr 2018 hat die O-AG einen Verlust i. H. v. 135.000 € erwirtschaftet und die N-AG einen Gewinn i. H. v. 152.000 €.

Zeigen sie, wie diese Sachverhalte in der E-Bilanz im Berichtsbestandteil „GuV" der N-AG darzustellen sind!

Lösungsvorschlag: Ergebnisabführung

Die N-AG stellt in dieser Konstruktion eine „Zwischengesellschaft" dar. Bei der N-AG entstehen Aufwendungen in Zusammenhang mit Verlustübernahme aus der O-AG und zusätzlich entstehen Aufwendungen aus der Gewinnabführung an die P-AG. Diese sind wie folg in der E-Bilanz abzubilden:

	Taxonomie-GuV der N-AG (2018)	€		
		HB (GuV)	StÜR	StB (GuV)
=	Jahresüberschuss/-fehlbetrag (*SM*)	0		0
+	Ergebnis nach Steuern (*SM*)	152.000		152.000
	...	...		...
+	Finanz- und Beteiligungsergebnis (*SM*)	...		...
−	Aufwendungen aus Verlustübernahmen (Mutter) (*M*)	135.000		135.000
	...	...		...
+	Verlust- bzw. Gewinnabführung (Tochter) (*SM*)	−152.000		−152.000
−	Verlust- bzw. Gewinnabführung (Tochter); aufgrund einer Gewinngemeinschaft, eines Gewinn- abführungs- oder Teilgewinnabführungsvertrags abgeführte Gewinne (*M*)	152.000		152.000
	...	...		...

6.6 GuV nach der MicroBilG-Taxonomie

Kleinstkapitalgesellschaften i. S. d. § 267a HGB[5] dürfen nach § 275 Abs. 5 HGB eine verkürzte GuV aufstellen. Dies gilt gem. § 264a Abs. 1 HGB i. V. m. § 267a HGB auch für Personengesellschaften, die als Kleinstpersonengesellschaften angesehen werden. Dasselbe gilt gem. § 336 Abs. 2 HGB auch für Kleinstgenossenschaften. Diese Erleichterungsvorschrift soll den Aufwand bei der Erstellung eines Jahresabschlusses bei Kleinstgesellschaften mindern. So sind Erhöhungen des Bestandes an fertigen und unfertigen Erzeugnissen, andere aktivierte Eigenleistungen, sonstige betriebliche Erträge, Erträge aus Beteiligungen, Aufgrund einer Gewinngemeinschaft, eines Gewinnabführungs- oder Teilgewinnabführungsvertrags erhaltene Gewinne (Mutter), Erträge aus anderen Wertpapieren und Ausleihungen des Finanzanlagevermögens und sonstige Zinsen und ähnliche Erträge unter der Position „sonstige Erträge" zu erfassen. Umgekehrt sind Verminderungen des Bestandes an fertigen und unfertigen Erzeugnissen, sonstige betriebliche Aufwendungen, Aufwendungen aus Verlustübernahmen (Mutter), genossenschaftliche Rückvergütung und Zinsen und ähnliche Aufwendungen unter der Position „sonstige Aufwendungen" auszuweisen.

GuV nach § 275 Abs. 5 HGB	GuV nach der MicroBilG-Taxonomie
1. Umsatzerlöse	Umsatzerlöse
2. Sonstige Erträge	Sonstige Erträge
3. Materialaufwand	Materialaufwand
4. Personalaufwand	Personalaufwand
5. Abschreibungen	Abschreibungen
6. Sonstige Aufwendungen	Sonstige Aufwendungen
7. Steuern	Steuern
8. Jahresüberschuss/Jahresfehlbetrag	Verlust- bzw. Gewinnabführung (Tochter)
	Sammelposten für Gewinnänderungen aus der Überleitungsrechnung
	Ergebnis der ausländischen Betriebsstätten, soweit aus der/den für die ausländische(n) Betriebsstätte(n) geführten Buchführung(en) nicht anders zuordenbar

Abb. 6.4 Gewinn- und Verlustrechnung nach § 275 Abs. 5 HGB und nach der MicroBilG-Taxonomie

---

[5] Nach § 267a Abs. 1 HGB gilt eine Kapitalgesellschaft als eine Kleinstkapitalgesellschaft, wenn zwei der drei folgenden Merkmale nicht überschritten werden Bilanzsumme 350.000 €; Umsatzerlöse in den zwölf Monaten vor dem Abschlussstichtag 700.000 €; zehn Arbeitnehmer im Durchschnitt. Gem. § 264a Abs. 1 HGB gelten diese Merkmale auch für Personengesellschaften i. S. d. 264a HGB.

In der Taxonomie-GuV nach MicroBilG wurde diese Erleichterungsvorschrift nur teilweise umgesetzt (Abb. 6.4). So wurde zwar die Gliederung der GuV aus § 275 Abs. 5 HGB mithilfe von GKV-Positionen übernommen, der Mindestumfang der zu übermittelnden Daten (Mussfelder) ist aber grundsätzlich im Vergleich zur normalen Taxonomie-GuV unverändert geblieben. Bspw. ist die Position „Umsatzerlöse" auch in der Taxonomie-GuV aus MicroBilG-Sicht als Summenmussfeld definiert. Für Kleinstgesellschaften besteht in diesem Fall die Möglichkeit der Nutzung von Auffangpositionen bzw. Summenmussfeldern als sekundäre Auffangpositionen.

Da die einzelnen Positionen in der Taxonomie-GuV nach MicroBilG auch in der normalen Taxonomie vorzufinden sind, wird an dieser Stelle die Taxonomie-GuV nach MicroBilG nicht weiter vertieft.

Sonstige Pflichtberichtsbestandteile des Jahresabschlussmoduls

7

7.1 Steuerliche Modifikationen

Sollte sich das bilanzierende Unternehmen nicht für eine originäre Steuerbilanz entscheiden, sondern aus der Handelsbilanz eine derivative Steuerbilanz ableiten, ist darauf zu achten, dass alle Differenzen zwischen dem Handelsrecht und dem Steuerrecht in einer steuerlichen Überleitungsrechnung zu erfassen sind. Diese Korrekturen resultieren aus den unterschiedlichen Wertansätzen in der Handels- und Steuerbilanz, aus der unterschiedlichen Ausübung von Wahlrechten und aus der unterschiedlichen Erfassung von speziellen Sachverhalten.

Gem. § 60 Abs. 2 EStDV sind die innerbilanziellen Unterschiede bei jeder Rechtsform mithilfe der steuerlichen Überleitungsrechnung darzustellen und mithilfe der E-Bilanz an die Finanzverwaltung zu übermitteln.

Es sind zwei Arten von steuerlichen Modifikationen in der E-Bilanz vorhanden:

- erfolgswirksame Abweichungen,
- erfolgsneutrale Abweichungen.

Bei beiden Korrekturmöglichkeiten ist der Name der Position, die Wertänderung aus dem aktuellen Jahr und die Wertänderung aus Vorperioden anzugeben; und damit wird das Ergebnis automatisch berechnet.

7.1.1 Erfolgsneutrale Abweichungen

Bei den erfolgsneutralen Abweichungen handelt es sich um solche Umgliederungen in der Bilanz, die keine Auswirkung auf den Gewinn/Verlust haben. Diese **Umgliederungen**

© Springer Fachmedien Wiesbaden GmbH, ein Teil von Springer Nature 2019
K. von Sicherer und E. Čunderlíková, *E-Bilanz*, https://doi.org/10.1007/978-3-658-21498-2_7

ohne Ergebniswirkung sind bspw. wegen steuerlicher Vorschriften vorzunehmen, da bestimmte Positionen in der Steuerbilanz anders auszuweisen sind als in der Handelsbilanz (bspw. stille Beteiligungen). Erfolgsneutrale Abweichungen sind auch dann vorzunehmen, soweit die Gliederungstiefe der Handelsbilanz nicht dem notwendigen Mindestumfang der E-Bilanz entspricht. Dieser wird erst mithilfe einer Überleitungsrechnung in der Steuerbilanz erreicht.

Beispiel: Erfolgsneutrale Abweichungen

Die A-GmbH ist ab dem 01.01.2019 als typisch stiller Gesellschafter an der B-GmbH beteiligt. Der Wert der typisch stillen Beteiligung beträgt 2.000 €. Andere innerbilanzielle Abweichungen wurden nicht festgestellt.

Zeigen Sie, wie dieser Sachverhalt in der E-Bilanz der A-GmbH darzustellen ist!

Lösungsvorschlag: Erfolgsneutrale Abweichungen

Da die typisch stille Gesellschaft keine echte Beteiligung darstellt, wird sie in der Taxonomie-Bilanz unter der Position „sonstige Finanzanlagen" ausgewiesen. Im Rahmen der steuerlichen Überleitungsrechnung muss eine erfolgsneutrale Umgliederung auf die entsprechende Position unter den Beteiligungen erfolgen.

	Taxonomie-Bilanz der A-GmbH	€		
		HB	StÜR	StB
=	Bilanzsumme, Summe Aktiva (*SM*)	…	0	…
+	Anlagevermögen (*SM*)	…	0	…
	…	…		…
+	Finanzanlagen (*SM*)	…	0	…
	…	…		…
+	Beteiligungen (*SM*)	NIL	2.000	2.000
	…	…		…
+	Beteiligungen, stille Beteiligungen (*SM*)	NIL	2.000	2.000
+	Beteiligungen, stille Beteiligungen, typisch stille Beteiligung (*M*)	NIL	2.000	2.000
	…	…		…
+	Sonstige Finanzanlagen (*SM*)	2.000	−2.000	NIL
+	Stille Beteiligungen innerhalb der sonstigen Finanzanlagen (*R*)	2.000	−2.000	NIL
	…	…		…

Überleitungsrechnung der A-GmbH

Name: Stille Beteiligungen innerhalb der sonstigen Finanzanlagen

Text: typisch stille Beteiligung an der B-GmbH

Wirtschaftsjahr	HB (€)	StB (€)	Abweichung (€)	Gewinnauswirkung (€)
2019	2.000	0	−2.000	−2.000

Überleitungsrechnung der A-GmbH				
Name: Beteiligungen, stille Beteiligungen, typisch stille Beteiligung				
Text: typisch stille Beteiligung an der B-GmbH				
Wirtschaftsjahr	HB (€)	StB (€)	Abweichung (€)	Gewinnauswirkung (€)
2019	0	2.000	2.000	2.000

7.1.2 Erfolgswirksame Abweichungen

Bei den erfolgswirksamen Abweichungen handelt es sich um solche Korrekturen, die den Gewinn/Verlust verändern. Diese Korrekturen entstehen vor allem wegen der **unterschiedlichen handelsrechtlichen und steuerrechtlichen Wertansätze**. Sie können auch bei Umgliederungen entstehen, soweit diese mit einer Ergebniswirkung verbunden sind (bspw. bei Umgliederung der Position „aktiver Unterschiedsbetrag aus der Vermögensverrechnung"). Dem bilanzierenden Unternehmen stehen hierzu zwei Möglichkeiten der Ergebnisveränderungsdarstellung zur Verfügung. Das erfolgt mithilfe von:

- einzelnen Positionen in der GuV,
- einem Sammelposten in der GuV.

Soweit sich das bilanzierende Unternehmen für den Ausweis der **einzelnen GuV-Positionen** entschieden hat, ist zu analysieren, welche Positionen in der GuV betroffen sind. Solch ein detaillierter Ausweis ist für das bilanzierende Unternehmen vor allem wegen einer niedrigeren Risikoeinstufung des Unternehmens durch die Finanzverwaltung von großem Vorteil. Diese Vorgehensweise ist aber mit einem erheblichen Zeitmehraufwand verbunden.

Anstatt die Ergebniswirkung auf die einzelnen Positionen aufzuteilen, kann alternativ in der GuV ein **Sammelposten** genutzt werden. In diesem Sammelposten werden alle Ergebniswirkungen erfasst und dem Gewinn/Verlust hinzugerechnet.

Beispiel: Erfolgswirksame Abweichungen

Die H-GmbH hat zum 01.01.2019 alle Anteile an der I-GmbH erworben. Der Kaufpreis (550.000 €) lag über dem Wert des Reinvermögens (400.000 €) der I-GmbH. Es wurden keine stillen Reserven festgestellt.

Erklären Sie, wie dieser Sachverhalt handelsrechtlich und steuerrechtlich zu behandeln ist und zeigen Sie, wie dieser Sachverhalt in der E-Bilanz darzustellen ist, wenn aus der Handelsbilanz mit Hilfe der Überleitungsrechnung die Steuerbilanz erstellt wird!

(Hinweis: die GuV wird nach dem GKV erstellt)

Lösungsvorschlag: Erfolgswirksame Abweichungen

Nach § 246 Abs. 1 Satz 4 HGB ist der das Reinvermögen übersteigende Wert als derivativer (entgeltlich erworbener) Firmenwert in der Handelsbilanz der H-GmbH zu aktivieren. Soweit die Nutzungsdauer des derivativen Firmenwertes nicht verlässlich geschätzt werden kann, ist gem. § 253 Abs. 2 Satz 4 HGB der Firmenwert über 10 Jahre abzuschreiben. Steuerlich ist der Firmenwert nach § 7 Abs. 1 Satz 3 EStG 15 Jahre abzuschreiben. Da die handels- und steuerlichen Vorschriften auseinander fallen, ist eine Überleitungsrechnung zu erstellen und der Ergebniseffekt dort abzubilden.

Firmenwert zum 01.01.2019 (€)	$550.000 - 400.000 = 150.000$
Handelsrechtliche Abschreibung (€)	$150.000 / 10 = 15.000$
Steuerliche Abschreibung (€)	$150.000 / 15 = 10.000$
Firmenwert zum 31.12.2019 (handelsrechtlich) (€)	$150.000 - 15.000 = 135.000$
Firmenwert zum 31.12.2019 (steuerrechtlich) (€)	$150.000 - 10.000 = 140.000$
Abweichung (€)	$140.000 - 135.000 = 5.000$

	Taxonomie-Bilanz der I-GmbH zum 31.12.2019	€		
		HB	StÜR	StB
=	Bilanzsumme, Summe Aktiva (SM)	...	...	...
+	Anlagevermögen (SM)	...	...	...
+	Immaterielle Vermögensgegenstände (SM)	135.000	5.000	140.000
+	Geschäfts-, Firmen- oder Praxiswert (M)	135.000	5.000	140.000
...		...	...	...

Überleitungsrechnung der I-GmbH

Name der Position: Geschäfts-, Firmen- oder Praxiswert

Text: Geschäfts- oder Firmenwert aus dem Kauf der I-GmbH

Wirtschaftsjahr	HB (€)	StB (€)	Abweichung (€)	Gewinnauswirkung (€)
2019	135.000	140.000	5.000	5.000

Der Ergebniseffekt aus der Überleitungsrechnung kann in der GuV entweder als Anpassung der entsprechenden GuV-Position (in diesem Fall Abschreibung auf Geschäfts-, Firmen- oder Praxiswert) dargestellt oder in den Sammelposten für Gewinnänderungen aus der Überleitungsrechnung eingestellt werden.

	Taxonomie-GuV der I-GmbH (2019) (GKV)	€		
		HB (GuV)	StÜR	StB (GuV)
=	Jahresüberschuss/-fehlbetrag (SM)	...	...	...
+	Ergebnis nach Steuern (SM)	...	...	...
+	Betriebsergebnis (GKV) (SM)	...	...	...
...		...	...	...
−	Abschreibungen (GKV) (SM)	...	...	...
+	Abschreibungen (GKV) auf immaterielle Vermögensgegenstände des Anlagevermögens und Sachanlagen (SM)	15.000	−5.000	10.000
+	Abschreibungen (GKV) auf immaterielle Vermögensgegenstände des Anlagevermögens und Sachanlagen, auf Geschäfts-, Firmen- oder Praxiswert (M)	15.000	−5.000	10.000
...		...	...	...

oder alternativ:

Taxonomie-GuV der I-GmbH (2019) (GKV)	€		
	HB (GuV)	StÜR	StB (GuV)
= Jahresüberschuss/-fehlbetrag (*SM*)	…	…	…
+ Ergebnis nach Steuern (*SM*)	…		…
…	…		…
+ Betriebsergebnis (GKV) (*SM*)	…		…
− Abschreibungen (GKV) (*SM*)	…		…
+ Abschreibungen (GKV) auf immaterielle Vermögensgegenstände des Anlagevermögens und Sachanlagen (*SM*)	15.000		15.000
+ Abschreibungen (GKV) auf immaterielle Vermögensgegenstände des Anlagevermögens und Sachanlagen, auf Geschäfts-, Firmen- oder Praxiswert (*M*)	15.000		15.000
…	…		…
+ Sammelposten für Gewinnänderungen aus der Überleitungsrechnung (*R*)	NIL	−5.000	−5.000

7.2 Ergebnisverwendung

Der Berichtsbestandteil „Ergebnisverwendung" stellt grundsätzlich einen freiwillig zu übermittelnden Teil der E-Bilanz dar. Soweit aber in der Bilanz die Position „Bilanzgewinn/Bilanzverlust" werthaltig angegeben wird, muss zwingend auch die Ergebnisverwendung an die Finanzverwaltung übermittelt werden.

7.2.1 Bilanzgewinn/Bilanzverlust (GuV)

Gem. § 268 Abs. 1 HGB darf die Bilanz entweder nach einer teilweisen oder vollständigen Verwendung des Jahresergebnisses aufgestellt werden. Bei einer teilweisen Verwendung des Jahresergebnisses ist anstelle der Positionen „Jahresüberschuss/-fehlbetrag" und „Gewinn-/Verlustvortrag" die Position „Bilanzgewinn/-verlust" zu verwenden. In der Taxonomie wird die Zusammenstellung des Bilanzgewinnes/-verlustes konkret aufgezeigt (Abb. 7.1).

Bei der Berechnung des Bilanzgewinnes/-verlustes wird vom **Jahresüberschuss/-fehlbetrag (GuV)** ausgegangen. Der Bilanzgewinn ist zuerst um den **Gewinnvortrag**, also nicht verwendete Gewinne der Vorperioden, zu erhöhen bzw. bei einem **Verlustvortrag**, der nicht ausgeglichene Verluste der Vorperioden abbildet, zu vermindern.

Danach wird der Bilanzgewinn durch **Entnahmen aus der Kapitalrücklage** erhöht. Entnahmen aus den Kapitalrücklagen können grundsätzlich nur unter bestimmten Voraussetzungen getätigt werden. Bei AGs sind nach § 150 Abs. 3 und 4 AktG Entnahmen

	Jahresüberschuss/-fehlbetrag *(M)*
+	Gewinnvortrag aus dem Vorjahr *(M)*
-	Verlustvortrag aus dem Vorjahr *(M)*
+	Entnahmen aus der Kapitalrücklage *(SM)*
+	Entnahmen aus Gewinnrücklagen *(M)*
+	Erträge aus der Kapitalherabsetzung *(M)*
-	Einstellung in die Kapitalrücklage nach den Vorschriften über die vereinfachte Kapitalherabsetzung *(M)*
-	Einstellungen in Gewinnrücklagen *(SM)*
+	Abschreibung Geschäftsguthaben *(R)*
-	Wiederauffüllung Geschäftsguthaben *(R)*
-	sonstige Ergebnisverrechnung *(R)*
+	Belastung auf Kapitalkonten der Gesellschafter *(R)*
-	Gutschrift auf Kapitalkonten der Gesellschafter *(R)*
-	Vorabausschüttung / beschlossene Ausschüttung für das Geschäftsjahr *(M)*
-	Gewinnvortrag auf neue Rechnung (soweit nicht Aktiengesellschaft) *(M)*
+	Verlustvortrag auf neue Rechnung (soweit nicht Aktiengesellschaft) *(M)*
=	**Bilanzgewinn/-verlust *(SM)***

Abb. 7.1 Ergebnisverwendung

aus den Kapitalrücklagen nur unter speziellen Voraussetzungen zugelassen wie bspw. zur Deckung eines entstandenen Jahresfehlbetrags, der nicht durch den Gewinnvortrag oder die Auflösung von Gewinnrücklagen ausgeglichen werden kann (§ 150 Abs. 3 Nr. 1 und 2 AktG oder § 150 Abs. 4 Nr. 1 und 2 AktG). Die Entnahme aus der Kapitalrücklage ist laut der Taxonomie-Ergebnisverwendung auch für Personengesellschaften freigestellt. Diese Position ist aber u. E. für Personengesellschaften nicht anwendbar, da die Position „Kapitalrücklage" in der Taxonomie-Bilanz für Personengesellschaften gesperrt ist.

Des Weiteren kommt es auch zu einer Erhöhung des Bilanzgewinns durch **Entnahmen aus den Gewinnrücklagen**. Entnahmen aus den Gewinnrücklagen können im Gegensatz zu den Entnahmen aus den Kapitalrücklagen jederzeit vorgenommen werden. in der Taxonomie-Ergebnisverwendung werden diese Entnahmen weiter gegliedert in:

- Entnahmen aus der gesetzlichen Rücklage (M),
- Entnahmen aus der Rücklage für Anteile an einem herrschenden oder mehrheitlich beteiligten Unternehmen (R),
- Entnahmen aus satzungsmäßigen Rücklagen (M),
- Entnahmen aus anderen Gewinnrücklagen (M).

Diese Aufteilung entspricht grundsätzlich § 272 Abs. 4 HGB und § 158 Abs. 1 AktG. Die **Erträge aus der Kapitalherabsetzung** nach §§ 222 ff. AktG und nach §§ 58 ff. GmbHG erhöhen das Ergebnis. Nach diesen Vorschriften ist eine Kapitalherabsetzung nur unter bestimmten Voraussetzungen möglich, wobei eine ordentliche Kapitalherabsetzung nach §§ 222–228 AktG und nach § 58 GmbHG zu einer Kapitalrückzahlung an die Aktionäre bzw. Gesellschafter führt. Hingegen ist eine vereinfachte Kapitalherabsetzung gem. §§ 229–236 AktG und § 58a Abs. 1 GmbHG vor allem zum Ausgleich von Wertminderungen oder zur Deckung von Verlusten heranzuziehen. Nach § 240 Abs. 1 AktG i. V. m. § 158 Abs. 1 AktG sind bei einer AG die Erträge aus der Kapitalherabsetzung im handelsrechtlichen Abschluss nach den Entnahmen aus den Gewinnrücklagen auszuweisen. Eine entsprechende Regelung ist im GmbHG nicht zu finden; es wird hier aber trotzdem dasselbe Verfahren angewendet.

Im Unterschied zu den vorherigen Positionen vermindert die **Einstellung in die Kapitalrücklagen nach den Vorschriften über die vereinfachte Kapitalherabsetzung** (§ 58a GmbHG und §§ 229–236 AktG) den Bilanzgewinn. Wie die Entnahme aus der Kapitalrücklage kann diese Position u. E. nicht für Personengesellschaften verwendet werden, auch wenn die Taxonomie-Ergebnisverwendung das zulässt.

Auch **Einstellungen in die Gewinnrücklagen** mindern den Bilanzgewinn. Hierbei ist die Position „Einstellungen in die Gewinnrücklagen" ähnlich wie die Position „Entnahmen aus den Gewinnrücklagen" weiter aufzugliedern.

Die Posten **„Abschreibung Geschäftsguthaben"** bzw. **„Wiederaufbau Geschäftsguthaben"** sind nur bei Genossenschaften anzusetzen und erhöhen bzw. vermindern den Bilanzgewinn. Gem. § 19 Abs. 1 GenG ist der entstandene Verlust vom Geschäftsguthaben abzuschreiben (Abschreibung des Geschäftsguthabens). Der zu späteren Zeitpunkten erwirtschaftete Gewinn muss dann nach § 19 Abs. 2 GenG das durch Verluste geminderte Geschäftsguthaben wiederaufbauen (Wiederauffüllung Geschäftsguthaben).

Die Position „sonstige Ergebnisverrechnung" ist nur für Personengesellschaften vorgesehen und mindert bzw. erhöht das Ergebnis je nach dem Vorzeichen des eingestellten Betrags. In der Position **„sonstige Ergebnisverrechnung"** sind alle Entnahmen aus bzw. Einstellungen in Rücklagen (gesamthänderisch gebunden) zu erfassen, soweit es der Gesellschaftsvertrag vorsieht. Sollte also in der Taxonomie-Bilanz der Gewinn/Verlust teilweise mit den Rücklagen (gesamthänderisch gebunden) verrechnet werden, ist diese Position zu verwenden.

Ebenfalls nur bei Personengesellschaften sind die Positionen „Belastung auf Kapitalkonten der Gesellschafter" bzw. „Gutschrift auf Kapitalkonten der Gesellschafter" zu verwenden. Eine **Belastung auf Kapitalkonten der Gesellschafter** erfolgt dann, wenn ein Verlust erwirtschaftet wurde, der zugunsten des Bilanzgewinnes/-verlustes von den Kapitalkonten abgebucht wird. Spiegelbildlich ist die Position **„Gutschrift auf Kapitalkonten der Gesellschafter"** dann zu nutzen, wenn ein Gewinn entstanden ist, dessen Verwendung nicht im Gesellschaftsvertrag geregelt ist.[1]

---

[1] Vgl. Schäperclaus in Deloitte (Hrsg.), E-Bilanz, 2015, Rz. 1779 ff.

Auf den Bilanzgewinn wirkt sich bilanzgewinnmindernd auch die **Vorabausschüttung/beschlossene Ausschüttung** an die Gesellschafter aus. Die Vorabausschüttung ist zwar gesetzlich nicht geregelt, sie ist aber bei einer GmbH anerkannt, soweit ein Gesellschafterbeschluss vorliegt und entsprechendes ausdrücklich im Gesellschaftsvertrag nicht verboten ist. Bei einer AG darf gem. § 59 Abs. 1 AktG keine Vorabausschüttung erfolgen.

Mit der Position „**Gewinnvortrag auf neue Rechnung (soweit nicht Aktiengesellschaft)**" vermindert sich der Bilanzgewinn. Hierbei handelt es sich um den Teil des Bilanzgewinnes, der nicht ausgeschüttet wird, sondern weiter als Gewinnvortrag auf neue Rechnung geführt wird. Entsprechend vermindert die Position „**Verlustvortrag auf neue Rechnung (soweit nicht Aktiengesellschaft)**" den Bilanzverlust. Hierbei handelt es sich um Verluste, die nicht ausgeglichen werden und weiter vorgetragen werden. Beide Positionen dürfen in dieser Weise nicht bei Aktiengesellschaften angewendet werden, da erst die Hauptversammlung über den „Gewinn-/Verlustvortrag auf neue Rechnung" entscheiden kann.

Für Kapitalgesellschaften ist der „Berichtsbestandteil" Ergebnisverwendung anders zu gestalten als für Personengesellschaften. Die nachfolgenden zwei Beispiele erläutern die größten Unterschiede zwischen der Ergebnisverwendung bei Kapitalgesellschaften und der Ergebnisverwendung bei Personengesellschaften.

Beispiel: Ergebnisverwendung bei Kapitalgesellschaften

Die C-AG hat im Geschäftsjahr 2018 einen Jahresüberschuss i. H. v. 3.000.000 € erzielt. Der (alte) Verlustvortrag beläuft sich auf 1.000.000 €. Die Höhe der gesetzlich vorgeschriebenen Rücklagen wurde zum 31.12.2017 noch nicht erreicht. Zum 31.12.2017 beläuft sich diese Rücklage auf 20.000 €. Weiter haben Vorstand und Aufsichtsrat entschieden, 200.000 € in die Position „andere Gewinnrücklagen" einzustellen.

Wie sind diese Sachverhalte in der E-Bilanz abzubilden, wenn die C-AG den Jahresabschluss unter teilweiser Ergebnisverwendung erstellt hat?

Lösungsvorschlag: Ergebnisverwendung bei Kapitalgesellschaften

Da die C-AG den Jahresabschluss nach einer teilweisen Verwendung des Jahresüberschusses gem. § 268 Abs. 1 HGB erstellt hat, ist in der Bilanz anstatt des Jahresüberschusses und des Verlustvortrages der Bilanzgewinn/-verlust auszuweisen. Nach § 150 Abs. 2 AktG müssen aus dem Jahresüberschuss, vermindert um den Verlustvortrag, 5 % (2.000.000 € * 5 % = 100.000 €) den gesetzlichen Rücklagen zugeführt werden. Aus dem Jahresüberschuss erfolgt eine Zuführung i. H. v. 200.000 € zu den anderen Gewinnrücklagen.

	Taxonmie-Bilanz der C-AG zum 31.12.2018	HGB/€
=	Bilanzsumme, Summe Aktiva (*SM*)	...
	...	...
=	Bilanzsumme, Summe Passive (*SM*)	...
+	Eigenkapital (*SM*)	...
	...	...
+	Gewinnrücklagen/Ergebnisrücklagen (*SM*)	320.000
+	Gesetzliche Rücklage (*M*)	120.000
+	Andere Gewinnrücklagen (*M*)	200.000
+	Eigenkapital, Gewinn-/Verlustvortrag – bei Kapitalgesellschaften (*M*)	NIL
+	Eigenkapital, Jahresüberschuss/-fehlbetrag (Bilanz) – bei Kapitalgesellschaften (*M*)	NIL
+	Eigenkapital, Bilanzgewinn/Bilanzverlust (Bilanz) – bei Kapitalgesellschaften (*M*)	1.700.000
	...	...

	Taxonomie-Ergebnisverwendung der C-AG	€
=	Bilanzgewinn/Bilanzverlust (GuV) (*SM*)	1.700.000
+	Jahresüberschuss/-fehlbetrag (*M*)	3.000.000
+	Gewinnvortrag aus dem Vorjahr (*M*)	NIL
−	Verlustvortrag aus dem Vorjahr (*M*)	1.000.000
	...	...
−	Einstellung in die Gewinnrücklagen (*SM*)	300.000
+	Einstellung in die gesetzliche Rücklage (*M*)	100.000
+	Einstellung in andere Gewinnrücklagen (*M*)	200.000
	...	...

	Taxonomie-GuV der C-AG (2018)	€
=	Jahresüberschuss/-fehlbetrag (*SM*)	3.000.000
	...	...

Beispiel: Ergebnisverwendung bei Personengesellschaften i. S. d. 264a HGB

Die GK-GmbH & Co. KG, deren Gesellschafter die G-GmbH (persönlich haftender Gesellschafter) und die K-GmbH sind, hat im Geschäftsjahr 2018 einen Jahresüberschuss i. H. v. 350.000 € erzielt. Laut der Gesellschafterversammlung werden 150.000 € dem Kapitalkonto II von K-GmbH und 50.000 € dem Kapitalkonto II von G-GmbH gutgeschrieben. Weitere 50.000 € werden den gesamthänderisch gebundenen Rücklagen zugewiesen. Im Geschäftsjahr 2017 beliefen sich die Kapitalanteile von G-GmbH und K-GmbH auf jeweils 50.000 € und der gesamte Gewinn i. H. v. 80.000 € wurde den Rücklagen zugeführt.

Wie sind diese Sachverhalte in der E-Bilanz abzubilden, wenn die GK-GmbH & Co. KG den Jahresabschluss unter teilweiser Ergebnisverwendung erstellt hat?

Lösungsvorschlag: Ergebnisverwendung bei Personengesellschaften i. S. d. 264a HGB

Da die GK-GmbH & Co. KG den Jahresabschluss nach einer teilweisen Verwendung des Jahresüberschusses gem. § 268 Abs. 1 HGB erstellt hat, ist in der Bilanz nur der Bilanzgewinn/-verlust auszuweisen. Im Jahresabschluss der GK-GmbH & Co. KG hat sich der Kapitalanteil von G durch die Ergebnisverwendung von 50.000 € auf 100.000 € erhöht. Der Kapitalanteil von K hat sich durch die Ergebnisverwendung von 50.000 € auf 200.000 € erhöht. Die Rücklagen werden entsprechend mit 130.000 € (80.000 € + 50.000 €) bilanziert. Eine detaillierte Gliederung der Summenmussfelder „Kapitalanteile der persönlich haftenden Gesellschafter" und „Kapitalanteile der Kommanditisten" ist in der Taxonomie-Bilanz nicht notwendig, da alle anderen Informationen (Verteilung der gutgeschriebenen Kapitalanteile auf die einzelnen Gesellschafter) mit dem „Berichtsbestandteil Kapitalkontenentwicklung" an die Finanzverwaltung zu übermitteln sind.

	Taxonmie-Bilanz der GK-GmbH & Co. KG zum 31.12.2018	HGB/€
=	Bilanzsumme, Summe Aktiva (*SM*)	…
	…	…
=	Bilanzsumme, Summe Passive (*SM*)	…
+	Eigenkapital (*SM*)	530.000
	…	…
+	Gezeichnetes Kapital/Kapitalkonto/Kapitalanteile, Kapitalanteile der persönlich haftenden Gesellschafter (*SM*)	100.000
+	Gezeichnetes Kapital/Kapitalkonto/Kapitalanteile, Kapitalanteile der Kommanditisten (*SM*)	200.000
+	Eigenkapital, Rücklagen (gesamthänderisch gebunden) (*M*)	130.000
+	Eigenkapital, Jahresüberschuss/-fehlbetrag (Bilanz) im Sinne des § 264c Abs. 2 HGB bei Personen(handels)gesellschaften (*R*)	NIL
+	Eigenkapital, Bilanzgewinn/Bilanzverlust (Bilanz) im Sinne des § 264c Abs. 2 HGB bei Personen(handels)gesellschaften (*R*)	100.000
	…	…

	Taxonomie-Ergebnisverwendung der C-AG	€
=	Bilanzgewinn/Bilanzverlust (GuV) (*SM*)	100.000
+	Jahresüberschuss/-fehlbetrag (*M*)	350.000
	…	…
−	sonstige Ergebnisverrechnung (*R*)	50.000
−	Gutschrift auf Kapitalkonten der Gesellschafter (*R*)	200.000
	…	…

Taxonomie-GuV der C-AG (2018)	€
= Jahresüberschuss/-fehlbetrag (*SM*)	350.000
...	...

7.2.2   Ergebnisvortrag bei Stiftungen und Vereinen

Bei Stiftungen und Vereinen wird kein Bilanzgewinn/-verlust ausgewiesen. Anstelle des Bilanzgewinnes/-verlustes ist der Ergebnisvortrag bei Stiftungen und Vereinen auszuweisen (Abb. 7.2).

Ausgangspunkt bildet hier das **Jahresergebnis**, das um den **Ergebnisvortrag aus dem Vorjahr** erhöht bzw. vermindert wird. Diese Position ist laut der Visualisierung der Taxonomie (GAAP-Modul, Zelle AD3180) bei Stiftungen und Vereinen anzuwenden.

Des Weiteren wird der Ergebnisvortrag um den Posten „**Entnahmen aus dem Vereinskapital**" erhöht. Umgekehrt verringern „**Einstellungen in das Vereinskapital**" den Ergebnisvortrag. Diese Positionen sind aber nur bei Vereinen anzuwenden. Da die Position E-bilanztechnisch hinzugerechnet wird, muss die Entnahme mit einem Minus gemappt sein.

Dieselbe Auswirkung ergibt sich auch bei den Positionen „**Einstellungen in den/Entnahmen aus dem Posten Umschichtungsergebnisse**" und „**Einstellungen in die/Entnahmen aus den Ergebnisrücklagen**". Auch wenn in der Visualisierung der Taxonomie angegeben ist, dass der Posten „Einstellungen in den/Entnahmen aus dem Posten Umschichtungsergebnisse" auch für Vereine zu nutzen ist, ist diese Position u. E. nur bei Stiftungen anwendbar, da die entsprechende Position „Umschichtungsergebnisse" in der Taxonomie-Bilanz als reine Stiftungsposition gekennzeichnet ist. Bilanztechnisch ist wie bei der vorherigen Position zu verfahren.

Alle o. a. Positionen stellen sonstige (optionale) Felder dar. D. h., die Positionen sind nicht zwingend zu befüllen und es werden auch keine NIL-Werte an die Finanzverwaltung übermittelt.

	Jahresergebnis *(O)*
+	Ergebnisvortrag aus den Vorjahren *(O)*
+	Entnahme aus dem Vereinskapital *(O)*
-	Einstellung in das Vereinskapital *(O)*
+	Einstellungen in den/Entnahmen aus dem Posten Umschichtungsergebnisse *(O)*
+	Einstellungen in die/Entnahmen aus den Ergebnisrücklagen *(O)*
=	**Ergebnisvortrag bei Stiftungen und Vereinen** *(O)*

Abb. 7.2 Ergebnisvortrag bei Stiftungen und Vereinen

7.2.3 Andere Positionen in der Ergebnisverwendung

In der Ergebnisverwendung sind auch andere Positionen erfasst, die rechnerisch nicht mit dem Posten „Bilanzgewinn/Bilanzverlust" oder dem Posten „Ergebnisvortrag bei Stiftungen und Vereinen" verknüpft sind. Anzugeben sind hier bspw. Informationen über den **Gewinnvortrag bzw. Verlustvortrag auf neue Rechnung bei Aktiengesellschaften** (*M*)**, Ausschüttungsbeträge im Berichtsjahr** (*M*) oder **im Wirtschaftsjahr erfolgte Gewinnausschüttungen, die auf einem den gesellschaftsrechtlichen Vorschriften entsprechenden Gewinnverteilungsbeschluss beruhen** (*M*), usw. Bei den Kapitalgesellschaften muss der in der E-Bilanz deklarierte Betrag der Gewinnausschüttung mit dem Betrag der Gewinnausschüttung laut Anlage WA der Körperschafssteuererklärung übereinstimmen.

Der **Ergebnisverwendungsvorschlag des Vorstands/der Geschäftsleitung** (*M*) und der **Ergebnisverwendungsbeschluss** (*M*) sind an die Finanzverwaltung in Textform zu übermitteln.

7.3 Steuerliche Gewinnermittlung

Während die innerbilanziellen Unterschiede einheitlich und unabhängig von der Rechtsform über die steuerliche Überleitungsrechnung gem. § 60 Abs. 2 EStDV dargestellt werden, ist die Erfassung der außerbilanziellen Unterschiede rechtsformabhängig. Bei Körperschaften werden die außerbilanziellen Differenzen in der Körperschaftsteuererklärung aufgezeigt. Bei Einzelunternehmen und Personengesellschaften gab es bislang keine Darstellungsmöglichkeiten der außerbilanziellen Korrekturen. Mit der Einführung der E-Bilanz sind die außerbilanziellen Differenzen bei Einzelunternehmen und Personengesellschaften im Berichtsbestandteil „steuerliche Gewinnermittlung" darzustellen.

Die Übermittlung des Berichtsbestandteiles „steuerliche Gewinnermittlung" ist auch dann zwingend, wenn das Einzelunternehmen oder die Personengesellschaft keine anderen Korrekturwerte außer den Anpassungen nach § 60 Abs. 2 EStDV ausgewiesen hat. In diesem Fall dient der Berichtsbestandteil für das Finanzamt als Nachweis der Nichtexistenz solcher Korrekturwerte.

Ausgangspunkt der Berechnung bildet der Jahresüberschuss/-fehlbetrag aus der GuV. Dieser ist dann um Korrekturen gem. Abb. 7.3 zu modifizieren. Das Ergebnis bildet der steuerliche Gewinn/Verlust nach der Nettomethode, der im Berichtsbestandteil „Steuerliche Gewinnermittlung bei Feststellungsverfahren" (Abschn. 7.4) anzugeben ist.

	Jahresüberschuss/-fehlbetrag *(M)*
-	Abrechnungen *(SM)*
+	Zurechnungen *(SM)*
+	Aufwandskorrektur gem. § 4f EStG *(R)*
+	steuerliche Korrekturen bei Beteiligungen an Personengesellschaften *(SM)*
+	steuerliche Korrekturen bei Organschaftsverhältnissen *(R)*
+	Zu- oder Abrechnungen nach Wechsel der Gewinnermittlungsart *(SM)*
=	**steuerlicher Gewinn/Verlust** *(SM)*

Abb. 7.3 Steuerliche Gewinnermittlung

7.3.1 Abrechnungen

Bei den Abrechnungen handelt es sich um Erträge, die handelsrechtlich gebucht wurden, die aber steuerrechtlich nicht berücksichtigt werden dürfen, und um Aufwendungen, die handelsrechtlich nicht gebucht wurden, steuerrechtlich angesetzt werden müssen. Deshalb müssen die gewinnerhöhenden Erträge neutralisiert werden. Die gewinnmindernden Aufwendungen sind steuerlich zu berücksichtigen, d. h., es kommt zu einer Kürzung des Jahresüberschusses bzw. zu einer Erhöhung des Jahresfehlbetrags.

Bestimmte Kürzungen, die für die Finanzverwaltung von Interesse sind, müssen separat ausgewiesen werden. Deshalb sind die folgenden Abrechnungen anzugeben:

- Ertragsteuerlich nicht steuerbare Erträge *(M)*,
- nach DBA steuerfreie Erträge *(M)*,
- nach § 3 Nr. 40 EStG steuerfreie Erträge (Teileinkünfteverfahren) *(M)*,
- nach § 3a EStG steuerfreier Sanierungsertrag *(M)*,
- nach § 4 Abs. 7 Satz 2 UmwStG i. V. m. § 3 Nr. 40 sowie § 3c EStG steuerfreier Anteil eines Übernahmegewinns *(R)*,
- Abrechnung nach § 4f EStG *(M)*,
- nach § 8b KStG steuerfreie Erträge *(SM)*,
- übrige steuerfreie Erträge *(M)*,
- Investitionsabzugsbetrag § 7g EStG *(M)*,
- sonstige Abrechnungen *(M)*,
- Zinsschranke § 4h EStG *(M)*.

Gesondert anzugeben sind **steuerfreie Erträge nach DBA** Hier handelt es sich um solche Beträge, die nach dem DBA nicht der deutschen Einkommen- oder Körperschaftsteuer unterliegen und deshalb auch aus den handelsrechtlichen Erträgen eliminiert werden müssen, damit es zu keiner Doppelbesteuerung derselben Erträge kommt.

	§ 3 Nr. 40 EStG	§ 8b KStG
Einzelunternehmen	x	
Personengesellschaften (unmittelbar beteiligte natürliche Personen)	x	
Personengesellschaften (unmittelbar beteiligte juristische Personen)		x
Personengesellschaften (unmittelbar beteiligte natürliche und juristische Personen)	x	x

Abb. 7.4 Kapitalerträge

Erträge nach § 3 Nr. 40 EStG und/oder § 8b KStG müssen bei der Ermittlung des steuerlichen Gewinnes/Verlustes unberücksichtigt bleiben. Wichtig ist, zwischen der Anwendung des § 3 Nr. 40 EStG und des § 8b KStG zu unterscheiden. Beide Regelungen stellen grundsätzlich eine Form der Steuerbefreiung für Anteile am Gewinn von Kapitalgesellschaften, für Anteile an Gewinnen aus der Veräußerung von Anteilen an Kapitalgesellschaften, Personenvereinigungen usw. dar. Der Unterschied zwischen beiden Regelungen besteht in der Höhe der zu versteuernden Erträge, vor allem aber beim Ansatz der entsprechenden Vorschrift (Abb. 7.4).

§ 3 Nr. 40 EStG (sog. **Teileinkünfteverfahren**) darf nur bei natürlichen Personen und bei Personengesellschaften, deren Gesellschafter natürliche Personen sind, angewendet werden. Im Zusammenhang mit der E-Bilanz ist diese Position bei natürlichen Personen nur dann zu nutzen, wenn die Beteiligung an der Kapitalgesellschaft im Betriebsvermögen gehalten wird oder wenn eine bestimmte Grenze bei der im Privatvermögen gehaltenen Beteiligungen überschritten werden und ein entsprechendes Wahlrecht ausgeübt wurde. Nach dieser Regelung sind Dividenden, Veräußerungsgewinne aus Anteilen an Kapitalgesellschaften usw. zu 40 % steuerfrei.

§ 8b KStG wiederum ist nur bei Kapitalgesellschaften und bei Personengesellschaften, deren Gesellschafter juristische Personen sind, anzuwenden. Da aber Kapitalgesellschaften den Berichtsbestandteil „steuerliche Gewinnermittlung" nicht ausfüllen müssen, ist in diesem Zusammenhang § 8b KStG nur für Personengesellschaften, an denen juristische Personen beteiligt sind, von Bedeutung. In der Taxonomie wird diese Position weiter aufgeteilt in:

- Bezüge i. S. v. § 8b Abs. 1 KStG und Gewinne i. S. v. § 8b Abs. 2 KStG (*M*),
- nach § 4 Abs. 7 Satz 1 UmwStG i. V. m. § 8b KStG steuerfreier Übernahmegewinn (*M*),
- zuzüglich 5 % nach § 8b Abs. 3 und Abs. 5 KStG (*M*),
- zuzüglich nicht abzugsfähige Entgelte nach § 8b Abs. 10 KStG (*M*).

Bezüge i. S. d. § 8b Abs. 1 KStG und Gewinne i. S. d. § 8b Abs. 2 KStG bleiben bei der Ermittlung des steuerbaren Gewinnes/Verlustes außer Ansatz, wobei nach § 8b Abs. 3 Satz 1 und Abs. 5 KStG 5 % dieser Erträge als nichtabziehbare Aufwendungen angesetzt werden müssen, so dass letztendlich 95 % dieser Erträge steuerfrei bleiben. Dies gilt aber nicht für Dividenden, die aus dem sog. Streubesitz, d. h., bei einer Beteiligung, die zu Beginn des Kalenderjahres weniger als 10 % beträgt, kommen.

Laut Taxonomie sind unter die Position „zuzüglich nicht abzugsfähige Entgelte nach § 8b Abs. 10 KStG" Entgelte anzugeben, die im Rahmen einer Wertpapieranleihe i. S. d. § 8b Abs. 10 KStG von einem Unternehmen an ein anderes Unternehmen gezahlt wurden und die als Betriebsausgaben nicht angesetzt werden dürfen.

Soweit ein Unternehmen eine unternehmensbezogene Sanierung i. S. d. § 3a Abs. 2 EStG vollzieht, sind die aus dem Schuldenerlass resultierenden Betriebsvermögensmehrungen oder Betriebseinnahmen nicht steuerpflichtig. Die Erträge aus der Sanierung sind in der Position **„nach § 3a EStG steuerfreier Sanierungsertrag"** zu erfassen.

Nach § 4 Abs. 7 Satz 2 UmwStG i. V. m. § 3 Nr. 40 sowie § 3c EStG ist ein **Übernahmegewinn/-verlust** nur zu 60 % anzusetzen.

§ 4f EStG regelt Verpflichtungsübernahmen (bspw. Übertragung von Pensionsrückstellungen), Schuldbeitritte und Erfüllungsübernahmen beim übergebenden bilanzierenden Unternehmen. Gem. § 4f Abs. 1 Satz 1 EStG sind Aufwendungen aus der Verpflichtungsübertragung, die beim übergebenden bilanzierenden Unternehmen Ansatzverboten, Ansatzbeschränkungen oder Bewertungsvorbehalten unterliegen, grundsätzlich auf 15 Jahre gleichmäßig (einschließlich des Jahres der Übergabe) zu verteilen. Soweit ein Passivposten für die Verpflichtungen gebildet worden ist, ist dieser gewinnerhöhend aufzulösen und der diesen Gewinn übersteigende Aufwand ist gem. § 4f Abs. 1 Satz 2 EStG auf die restlichen 14 Jahre nach dem Jahr der Verpflichtungsübernahme zu verteilen. Der Aufwand muss aber nicht auf 15 Jahre verteilt werden, wenn § 4f Abs. 1 Satz 3 EStG Anwendung findet. Der aus der Verpflichtungsübernahme entstandene Aufwand ist also in einem ersten Schritt i. H. v. 14/15 des Aufwandes in der entsprechenden Position des Summenmussfelds „Zurechnungen" hinzuzurechnen und anschließend sind in den Folgejahren jeweils 1/15 des Aufwandes an dieser Stelle in der E-Bilanz abzuziehen.

Die Inanspruchnahme des **Investitionsabzugsbetrags gem. § 7g EStG** muss auch gesondert dargestellt werden. Bei dem Investitionsabzugsbetrag handelt es sich um eine steuerliche Erleichterungsvorschrift für kleinere und mittlere Unternehmen, die de facto künftigen Abschreibungsaufwand in die Gegenwart antizipiert. Es können bis zu 40 % der voraussichtlichen Anschaffungs- und Herstellungskosten der zukünftigen Investition, höchstens jedoch 200.000 € pro Betrieb, gewinnmindernd zum Investitionszeitpunkt angesetzt werden. Als Investition wird hierbei die Anschaffung oder Herstellung eines beweglichen abnutzbaren Wirtschaftsgutes des Anlagevermögens angesehen.[2]

Gem. § 7g Abs. 1 Nr. 1 EStG kann der Investitionsabzugsbetrag im Zusammenhang mit dem Berichtsbestandteil „steuerliche Gewinnermittlung" nur von Gewerbebetrieben oder der selbständigen Arbeit dienenden Unternehmen, die bilanzierungspflichtig sind, und deren Betriebsvermögen 235.000 € nicht überschreitet, in Anspruch genommen werden. Bei Personengesellschaften wird das Betriebsvermögen aus dem Gesamthands- und dem Sonderbetriebsvermögen gebildet. Voraussetzung für die Inanspruchnahme des Investitionsabzugsbetrages ist, dass gem. § 7g Abs. 3 EStG das Investitionsvorhaben in-

---

[2] Vgl. Seifert, Inanspruchnahme von Investitionsabzugsbeträgen nach § 7g EStG in StuB (8/2015), S. 301.

nerhalb von drei Jahren nach der Inanspruchnahme durchgeführt wird und dass gem. § 7g Abs. 1 EStG das begünstigte Wirtschaftsgut bis zum Ende des Folgejahres nach dem Investitionsjahr in einer inländischen Betriebsstätte des Unternehmens ausschließlich betrieblich oder fast ausschließlich betrieblich (private Nutzung maximal 10 %) genutzt wird. Aus diesen Gründen wird die Position in die folgenden Unterpositionen aufgeteilt:

- Summe der im lfd. Jahr gebildeten Investitionsabzugsbeträge
- im Folgejahr rückgängig gemachte Investitionsabzugsbeträge nach § 7g Abs. 3 EStG
- im Zweitfolgejahr rückgängig gemachte Investitionsabzugsbeträge nach § 7g Abs. 3 EStG
- im Drittfolgejahr rückgängig gemachte Investitionsabzugsbeträge nach § 7g Abs. 3 EStG
- im Viertfolgejahr rückgängig gemachte Investitionsabzugsbeträge nach § 7g Abs. 3 EStG

Die Auflösung des Investitionsabzugsbetrags muss über eine Zurechnung erfolgen.

Auch über Kürzungen im Zusammenhang mit der **Zinsschranke** muss separat berichtet werden. Gem. § 4h Abs. 1 Satz 1 EStG sind Zinsaufwendungen nur bis zur Höhe der Zinserträge als Betriebsausgaben ansatzfähig, darüber hinaus nur bis zur Höhe des verrechenbaren EBITDA. Zinsaufwendungen, die im aktuellen Wirtschaftsjahr aus diesen Gründen nicht als Betriebsausgaben berücksichtig werden können, werden zeitlich unbegrenzt vorgetragen, bis sie in den Folgejahren angesetzt werden können. Bei Personengesellschaften und Einzelunternehmen, soweit sie als Organträger agieren, sind auch die Zinsaufwendungen und Zinserträge der Organgesellschaften einzubeziehen.

Die Zinsschrankenregelung ist gem. § 4h Abs. 2 EStG nicht anzuwenden, soweit die Unternehmen:

- einen Saldo aus Zinsaufwendungen und Zinserträgen ausweisen, der geringer als 3.000.000 € ist oder
- keinem Konzern angehören bzw. nur anteilsmäßig („Stand-alone-Klausel") oder
- zwar einem Konzern angehören, aber deren Eigenkapitalquote am Schluss des vorangegangenen Abschlussstichtags gleich hoch oder höher als die des Konzerns ist („Escape-Klausel").

In den Abrechnungen sind auch solche Zinsaufwendungen anzugeben, die in den vergangenen Wirtschaftsjahren nicht als Betriebsausgabe abgezogen werden durften, aber im aktuellen Wirtschaftsjahr als Betriebsausgabe berücksichtigt werden können.

7.3.2 Zurechnungen

Bei Zurechnungen handelt es sich um handelsrechtlich gebuchte Aufwendungen, die steuerrechtlich nicht berücksichtigt werden dürfen (Ansatzverbot) bzw. handelsrechtlich nicht gebuchte Aufwendungen, die jedoch steuerrechtlich angesetzt werden müssen. Deshalb müssen Zurechnungen im Rahmen der steuerlichen Gewinnermittlung dem Jahresüberschuss/-fehlbetrag wieder hinzugerechnet werden.

Genau wie bei Abrechnungen verlangt die Finanzverwaltung auch bei Zurechnungen einen Einzelausweis von bestimmten Positionen. Laut der Taxonomie 6.0 werden folgende Zurechnungen angegeben:

- anteilige nicht abzugsfähige Abzüge nach § 3c EStG (*SM*),
- zuzüglich nicht zu berücksichtigende Gewinnminderungen nach § 8b Abs. 3 Satz 3 ff. KStG (*M*),
- Hinzurechnungsbetrag nach § 4 Abs. 4a EStG (*M*),
- nicht abzugsfähige Betriebsausgaben nach § 4 Abs. 5, 6 und 7 EStG (*M*),
- Gewerbesteuer nach § 4 Abs. 5b EStG (*M*),
- sonstige Personensteuern (*R*),
- Zurechnung nach § 4f EStG (*M*),
- Zinsschranke § 4h EStG (*M*),
- Sonderbetriebsausgaben bei Vorgängen mit Auslandsbezug nach § 4i EStG (*M*),
- Aufwendungen für Rechteüberlassungen nach § 4j EStG (*M*),
- Gewinnzuschlag § 6b Abs. 7 EStG (*M*),
- Gewinnzuschlag § 6b Abs. 10 EStG (*M*),
- Hinzurechnung des Investitionsabzugsbetrages § 7g Abs. 2 EStG (*SM*),
- Hinzurechnungen nach § 1 AStG (*R*),
- zuzüglich nach § 4 Abs. 6 UmwStG nicht zu berücksichtigender Anteil an einem Übernahmeverlust (*R*),
- zuzüglich Einnahmen i. S. d. § 7 UmwStG (*R*),
- sonstige Hinzurechnungen (z. B. § 160 AO) (*M*).

§ 3c EStG bezieht sich auf die Nichtabzugsfähigkeit von Aufwendungen, die im Zusammenhang mit steuerfreien Erträgen angefallen sind. Um den Grund der Nichtabzugsfähigkeit dieser Aufwendungen nachvollziehen zu können, verlangt die Finanzverwaltung bei der Position **„anteilige nicht abzugsfähige Abzüge nach § 3c EStG**" folgende Aufteilung:

- nicht abzugsfähige Betriebsausgaben in Zusammenhang mit nach dem DBA steuerfreien Erträgen nach § 3c Abs. 1 EStG (*R*),
- übrige nach § 3c Abs. 1 EStG nicht abzugsfähige Betriebsausgaben (*R*),
- nicht abzugsfähige Beträge nach § 3c Abs. 2 EStG (Teileinkünfteverfahren) (*M*),
- nicht abzugsfähige Beträge nach § 3c Abs. 3 EStG (*R*),
- nicht zuordenbare nicht abzugsfähige Abzüge nach § 3c EStG (*R*).

Beim Teileinkünfteverfahren gelten somit nur 60 % der Aufwendungen als abzugsfähig, 40 % müssen also dem steuerlichen Gewinn/Verlust wieder hinzugerechnet werden.

Auszuweisen sind hier auch **Gewinnminderungen i. S. d. § 8b Abs. 3 Satz 3 KStG**, die im Zusammenhang mit Veräußerungsgewinnen gem. § 8b Abs. 2 KStG entstehen. Hierunter fallen bspw. Veräußerungsverluste, Gewinnminderungen, die bspw. durch den Ansatz eines niedrigeren Teilwerts usw. entstanden sind. Nach § 8b Abs. 3 Satz 4 ff. KStG sind hier auch „... Gewinnminderungen in Zusammenhang mit einer Darlehensforderung oder aus der Inanspruchnahme von Sicherheiten ... " anzugeben.

Zinsaufwendungen, die im Rahmen der **Zinsschranke** nach § 4h Abs. 1 EStG im Veranlagungsjahr als Betriebsausgaben nicht abzugsfähig sind, müssen als dem steuerlichen Gewinn wieder hinzugerechnet werden.

Separat berichtet werden muss auch über den **Hinzurechnungsbetrag gem. § 4 Abs. 4a EStG**. Hier wird die steuerliche Absetzbarkeit von Schuldzinsen als Betriebsausgaben geregelt. Es muss sich aber um ausschließlich betrieblich veranlasste Schuldzinsen handeln, d. h., um Zinsen aus Darlehen, die dem betrieblichen Bereich zuzuordnen sind. Soweit in einem Wirtschaftsjahr Überentnahmen getätigt worden sind, die Entnahmen also höher als die Summe aus Gewinn und Einlagen waren, kommt es unter Umständen zu einer Begrenzung des Schuldzinsenabzugs. Die Schuldzinsen sind dann i. H. v. 6 % der im Wirtschaftsjahr entstandenen Überentnahmen zuzüglich der Überentnahmen abzüglich der Unterentnahmen der vergangenen Wirtschaftsjahre dem Gewinn außerbilanziell wieder hinzuzurechnen, maximal jedoch in Höhe der tatsächlich angefallenen Schuldzinsen unter Berücksichtigung des Kürzungsbetrags i. H. v. 2.050 €. Das Schuldzinsenabzugsverbot bezieht sich aber nicht auf Darlehen, die zur Anschaffung oder Herstellung von Wirtschaftsgütern des Anlagevermögens aufgenommen wurden.[3]

Auszuweisen sind auch **nicht abziehbare Aufwendungen nach § 4 Abs. 5 und 7 EStG**, bspw. Aufwendungen für Geschenke über 35 €, 30 % der Bewirtungsaufwendungen, Kosten der privaten Lebensführung usw.

Seit der Unternehmenssteuerreform im Jahr 2008 ist auch die **Gewerbesteuer** nach § 4 Abs. 5b EStG eine nicht abziehbare Betriebsausgabe. Sie muss im Berichtsbestandteil „steuerliche Gewinnermittlung" ausgewiesen werden und ist dem steuerlichen Gewinn wieder hinzuzuaddieren. Dasselbe gilt auch für steuerliche Nebenleistungen zur Gewerbesteuer (bspw. Zinsen zur Gewerbesteuer).

Als nicht abziehbar sind gem. § 10 Nr. 2 KStG **sonstige Personensteuern** zu behandeln.

Soweit aus der Verpflichtungsübernahme nach § 4f EStG ein Aufwand entstanden ist, der auf 15 Jahre zu verteilen ist, ist in einem ersten Schritt die Hinzurechnung von 14/15 des Aufwandes hier vorzunehmen. Anschließend sind die 14/15 des verbleibenden Aufwandes gleichmäßig auf vierzehn Jahre zu verteilen. Die Erfassung erfolgt dann in der entsprechenden Position des Summenmussfelds „Abrechnungen".

Grundsätzlich sind Sonderbetriebsausgaben als steuerliche Betriebsausgaben anerkannt und mindern das zu versteuernde Einkommen. Soweit aber Sonderbetriebsausgaben zur Senkung der Steuerbemessungsgrundlage in einem anderen Land genutzt wurden,

---

[3] Vgl. von Sicherer, Einkommensteuer, 2004, 71 ff.

müssen diese dem zu versteuernden Einkommen gem. 4i EStG wieder hinzugerechnet werden. Dieser Sachverhalt ist in der Position **„Sonderbetriebsausgaben bei Vorgängen mit Auslandsbezug nach § 4i EStG"** nur bei den Sonderbilanzen zu erfassen.

Lizenzzahlungen und andere Aufwendungen für die Überlassung der Nutzung oder des Rechtes auf Nutzung von Rechten dürfen gem. § 4j Abs. 1 EStG nicht als Betriebsausgaben abgezogen werden, soweit sie an nahestehende Personen ausgezahlt werden, die die entsprechenden Einnahmen und Erträge mit weniger als 25 % versteuern – ungeachtet eines bestehenden Doppelbesteuerungsabkommens. Diese Aufwendungen sind dann in der Position **„Aufwendungen für Rechteüberlassungen nach § 4j EStG"** zu deklarieren.

Bei den Zurechnungen sind auch **Gewinnzuschläge gem. § 6b Abs. 7 oder 10 EStG** zu erfassen. Soweit nach § 6b Abs. 3 EStG bzw. § 6b Abs. 10 EStG steuerfreie Rücklagen (siehe dazu: Abschn. 5.2.2.1) gebildet worden sind, in folgenden Wirtschaftsjahren aber keine Reinvestitionen getätigt wurden bzw. die gesetzlichen Fristen für diese Reinvestitionen überschritten worden sind, ist im Jahr der Auflösung der Rücklage gem. **§ 6b Abs. 7 EStG bzw. § 6b Abs. 10 Satz 9 EStG** ein Gewinnzuschlag i. H. v. 6 % des steuerbefreiten aufgelösten Rücklagenbetrags für jedes Jahr, in dem die Rücklage bestanden hat, vorzunehmen.

Auch die **Hinzurechnung des Investitionsabzugsbetrages** gem. § 7g EStG führt zu einer Gewinnkorrektur. Der Investitionsabzugsbetrag ist zwingend im Jahr der Investitionsrealisierung gewinnerhöhend anzusetzen. Soweit es aber innerhalb der dreijährigen Frist zu keiner tatsächlichen Investition kommt, muss die durch die Inanspruchnahme des Investitionsabzugsbetrags verursachte Gewinnminderung im Jahr, in dem die Rücklage gebildet worden ist (Entstehungsjahr), neutralisiert werden. Der Investitionsabzugsbetrag kann aber innerhalb von drei Jahren vom Unternehmen freiwillig zum Entstehungsjahr wieder aufgelöst werden. Sollte aber der Investitionsabzugsbetrag zu hoch angesetzt worden sein, ist der maximal zulässige Investitionsbetrag im Jahr der Investitionsinanspruchnahme und der Überbetrag im Entstehungsjahr aufzulösen.[4] Aus diesem Grund ist die Position wie folgt in der Taxonomie weiter aufgeteilt:

- Hinzurechnungen aus dem vorangegangenen Wirtschaftsjahr
- Hinzurechnungen aus dem 2. vorangegangenen Wirtschaftsjahr
- Hinzurechnungen aus dem 3. vorangegangenen Wirtschaftsjahr

Eine Hinzurechnung zum Gewinn/Verlust ist auch **gem. § 1 AStG** vorzunehmen. Soweit zwischen dem bilanzierenden Unternehmen und einem anderen ausländischen Unternehmen vertragliche Vereinbarungen (bspw. Abstimmungen über Verrechnungspreise) getroffen wurden, wie es zwischen fremden Dritten unüblich ist, muss der daraus resultierende Unterschied dem Gewinn/Verlust wieder hinzugerechnet werden.

Nach § 4 Abs. 6 UmwStG bleibt der Übernahmeverlust außer Ansatz. Er mindert den steuerlichen Gewinn also nicht bzw. erhöht einen steuerlichen Verlust nicht. Daher ist

---

[4] Vgl. Krudewig, E-Bilanz gerecht kontieren und buchen, 2013, S. 108 ff.

der anteilige oder vollständige Übergangsverlust in der Position „**zuzüglich nach § 4 Abs. 6 UmwStG nicht zu berücksichtigender Anteil an einem Übernahmeverlust**" zu erfassen und dem Gewinn/Verlust hinzuzurechnen.

Soweit eine Kapitalgesellschaft auf eine Personengesellschaft übertragen wird, deren Anteile zum Zeitpunkt des Vermögensübergangs dem Privatvermögen der Gesellschafter der Personengesellschaft zuzurechnen waren, ist gem. § 7 UmwStG unter bestimmten Bedingungen der Unterschiedsbetrag, ermittelt aus dem in der Steuerbilanz ausgewiesenen Eigenkapital und dem Endbestand des steuerlichen Einlagenkontos, nach § 29 Abs. 1 KStG als Bezug i. S. d. § 20 Abs. 1 Nr. 1 EStG zu erfassen. Dieser Bezug ist als fiktive **Einnahme i. S. d. § 7 UmwStG** anzusetzen.

Anzugeben sind hier auch „**sonstige Hinzurechnungen**". Die Finanzverwaltung nennt als Beispiel § 160 AO. Nach § 160 Abs. 1 Satz 1 AO gilt: „Schulden und andere Lasten, Betriebsausgaben, Werbungskosten und andere Ausgaben sind steuerlich regelmäßig nicht zu berücksichtigen, wenn der Steuerpflichtige dem Verlangen der Finanzbehörde nicht nachkommt, die Gläubiger oder die Empfänger genau zu benennen." Demnach sind hier alle anderen Hinzurechnungen zu erfassen, die an anderer Stelle nicht angegeben wurden.

Beispiel: Steuerliche Gewinnermittlung eines Einzelunternehmers

Der Einzelunternehmer C betreibt einen Gewerbebetrieb und ermittelt seinen Gewinn nach § 5 Abs. 1 Satz 1 EStG. Der Einzelunternehmer C hat im Wirtschaftsjahr 2018 folgende Dividenden erhalten:

a. 4.500 € aus der 30 %-Beteiligung an der D-GmbH, die der Einzelunternehmer C im Privatvermögen hält. In diesem Zusammenhang sind ihm Aufwendungen i. H. v. 500 € entstanden.

b. 1.000 € aus der 1 %-Beteiligung an der E-GmbH, die der Einzelunternehmer C im Betriebsvermögen hält. In diesem Zusammenhang sind Aufwendungen i. H. v. 150 € angefallen.

Erklären Sie, wie diese Sachverhalte zu behandeln sind! Muss eine E-Bilanz erstellt werden? Wie schaut der Berichtsbestandteil „steuerliche Gewinnermittlung" aus, wenn ein Jahresüberschuss von 10.000 € erzielt wurde und keine weiteren außerbilanziellen Korrekturen festgestellt wurden?

(Hinweis: das Wohnsitzfinanzamt entspricht dem Finanzamt des Betriebes)

Lösungsvorschlag: Steuerliche Gewinnermittlung eines Einzelunternehmers

a. Bei Dividenden aus Beteiligungen, bei denen der Anteil mindestens 25 % beträgt und zugleich im Privatvermögen gehalten wird, besteht die Möglichkeit, zwischen dem Teileinkünfteverfahren und dem Abführen der Kapitalertragsteuer zu wählen. Anhand der Günstigerprüfung sollte entschieden werden, welche Besteuerungsvariante gewählt wird. Eine E-Bilanz ist nicht zu erstellen, auch wenn das Teileinküfteverfahren gewählt wurde, weil die Beteiligung im Privatvermögen gehalten wird.

b. Da es sich um eine Dividende handelt, die aus einer Beteiligung im Betriebsvermögen stammt, ist zwingend das Teileinkünfteverfahren anzuwenden. Die Dividende ist also i. H. v. 400 € steuerfrei und die damit verbundenen Aufwendungen können i. H. v. 60 € nicht angesetzt werden. Da der Gewinn nach § 5 Abs. 1 Satz 1 EStG ermittelt wird, muss gem. § 5b Abs. 1 Satz 1 EStG auch eine E-Bilanz an die Finanzverwaltung übermittelt werden. Unter der Annahme, dass entsprechende Buchungsvorgänge auch in der Buchhaltung vorzufinden sind, ist der Berichtsbestandteil „steuerliche Gewinnermittlung" wie folgt vorzunehmen:

	Steuerliche Gewinnermittlung des Einzelunternehmers C (2018)	**€**
=	Steuerlicher Gewinn/Verlust (*SM*)	9.660
+	Jahresüberschuss/-fehlbetrag (*M*)	10.000
−	Abrechnungen (*SM*)	400
	…	…
+	Abrechnungen, nach § 3 Nr. 40 EStG steuerfreie Erträge (Teileinkünfteverfahren) (*M*)	400
	…	…
+	Zurechnungen (*SM*)	60
+	Zurechnungen, anteilige nicht abzugsfähige Abzüge nach § 3c EStG (*SM*)	60
+	Zurechnungen, anteilige nicht abzugsfähige Abzüge nach § 3c EStG, nicht abzugsfähige Beträge nach § 3c Abs. 3 EStG (*R*)	60
	…	…

7.3.3 Aufwandskorrektur gemäß § 4f EStG

Die Position „**Aufwandskorrektur gemäß § 4f EStG**" ist nicht mehr zu verwenden, weil entsprechende Positionen in den „Zurechnungen" und „Abrechnungen" eingestellt wurden. Unseres Erachtens wurde die Position aber deshalb beibehalten, um einen Vergleich mit den Vorjahren zu ermöglichen.

7.3.4 Steuerliche Korrekturen bei Beteiligungen aus Personengesellschaften

Ist ein Einzelunternehmen oder eine Personengesellschaft als Gesellschafter an einer anderen Personengesellschaft beteiligt, müssen die daraus resultierenden Sachverhalte durch diese Position dargestellt werden. Diese Position ist demnach zwingend zu befüllen, soweit es sich um die Oberpersonengesellschaft bei einer doppel- oder mehrstöckigen Personengesellschaft handelt.

Handelsrechtlich ist eine solche Beteiligung an einer Personengesellschaft ein Vermögensgegenstand und mit den Anschaffungskosten zu bewerten. Steuerrechtlich besteht aber nicht nur ein Wirtschaftsgut, sondern es bestehen mehrere Wirtschaftsgüter, an denen der Gesellschafter beteiligt ist. Aus diesem Grunde sind die Anschaffungskosten nicht als Bewertungsmaß geeignet. Deshalb wird steuerrechtlich i. d. R. eine solche Beteiligung anhand der Spiegelbildmethode abgebildet. Die Spiegelbildmethode besagt, dass die Beteiligung an der Personengesellschaft in der Steuerbilanz des Gesellschafters spiegelbildlich den Wert des Kapitalkontos des Gesellschafters in der Personengesellschaft abbildet. Auf diese Weise werden die Gewinne/Verluste der Personengesellschaft dem Gesellschafter hinzugerechnet und der Besteuerung unterworfen.

Bei Anwendung der Spiegelbildmethode als Bewertungsmethode der Beteiligung an einer Personengesellschaft werden die anteiligen außerbilanziellen Korrekturen (bspw. der Hinzurechnungsbetrag nach § 4 Abs. 4a EStG, nicht abziehbare Zinsaufwendungen gem. § 4h Abs. 1 EStG usw.), die auf den Gesellschafter dieser Personengesellschaft entfallen, nicht berücksichtigt. Deshalb müssen sie außerbilanziell korrigiert werden. Die außerbilanziellen Korrekturen sind unter dem Posten **„übrige Korrekturen"** zu erfassen.

Steuerfreie Erträge gem. § 3 Nr. 40 EStG und § 8b KStG, die über eine Personengesellschaft bezogen werden, und die damit verbundenen nicht abziehbaren Aufwendungen (§ 3c Abs. 2 EStG und § 8b KStG) sind unter dem Posten **„Korrekturen nach § 3 Nr. 40 EStG und § 3c Abs. 2 EStG und § 8b KStG unter Berücksichtigung § 8b Abs. 3 und 5 KStG"** anzugeben und auch außerbilanziell zu berücksichtigen. D. h., es sind hier nur die indirekten Bezüge des an einer Kapitalgesellschaft mittelbar beteiligten Gesellschafters, in diesem Fall einer Personengesellschaft bzw. eines Einzelunternehmens, anzugeben. Die direkten Bezüge sind über „Abrechnungen" und „Zurechnungen" zu erfassen.

7.3.5 Steuerliche Korrekturen bei Organschaftsverhältnissen beim Organträger

Ist ein Einzelunternehmen oder eine Personengesellschaft Organträger einer Kapitalgesellschaft (Organgesellschaft), werden hier die Sachverhalte, die aus den Organschaftsverhältnissen resultieren, neutralisiert.

Die Neutralisierung sieht wie folgt aus:

- abzüglich Erträge aufgrund von Gewinnabführungen aus Ergebnisabführungsverträgen (O),
- zuzüglich Aufwand aufgrund von Verlustübernahmen aus Ergebnisabführungsverträgen (O),
- zuzüglich Aufwand aus der Auflösung aktiver oder der Bildung passiver Ausgleichsposten bei Organschaftsverhältnissen (O),
- abzüglich Ertrag aus der Bildung aktiver oder der Auflösung passiver Ausgleichsposten bei Organschaftsverhältnissen (organschaftlich) (O),
- abzüglich Ertrag aus der Zuaktivierung des Beteiligungsbuchwerts an der OG aufgrund von vororganschaftlichen Minderabführungen (O),
- zuzüglich vororganschaftliche Mehrabführungen (O).

Die Neutralisierung erfolgt deshalb, weil die o. a. Sachverhalte schon im von der Organgesellschaft abgeführten zu versteuerndem Einkommen enthalten sind.

Beispiel: Steuerliche Gewinnermittlung bei einer Organschaft

Die KL-GmbH & Co. KG ist im Wirtschaftsjahr 2018 Organträgerin der K-GmbH. Die K-GmbH führt wegen des Ergebnisabführungsvertrags einen Gewinn i. H. v. 90.000 € an die KL-GmbH & Co. KG ab. Gleichzeitig werden an die KL-GmbH & Co. KG wegen einer vororganschaftlichen Mehrabführung 10.000 € ausgeschüttet, die nicht im abgeführten Gewinn berücksichtigt worden sind. Die K-GmbH hat im Wirtschaftsjahr 2018 einen aktiven Ausgleichsposten aus Organschaftsverhältnissen i. H. v. 15.000 € gebildet.

Wie sind diese Sachverhalte im Berichtsbestandteil „steuerliche Gewinnermittlung" in E-Bilanz abzubilden?

Lösungsvorschlag: Steuerliche Gewinnermittlung bei einer Organschaft

Der abgeführte Gewinn der K-GmbH an die KL-GmbH & Co. KG ist bereits in der GuV (Position „Aufgrund einer Gewinngemeinschaft, eines Gewinnabführungs- oder Teilgewinnabführungsvertrags erhaltene Gewinne") der KL-GmbH & Co. KG enthalten. Deshalb muss dieser Gewinn im Rahmen der steuerlichen Gewinnermittlung in der Position „abzüglich Erträge aufgrund von Gewinnabführungen aus Ergebnisabführungsverträgen" neutralisiert werden. Da der handelsrechtlich abgeführte Gewinn der K-GmbH nicht die vororganschaftliche Mehrabführung beinhaltet, ist diese vom Steuerrecht gem. § 14 Abs. 3 Satz 1 KStG als Gewinnausschüttung klassifizierte Mehrabführung im Rahmen der steuerlichen Gewinnermittlung in der Position „zuzüglich vororganschaftliche Mehrabführungen" zu erfassen. Anschließend ist noch eine Neutralisierung des Ertrags aus der Bildung eines aktiven Ausgleichsposten aus der K-GmbH, der innerhalb der steuerbilanziellen Korrekturen gem. § 60 Abs. 2 EStDV dem Gewinn/Verlust der KL-GmbH & Co KG hinzugerechnet wurde, vorzunehmen.

	Steuerliche Gewinnermittlung	€
=	Steuerlicher Gewinn/Verlust (*SM*)	…
+	Jahresüberschuss/-fehlbetrag (*M*)	…
	…	…
+	Steuerliche Korrekturen bei Organschaftsverhältnissen beim Organträger (*M*)	−95.000
−	Steuerliche Korrekturen bei Organschaftsverhältnissen beim Organträger, abzüglich Erträge aufgrund von Gewinnabführungen aus Ergebnisabführungsverträgen (*M*)	90.000
	…	…
−	Steuerliche Korrekturen bei Organschaftsverhältnissen beim Organträger, abzüglich Ertrag aus der Bildung aktiver oder der Auflösung passiver Ausgleichsposten bei Organschaftsverhältnissen (organschaftlich) (*M*)	15.000
	…	…
+	Steuerliche Korrekturen bei Organschaftsverhältnissen beim Organträger, zuzüglich vororganschaftliche Mehrabführungen (*M*)	10.000

7.3.6 Zu- oder Abrechnungen nach Wechsel der Gewinnermittlungsart

Steuerpflichtige, die ihren Gewinn gem. § 4 Abs. 3 EStG (Einnahmen-Überschuss-Rechnung) ermitteln, haben die Möglichkeit, zur Gewinnermittlung gem. § 4 Abs. 1 EStG i. V. m. § 5 Abs. 1 EStG (Betriebsvermögensvergleich) zu wechseln. Umgekehrt können Steuerpflichtige, die bilanzieren, unter bestimmten Voraussetzungen vom Betriebsvermögensvergleich zur Einnahmen-Überschuss-Rechnung wechseln. Der Wechsel von der Einnahmen-Überschuss-Rechnung auf den Betriebsvermögensvergleich ist sogar zwingend, wenn:

- die Kriterien des § 1 HGB erfüllt sind, also für Gewerbetreibende eine Buchführungspflicht gem. § 238 ff. HGB besteht, die gem. § 140 AO steuerrechtlich zu übernehmen ist (originäre Buchführungspflicht),
- die Größenmerkmale des § 141 AO erfüllt sind und die Finanzverwaltung auf die Buchführungspflicht hingewiesen hat (derivative Buchführungspflicht),
- ein Steuerpflichtiger, der den Gewinn gem. § 4 Abs. 3 EStG ermittelt und gem. § 20 UmwStG in eine Kapitalgesellschaft oder gem. § 24 UmwStG in eine Personengesellschaft eingebracht wird, also eine Umwandlungsbilanz erstellt werden muss,
- ein Steuerpflichtiger, der den Gewinn gem. § 4 Abs. 3 EStG ermittelt, seinen (Teil-)Betrieb veräußert oder aufgibt und in diesem Fall gem. § 16 Abs. 2 Satz 2 EStG eine Aufgabebilanz erstellen muss,
- es zu einem Gesellschafterwechsel bei einer Personengesellschaft gekommen ist und eine Ergänzungs- sowie eine Gesamthandsbilanz erstellt werden müssen.

Beide Gewinnermittlungsarten unterscheiden sich grundlegend. Während die Einnahmen-Überschuss-Rechnung auf dem Zu- und Abflussprinzip basiert, ist für den Betriebsvermögensvergleich das Periodenverursachungsprinzip von Bedeutung. Deshalb müssen bei einem Wechsel der Gewinnermittlungsart Zu- und Abrechnungen vorgenommen werden, damit bestimmte Sachverhalte nicht doppelt bzw. überhaupt nicht erfasst und versteuert werden. Es ist also eine Übergangsbilanz zu erstellen. Damit wird ein **Übergangsgewinn** bzw. **Übergangsverlust** ermittelt.

Der bei dem Wechsel von einer Einnahmen-Überschuss-Rechnung auf den Betriebsvermögensvergleich entstandene Übergangsgewinn bzw. Übergangsverlust muss in der E-Bilanz deklariert werden. Während der Übergangsverlust im Wechseljahr zu erfassen ist, kann der Übergangsgewinn entweder im ersten Jahr in voller Höhe deklariert werden oder nach R 4.6 Abs. 1 Satz 2 EStR auf Antrag gleichmäßig auf das Jahr des Übergangs und auf das folgende Jahr oder auf das Jahr des Übergangs und die beiden folgenden Jahre verteilt werden. Diese Erleichterungen sind bei Inanspruchnahme auch in der Taxonomie anzugeben.

Beispiel: Steuerliche Gewinnermittlung bei Wechsel der Gewinnermittlungsart

Das Einzelunternehmen T wechselt zum 01.01.2018 von der Einnahmen-Überschuss-Rechnung auf den Betriebsvermögensvergleich. Es wurde ein Übergangsgewinn i. H. v. 15.000 € ermittelt. Dem Antrag von T, die Verteilung des Übergangsgewinnes auf zwei Jahre vorzunehmen, wurde von der Finanzverwaltung stattgegeben. In den Wirtschaftsjahren 2018 und 2019 wurden keine weiteren außerbilanziellen Korrekturen festgestellt.

Wie sieht der Berichtsbestandteil „steuerliche Gewinnermittlung" in der E-Bilanz aus, wenn im Wirtschaftsjahr 2018 ein Jahresüberschuss i. H. v. 65.000 € und im Wirtschaftsjahr 2018 ein Jahresüberschuss i. H. v 70.000 € entstanden ist?

(Hinweis: NIL-Werte müssen nicht aufgezeigt werden)

Lösungsvorschlag: St. Gewinnermittlung bei Wechsel der Gewinnermittlungsart

Da die Finanzverwaltung dem Antrag von T stattgegeben hat, ist der Übergangsgewinn auf die Jahre 2018 und 2019 mit jeweils 7.500 € zu verteilen. Im Berichtsbestandteil „steuerliche Gewinnermittlung" ist darauf hinzuweisen, dass der Übergangsgewinn entsprechend aufgeteilt wird.

	Steuerliche Gewinnermittlung des Einzelunternehmens T (2018)	**€**
=	Steuerlicher Gewinn/Verlust (Nettomethode) (*SM*)	72.500
+	Jahresüberschuss/-fehlbetrag (*M*)	65.000
+	Zu- oder Abrechnungen nach Wechsel der Gewinnermittlungsart (aufgrund von Übergangsgewinnen/Übergangsverlusten) (*SM*)	7.500
+	Zu- oder Abrechnungen nach Wechsel der Gewinnermittlungsart (aufgrund von Übergangsgewinnen/Übergangsverlusten), Zurechnungen nach Wechsel der Gewinnermittlungsart (verteilt auf zwei Jahre) (*M*)	7.500

	Steuerliche Gewinnermittlung des Einzelunternehmens T (2019)	**€**
=	Steuerlicher Gewinn/Verlust (Nettomethode) (*SM*)	77.500
+	Jahresüberschuss/-fehlbetrag (*M*)	70.000
+	Zu- oder Abrechnungen nach Wechsel der Gewinnermittlungsart (aufgrund von Übergangsgewinnen/Übergangsverlusten) (*SM*)	7.500
+	Zu- oder Abrechnungen nach Wechsel der Gewinnermittlungsart (aufgrund von Übergangsgewinnen/Übergangsverlusten), Zurechnungen nach Wechsel der Gewinnermittlungsart (verteilt auf zwei Jahre) (*M*)	7.500

7.3.7   Problembereich: Mussfeld

Auch im Berichtsbestandteil „steuerliche Gewinnermittlung" gilt, dass bei den Mussfeldern die einzelnen Werte aus den Buchführungsunterlagen gem. § 140 AO ableitbar sein müssen. Hierbei ist es ausreichend, wenn die Werte aus den im Hauptbuch geführten Kontensalden abgeleitet werden können. Diese Erleichterungsregelung führt aber dazu, dass über die meisten Mussfelder, die im Berichtsbestandteil „steuerliche Gewinnermittlung" angeführt sind, nicht werthaltig berichtet werden kann, da es sich hierbei vor allem um Korrekturen handelt, die nicht gebucht werden. Bspw. wird der Hinzurechnungsbetrag gem. § 4 Abs. 4a EStG normalerweise in einer Nebenrechnung bspw. in Excel ermittelt und anschließend dem Gewinn hinzugerechnet. Er wird nicht auf ein spezielles Konto gebucht und somit fehlt die notwendige Ableitbarkeit für das Mapping des Berichtsbestandteils „steuerliche Gewinnermittlung". Dies führt somit zu einer Verzerrung des steuerlichen Gewinns. Mit anderen Worten, es wird nur über gebuchte Sachverhalte, soweit sie sich auf Mussfelder beziehen, berichtet. Dies führt nur zu einer Teilkorrektur des Jahresüberschusses/-fehlbetrags.

U. E. stehen dem bilanzierenden Unternehmen folglich zwei Möglichkeiten für die Übermittlung des Berichtsbestandteils „steuerliche Gewinnermittlung" zur Verfügung:

- **Keine Angabe von Korrekturwerten**
  Es werden die entsprechenden Mussfelder nicht ausgefüllt und die steuerliche Gewinnermittlung wird in Papierform an die Finanzverwaltung eingereicht. Dann aber besteht für das bilanzierende Unternehmen mit an Sicherheit grenzender Wahrscheinlichkeit das Risiko, dass die steuerliche Gewinnermittlung in Papierform von der Finanzverwaltung nicht angenommen wird.
- **Angabe aller Korrekturwerten**
  Es werden alle Mussfelder, die aus der Buchführung ableitbar sind, durch das Kontenmapping werthaltig übermittelt, und Mussfelder, die nicht aus der Buchführung ableitbar sind, werden als manuelle Konten im System erstellt und anschließend gemappt. Hier sollte aber das bilanzierende Unternehmen eine separate Evidenz für die manuell erstellten Positionen führen, damit später für eine evtl. stattfindende Betriebsprüfung die Herkunft dieser Beträge nachvollzogen werden kann.

7.4   Steuerliche Gewinnermittlung bei Feststellungsverfahren

Mit dem BMF-Schreiben vom 24.05.2016 wurde die Bezeichnung des Berichtsbestandteils „steuerliche Gewinnermittlung für Personengesellschaften" durch die Bezeichnung „steuerliche Gewinnermittlung bei Feststellungsverfahren" ersetzt. Ab dem Zeitpunkt der Taxonomie 6.0 vom 01.04.2016 ist dieser Berichtsbestandteil somit nicht nur bei Per-

	Steuerlicher Gewinn/Verlust nach Nettomethode (*M*)
+	Zurechnungen (*SM*)
–	Abrechnungen (*SM*)
+	Korrekturen nach § 3 Nr. 40 EStG und §3c Abs. 2 EStG und §8b KStG unter Berücksichtigung § 8b Abs. 3 und 5 KStG aus anderer Mitunternehmerschaft (*M*)
=	Steuerlicher Gewinn/Verlust bei Feststellungsverfahren (*SM*)

Abb. 7.5 Steuerliche Gewinnermittlung bei Feststellungsverfahren

sonengesellschaften anzuwenden, sondern auch bei Einzelunternehmen, die nach § 180 Abs. 1 Satz 1 Nr. 1 Buchstabe b AO die Gewinne feststellen.[5]

Personengesellschaften müssen für Zwecke der Veranlagung der Gesellschafter der Personengesellschaft eine gesonderte und einheitliche Feststellung der Einkünfte an die Finanzverwaltung übermitteln. Da für Personengesellschaften das Transparenzprinzip gilt, Personengesellschaften also selbst nicht einkommensteuerpflichtig sind, sind die erzielten Einkünfte der Personengesellschaften auf die Gesellschafter anteilmäßig zu verteilen und deren persönlichem Einkommensteuersatz bzw. der Körperschaftsteuer zu unterwerfen. D. h., bestimmte getätigte Korrekturen im Berichtsbestandteil „steuerliche Gewinnermittlung" müssen mithilfe dieses Berichtsbestandteiles neutralisiert werden, um sie später auf der Ebene der Gesellschafter berücksichtigen zu können.

Bei **Einzelunternehmen** wird in besonderen Fällen ähnlich wie bei den Personengesellschaften eine gesonderte Feststellung der Einkünfte an die Finanzverwaltung übermittelt. Diese dient der Feststellung der Besteuerungsgrundlage des Einzelunternehmens, soweit der Betrieb nicht im Finanzamtsbezirk des Wohnsitzfinanzamts veranlagt wird. D. h., ähnlich wie bei den Personengesellschaften müssen bestimmte getätigte Korrekturen im Berichtsbestandteil „steuerliche Gewinnermittlung" auch mithilfe dieses Berichtsbestandteiles neutralisiert werden, damit sie später in der Einkommensteuererklärung des Einzelunternehmens berücksichtigt werden können.

Bei Personengesellschaften, wie auch bei Einzelunternehmen, wird für Feststellungszwecke das Bruttoverfahren angewendet. Die Berechnung des steuerlichen Gewinnes/Verlustes bei Feststellungsverfahren ist in Abb. 7.5 dargestellt.

Ausgangspunkt der Berechnung bildet hierbei der steuerliche Gewinn/Verlust nach der Nettomethode, also der im Berichtbestandteil „steuerliche Gewinnermittlung" ermittelte Gewinn/Verlust. Dieser Gewinn/Verlust ist anschließend um folgende Felder zu korrigieren:

---

[5] BMF-Schreiben v. 24. Mai 2016, BStBl 2016 I, S. 500.

- **Zurechnungen (SM)**
  In dieser Position müssen alle steuerfreien Erträge nach § 3 Nr. 40 EStG, nach § 8b KStG und nach § 4 Abs. 7 Satz 2 UmwStG i. Z. m. § 3 Nr. 40 sowie § 3c EStG die im Rahmen des Berichtsbestandteiles „steuerliche Gewinnermittlung" abgezogen wurden, wieder hinzugerechnet werden.

- **Abrechnungen (SM)**
  Die im Berichtsbestandteil „steuerliche Gewinnermittlung" hinzugerechneten nicht abziehbaren Aufwendungen gem. § 3c Abs. 2 EStG, gem. § 8b Abs. 3 Satz 3 ff. KStG und gem. § 4 Abs. 6 UmwStG sind hier abzuziehen.

- **Korrekturen nach § 3 Nr. 40 EStG und § 3c Abs. 2 EStG und § 8b KStG unter Berücksichtigung § 8b Abs. 3 und 5 KStG aus anderer Mitunternehmerschaft**
  Soweit im Berichtsbestandteil „steuerliche Gewinnermittlung" steuerfreie Erträge gem. § 3 Nr. 40 i. V. m. § 3c Abs. 2 EStG und/oder gem. § 8b KStG aus Beteiligungen an Personengesellschaften berücksichtigt worden sind, sind diese steuerfreien Erträge und die damit verbundenen nicht abzugsfähigen Aufwendungen hier zu neutralisieren. Diese Position ist nicht bei Einzelunternehmen anwendbar.

Der Berichtsbestandteil „steuerliche Gewinnermittlung bei Feststellungsverfahren" ist zwingend zu übermitteln, unabhängig davon, ob er mit Werten befüllt ist oder nicht, da er in diesen Fällen dem Nachweis der Nichtexistenz solcher Korrekturwerte dient.

Auch in diesem Berichtsbestandteil sind die Mussfelder ein Problem. Wurden die entsprechenden Mussfelder im Berichtsbestandteil „steuerliche Gewinnermittlung" befüllt, sind sie auch im Berichtsbestandteil „steuerliche Gewinnermittlung bei Feststellungsverfahren" anzugeben. Soweit die entsprechenden Mussfelder im Berichtsbestandteil „steuerliche Gewinnermittlung" nicht angegeben wurden, ist die „steuerliche Gewinnermittlung bei Feststellungsverfahren" in Papierform an die Finanzverwaltung zu versenden, wobei dann aber mit an Sicherheit grenzender Wahrscheinlichkeit davon auszugehen ist, dass die Papierform von der Finanzverwaltung nicht angenommen wird.

Beispiel: Steuerliche Gewinnermittlung einer Personengesellschaft

Die D-GmbH & Co. KG, deren alleinige Gesellschafter zwei GmbHs (B-GmbH und C-GmbH) sind, hat im Geschäftsjahr 2018 einen Jahresüberschuss i. H. v. 5.000.000 € erzielt. Im laufenden Geschäftsjahr 2018 hat die D-GmbH & Co. KG aus der Beteiligung an der E-GmbH, die ein 100 %-iges Tochterunternehmen der D-GmbH & Co. KG ist, eine Dividende i. H. v. 1.000.000 € erhalten und i. S. d. Zinsschranke waren Zinsaufwendungen nach § 4h EStG i. H. v. 3.050.000 € entstanden. Außerdem ist die D-GmbH & Co. KG noch an der F-GmbH & Co. KG zu 80 % beteiligt, die aus der 100 %-igen Beteiligung an der G-GmbH eine Dividende i. H. v. 10.000 € und aus der 10 %-igen Beteiligung an der H-AG eine Dividende i. H. v. 15.000 € bezogen hat. Beide Beteiligungen wurden von der F-GmbH & Co. KG zum 01.01.2014 erworben. Bei der F-GmbH & Co. KG wurden keine weiteren außerbilanziellen Abweichungen festgestellt.

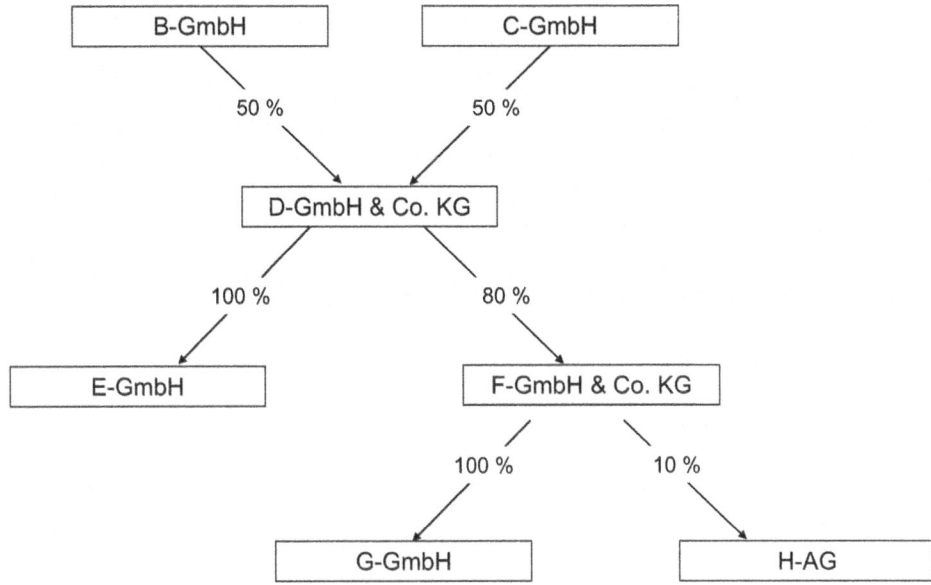

Erstellen Sie die Berichtsbestandteile „steuerliche Gewinnermittlung" und „steuerliche Gewinnermittlung bei Feststellungsverfahren" für die E-Bilanz der D-GmbH & Co. KG!

(Hinweis: NIL-Werte müssen nicht aufgezeigt werden)

Lösungsvorschlag: Steuerliche Gewinnermittlung einer Personengesellschaft

Bei der D-GmbH & Co. KG handelt es sich um eine Mitunternehmerschaft. Gem. § 15 Abs. 1 Nr. 2 Satz 2 EStG handelt es sich um eine doppelstöckige Personengesellschaft, da die D-GmbH & Co. KG an der F-GmbH & Co. KG mit 80 % beteiligt ist. An der E-AG ist die D-GmbH & Co. KG mit 100 % beteiligt.

In einem ersten Schritt muss bei der Ermittlung des steuerlichen Gewinnes der D-GmbH & Co. KG die erhaltene Dividende aus den mittelbaren und unmittelbaren Beteiligungen gem. § 8b Abs. 1 Satz 1 KStG außer Ansatz bleiben. Gem. § 8b Abs. 5 KStG werden 5 % dieser Dividenden als nicht abziehbare Aufwendungen dem Gewinn wieder hinzugerechnet. In Verbindung damit ist aber die Beschränkung des § 8b Abs. 4 KStG (Streubesitz) zu beachten.

Die erhaltene Dividende aus der 100 %-igen Beteiligung an der E-GmbH bleibt gem. § 8b Abs. 1 KStG i. V. m. § 8b Abs. 5 KStG zu 95 % steuerfrei (950.000 €). Gem. § 8 Abs. 4 Satz 4 und Satz 5 KStG handelt es sich aus der Sicht der beiden GmbHs, der Gesellschafter B-GmbH und C-GmbH, um unmittelbare Beteiligungen von jeweils 50 % (100 % × 50 %).

Die Dividende aus der G-GmbH fließt über die F-GmbH & Co. KG zu 80 % der D-GmbH & Co. KG zu. Auch diese Dividende i. H. v. 8.000 € (80 % von 10.000 €) bleibt gem. § 8b Abs. 1 i. V. m. Abs. 5 KStG zu 95 % steuerfrei (7.600 €), da es sich auch hier aus Sicht der beiden GmbHs um unmittelbare Beteiligungen gem. § 8 Abs. 4 Satz 4 und Satz 5 KStG i. H. v. jeweils 40 % (100 % × 50 % × 80 %) handelt.

Die Dividende aus der H-AG fließt über die F-GmbH & Co. KG zu 8 % der D-GmbH & Co. KG zu. Aus Sicht der beiden Gesellschafter-GmbHs handelt es sich um unmittelbare Beteiligungen gem. § 8 Abs. 4 Satz 4 und Satz 5 KStG von jeweils 4 % (10 % × 50 % × 80 %). Bei der Dividende von der H-AG greift § 8b Abs. 4 KStG, d. h. die Dividende bleibt im Gewinn enthalten.

Gem. § 4h EStG müssen die nichtabzugsfähigen Zinsaufwendungen wegen der Zinsschrankenberechnung auch dem Gewinn hinzugerechnet werden.

	Steuerliche Gewinnermittlung der D-GmbH & Co. KG (2018)	€
=	Steuerlicher Gewinn/Verlust (*SM*)	7.092.400
+	Jahresüberschuss/-fehlbetrag (*M*)	5.000.000
−	Abrechnungen (*SM*)	950.000
+	Abrechnungen, nach § 8b KStG steuerfreie Erträge (*SM*)	950.000
+	Abrechnungen, nach § 8b KStG steuerfreie Erträge, Bezüge i. S. v. § 8b Abs. 1 KStG und Gewinne i. S. v. § 8b Abs. 2 KStG (*M*)	1.000.000
−	Abrechnungen, nach § 8b KStG steuerfreie Erträge, zuzüglich 5 % nach § 8b Abs. 3 und Abs. 5 KStG (*M*)	50.000
+	Zurechnungen (*SM*)	3.050.000
+	Zurechnungen, Zinsschranke § 4h EStG (*M*)	3.050.000
+	Steuerliche Korrekturen bei Beteiligungen aus Personengesellschaften (*SM*)	−7.600
+	Steuerliche Korrekturen bei Beteiligungen aus Personengesellschaften, Korrekturen nach § 3 Nr. 40 EStG und § 3 c Abs. 2 EStG und § 8b KStG unter Berücksichtigung § 8b Abs. 3 und Abs. 5 KStG (*M*)	−7.600

Im zweiten Schritt muss die bei der steuerlichen Gewinnermittlung abgezogene Dividende und die damit verbundenen nicht abziehbaren Aufwendungen wieder neutralisiert werden, da sie erst auf der Ebene der Gesellschafter (B-GmbH und C-GmbH) berücksichtigt werden können.

	Steuerliche Gewinnermittlung bei Feststellungsverfahren der D-GmbH & Co. KG (2018)	€
=	Steuerlicher Gewinn/Verlust bei Feststellungsverfahren (*SM*)	8.050.000
+	Steuerlicher Gewinn/Verlust nach Nettomethode (*M*)	7.092.400
+	Zurechnungen (*SM*)	950.000
+	Zurechnungen, zuzüglich nach § 8b KStG steuerfreie Erträge (*SM*)	950.000
+	Zurechnungen, zuzüglich nach § 8b KStG steuerfreie Erträge, Bezüge i. S. v. § 8b Abs. 1 KStG und Gewinne i. S. v. § 8b Abs. 2 KStG (*M*)	1.000.000
−	Zurechnungen, zuzüglich nach § 8b KStG steuerfreie Erträge, abzüglich 5 % nach § 8b Abs. 3 und Abs. 5 KStG (*M*)	50.000
+	Korrekturen nach § 3 Nr. 40 EStG und § 3c Abs. 2 EStG und § 8b KStG unter Berücksichtigung § 8b Abs. 3 und 5 KStG aus anderer Mitunternehmerschaft (*M*)	7.600

7.5 Kapitalkontenentwicklung

Gem. §§ 120–122 HGB bei OHGs, §§ 167–169 i. V. m. §§ 120–122 HGB bei KGs sind Gewinne und Einlagen grundsätzlich dem Kapitalanteil der Gesellschafter zuzuschreiben und Verluste und Entnahmen sind vom Kapitalanteil der Gesellschafter abzuziehen. Ähnliches gilt gem. §§ 721–722 BGB auch für BGB-Gesellschaften.

Steuerrechtlich ist aber die Zuschreibung von Verlusten auf die einzelnen Gesellschafter begrenzt. Gem. § 15a EStG dürfen Verluste einer Personengesellschaft (Mitunternehmerschaft), die einem beschränkt haftenden Gesellschafter (Kommanditisten) zugerechnet werden, nur mit zukünftigen dem Kommanditisten zugeteilten Gewinnen aus der Personengesellschaft (Mitunternehmerschaft) verrechnet werden. Die Verlustnutzungsbegrenzung gem. § 15a EStG ist aber nicht Bestandteil der E-Bilanz-Kapitalkontenentwicklung, deshalb wird darauf an dieser Stelle nicht weiter eingegangen.

Für die Darstellung der Kapitalkontenentwicklung gibt es verschiedene Verfahren (Ein-, Zwei-, Drei- bzw. Vierkontenmodelle) und bislang hat es der Finanzverwaltung auch gereicht, dass nur für die einzelnen Kapitalkonten je Gesellschafter die Werte für die Anfangs- und Endbestände sowie auch ein Gesamtwert aller Jahresbewegungen in Papierform an die Finanzverwaltung übermittelt worden sind. Für Wirtschaftsjahre, die nach dem 31.12.2014 beginnen, ist aber die Kapitalkontenentwicklung in vorgegebener Form zwingend als separater Berichtsbestandteil der E-Bilanz an die Finanzverwaltung zu übermitteln. Für die Erstellung und Übermittlung der Kapitalkontenentwicklung ist die bisherige Form der Darstellung der Kapitalkontenentwicklung jedoch nicht mehr ausreichend, da sie zu oberflächlich ist. Die E-Bilanz fordert nämlich von jedem Gesellschafter eine genaue Aufzeichnung der Bewegungen eines jeden Kapitalkontos. Das bilanzierende Unternehmen muss deshalb eine Anpassung der Buchführung vornehmen, damit den Anforderungen der Finanzverwaltung entsprochen werden kann. Eine Kapitalkontenentwicklung ist aber nicht für den mittelbar beteiligten Gesellschafter oder für den bereits ausgeschiedenen Gesellschafter zu erstellen. In der E-Bilanz muss also die Entwicklung der Eigenkapitalkonten von jedem Voll- und Teilhafter dargestellt werden; die Entwicklung der Fremdkapitalkonten je Voll- und Teilhafter muss nicht, kann aber abgebildet werden.

7.5.1 Eigenkapitalkontenentwicklung

Die Eigenkapitalkontenentwicklung stellt die Entwicklung des Eigenkapitals dar. Bei der Eigenkapitalkontenentwicklung wird seitens der Finanzverwaltung eine doppelte Prüfung vorgenommen. Soweit nämlich die Gesellschafter im Stammdatenmodul in Voll- und Teilhafter aufgeteilt sind, ist zwingend eine Eigenkapitalkontenentwicklung zu erstellen. Damit sind auch vollständige Angaben über die Gesellschafter im Stammdatenmodul zu machen.[6] Soweit der neue zurzeit noch freiwillig übermittelbare Berichtsbestandteil „steu-

---

[6] Vgl. KONSENS, Technischer Leitfaden zur Taxonomie 6.2 v. 01.04.2018, 2018, S. 86.

erlicher Betriebsvermögensvergleich" werthaltig angegeben wird, wird automatisch eine weitere Prüfung vorgenommen, die die Summe der Entnahmen im Berichtsbestandteil „Kapitalkontenentwicklung" mit den Entnahmen im Berichtsbestandteil „steuerliche Betriebsvermögensvergleich" vergleicht.[7]

Die Entwicklung der Eigenkapitalkonten je Voll- und Teilhafter muss zwingend in der vorgeschriebenen Form erfolgen. Dafür sind bei den Eigenkapitalkonten folgende Angaben zu machen:

- Gesellschafterschlüssel,
- Eigenkapitalkontenarten,
- Wertentwicklung,
- Steuerliche Überleitungsrechnung.

Damit eine Aufteilung der Kapitalkonten vorgenommen werden kann, muss jedem Voll- und Teilhafter ein **Gesellschafterschlüssel** zugeordnet werden, der mit dem Gesellschafterschlüssel aus dem Stammdatenmodul übereinstimmen muss. In der Praxis muss der Gesellschafterschlüssel nicht noch einmal an dieser Stelle eingegeben werden, da die entsprechenden Programme die Informationen direkt dem Stammdatenmodul entnehmen.

In der E-Bilanz wurden zahlreiche u. a. **Eigenkapitalkonten** definiert. Somit soll gesichert werden, dass alle in der Praxis üblichen Eigenkapitalkonten erfasst werden. Es muss aber nicht über alle Eigenkapitalkonten werthaltig berichtet werden, sondern nur über diejenigen, die auch tatsächlich beim Gesellschafter vorkommen.

Für die Vollhafter sind in der Taxonomie-Kapitalkontenentwicklung folgende Eigenkapitalkonten definiert:

- Festkapital,
- variables Kapital,
- Verlustvortragskonto,
- Gesellschafterdarlehen als Eigenkapital [persönlich haftender Gesellschafter],
- verrechneter nicht durch Vermögenseinlagen gedeckter Verlustanteil (persönlich haftender Gesellschafter),
- verrechnete nicht durch Vermögenseinlagen gedeckte Entnahmen (persönlich haftender Gesellschafter),
- verrechnete nicht durch Vermögenseinlagen gedeckte Abfindungen an ausgeschiedene Gesellschafter,
- Verrechnungskonto Einzahlungsverpflichtungen,
- steuerlicher Ausgleichsposten,
- Jahresüberschuss/-fehlbetrag (Bilanz) im Sinne des § 264c Abs. 2 HGB bei Personen(handels)gesellschaften,

---

[7] Vgl. KONSENS, Technischer Leitfaden zur Taxonomie 6.2 v. 01.04.2018, 2018, S. 66.

- Gewinn-/Verlustvortrag im Sinne des § 264c Abs. 2 HGB bei Personen(handels)gesellschaften,
- Bilanzgewinn/Bilanzverlust (Bilanz) im Sinne des § 264c Abs. 2 HGB bei Personen(handels)gesellschaften,
- Genussrechtskapital mit Eigenkapital-Charakter,
- nachrangiges Kapital (Eigenkapital-Charakter),
- Gewinnrücklagen/Ergebnisrücklagen,
- nicht eingeforderte ausstehende Einlage,
- Anteile an den Rücklagen,
- Währungsumrechnungsdifferenzen,
- nachrangiges Kapital [Aktivseite],
- ausstehende Einlagen nicht eingefordert,
- Dotationskapital.

Für Teilhafter sind in der Taxonomie-Kapitalkontenentwicklung grundsätzlich dieselben Kapitalkonten wie für Vollhafter vorgesehen. Folgende fünf Positionen wurden aber bei den Teilhaftern durch den Zusatz „Kommanditist(en)" modifiziert, um sie besser von den Kapitalkonten der Vollhafter zu unterscheiden:

- Gesellschafterdarlehen als Eigenkapital [Kommanditist],
- verrechneter nicht durch Vermögenseinlagen gedeckter Verlustanteil (Kommanditist),
- verrechnete nicht durch Vermögenseinlagen gedeckte Entnahmen (Kommanditist),
- steuerlicher Ausgleichsposten (Kommanditist),
- nicht eingeforderte ausstehende Einlagen der Kommanditisten.

Zusätzlich dazu wurden aber noch für die Teilhafter folgende drei Positionen eingefügt:

- Kommanditkapital,
- Einlagen stiller Gesellschafter mit EK-Charakter,
- Einlagen stiller Gesellschafter mit Eigenkapital-Charakter [Aktivseite].

Jedem Eigenkapitalkonto wurde auch eine standardisierte **Wertentwicklung** zugeteilt. Diese ist in Abb. 7.6 dargestellt. Soweit über eine der in der Abbildung angeführten Wertentwicklungspositionen nicht werthaltig berichtet werden kann, sind NIL-Werte zu übermitteln. Alle Wirtschaftsgüter, die der Steuerpflichtige dem Betrieb zuführt, werden gem. § 4 Abs. 1 Satz 8 EStG als Einlagen bezeichnet. Wirtschaftsgüter, die aus dem Betriebsvermögen entnommen werden, sind gem. § 4 Abs. 1 Satz 2 EStG Entnahmen. Zu unterscheiden ist zwischen der Position „Umbuchung auf andere Kapitalkonten" und der Position „andere Kapitalkontenanpassungen". Die Position „Umbuchung auf andere Kapitalkonten" ist dann zu nutzen, wenn Umgliederungen innerhalb der Kapitalkonten gemacht werden (bspw. wenn die nicht entnommenen Gewinne der Erhöhung des Festkapitals dienen). Hingegen ist die Position „andere Kapitalkontenanpassungen" bspw. nur

	Anfangsbestand Kapitalkonto *(M)*
+	Einlagen *(M)*
-	Entnahmen *(M)*
+	Kapitaländerung durch Übertragung einer § 6 b EStG Rücklage *(M)*
+	Ergebnisanteil *(M)*
+	Umbuchungen auf andere Kapitalkonten *(M)*
+	andere Kapitalkontenanpassungen *(M)*
=	**Endbestand Eigenkapitalkonto *(SM)***

Abb. 7.6 Wertentwicklung der Eigenkapitalkonten

nach einer steuerlichen Außenprüfung zu verwenden, wenn die Anfangsbestände geändert wurden.

Laut der Erläuterung in der Visualisierung der Taxonomie (GAAP-Modul, Zelle AF3198) werden die Endbestände der Positionen „Festkapital", „Variables Kapital", „Verlustvortragskonto", „Gesellschafterdarlehen als Eigenkapital", „verrechneter nicht durch Vermögenseinlagen gedeckter Verlustanteil" und „verrechnete nicht durch Vermögenseinlagen gedeckte Entnahmen" rechnerisch mit den entsprechenden Positionen in der Taxonomie-Bilanz, d. h. „Kapitalanteile der persönlich haftenden Gesellschafter" oder „Kapitalanteile Kommanditisten" abgestimmt.

Soweit eine Handelsbilanz mit einer steuerlichen Überleitungsrechnung an die Finanzverwaltung übermittelt wird, werden auch bei der Eigenkapitalkontenentwicklung Anpassungen an die steuerbilanziellen Werte erwartet. Nur in diesem Fall muss also auch bei der Eigenkapitalkontenentwicklung eine **steuerliche Überleitungsrechnung** erstellt werden.

Die Eigenkapitalkontenentwicklung inklusive steuerlicher Überleitungsrechnung wird innerhalb der E-Bilanz in Form einer Tabelle abgebildet. Die Tabellenform wurde mit der Taxonomie 6.0 vom 01.04.2016 von der Finanzverwaltung vorgeschrieben: in den Zeilen sind die Handelsbilanz-, Überleitungs- und Steuerbilanzwerte einzutragen und in den Spalten ist die Wertentwicklung aufzuzeigen.[8]

Die Summe aller Eigenkapitalkontenarten muss dem Wert des in der Taxonomie-Bilanz ausgewiesenen Eigenkapitals entsprechen.

Die nachfolgende Abb. 7.7 zeigt, welche ausgewählten Eigenkapitalkonten aus der Taxonomie-Kapitalkontenentwicklung welchen Eigenkapitalkonten aus der Taxonomie-Bilanz zugeordnet werden.

---

[8] Vgl. KONSENS, Technischer Leitfaden zur Taxonomie 6.0 v. 01.04.2016, 2016, Abschn. 15.3.

Positionen laut Taxonomie-Bilanz	Positionen laut Taxonomie-Kapitalkontenentwicklung
Kapitalanteile der persönlich haftenden Gesellschafter / Kapitalanteile der Kommanditisten einschließlich nicht durch Eigenkapital gedeckter Verluste / Entnahmen	Festkapital
	Variables Kapital
	Verlustvortragskonto
	Gesellschafterdarlehen als Eigenkapital
	verrechneter nicht durch Vermögenseinlagen gedeckter Verlustanteil
	verrechnete nicht durch Vermögenseinlagen gedeckte Entnahmen
Rücklagen (gesamthänderischgebunden)	Anteile an den Rücklagen
Jahresüberschuss/-fehlbetrag (Bilanz) im Sinne des § 264c Abs. 2 HGB bei Personen(handels)gesellschaften	Jahresüberschuss/-fehlbetrag (Bilanz) im Sinne des § 264c Abs. 2 HGB bei Personen(handels)gesellschaften
Gewinn-/Verlustvortrag im Sinne des § 264c Abs. 2 HGB bei Personen(handels)gesellschaften	Gewinn-/Verlustvortrag im Sinne des § 264c Abs. 2 HGB bei Personen(handels)gesellschaften
Bilanzgewinn/Bilanzverlust (Bilanz) im Sinne des § 264c Abs. 2 HGB bei Personen(handels)gesellschaften	Bilanzgewinn/Bilanzverlust (Bilanz) im Sinne des § 264c Abs. 2 HGB bei Personen(handels)gesellschaften
steuerlicher Ausgleichsposten	steuerlicher Ausgleichsposten

Abb. 7.7 Zusammenhang zwischen der Bilanz und der Kapitalkontenentwicklung

---

Beispiel: Kapitalkontenentwicklung I.

An der I-OHG sind zwei Personen, der Gesellschafter J (40 %) und der Gesellschafter K (60 %), beteiligt. Im Wirtschaftsjahr 2018 wurde ein Jahresüberschuss i. H. v. 80.000 € erzielt. Laut Steuererklärung wurden außerbilanzielle Hinzurechnungen i. H. v. 2.000 € ermittelt. Innerbilanzielle Korrekturen gab es keine. Innerhalb des Wirtschaftsjahres hat der Gesellschafter K mit der Zustimmung des Gesellschafters J aus der Kasse eine Entnahme i. H. v. 1.000 € getätigt, um seine Einkommensteuervorauszahlung zu begleichen.

Gemäß Gesellschaftsvertrag dürfen nur das Festkapital und das variable Kapital als Kapitalkonten ausgewiesen werden. Auf dem Festkapitalkonto sind nur die bei der Gründung der OHG eingezahlten nicht entnahmefähigen Mittel zu führen. Auf dem variablen Kapitalkonto sind Einnahmen, Entnahmen, Gewinn- und Verlustanteile aufzuzeigen. Im Gesellschaftsvertrag wurde auch geregelt, dass der Gewinn/Verlust nach den Verhältnissen am Festkapital zu verteilen ist. Die Endbestände der Kapitalkonten der beiden Gesellschafter sehen zum 31.12.2017 wie folgt aus:

	Gesellschafter J	Gesellschafter K
Festkapital (€)	40.000	60.000
Variables Kapital (€)	800	1.200

Zeigen Sie, wie der Berichtsbestandteil „Kapitalkontenentwicklung" und das Eigenkapital im Berichtsbestandteil „Bilanz" im Wirtschaftsjahr 2018 aussieht!
(Hinweis: NIL-Werte müssen nicht aufgezeigt werden)

Lösungsvorschlag: Kapitalkontenentwicklung I.

Beide Gesellschafter der I-OHG haften mit ihrem gesamten Privatvermögen. Deshalb ist im Berichtsbestandteil „Kapitalkontenentwicklung" nur die Eigenkapitalkontenentwicklung der beiden Vollhafter anzugeben. Die Anzahl und Art der Kapitalkonten wie auch die Gewinn-/Verlustverteilung wurde im Gesellschaftsvertrag geregelt. Deshalb sind hier § 120 (gesetzliches Einkontenmodel) HGB und § 121 (gesetzliche Gewinn-/Verlustverteilung) HGB nicht zu beachten. Das Festkapital spiegelt die bei der Gründung der OHG eingezahlten nicht entnahmefähigen Beträge beider Gesellschafter wider. Der Jahresüberschuss wird anteilig auf das variable Kapital der beiden Gesellschafter gebucht. Die Entnahme wird nur auf das variable Kapital des Gesellschafters K gebucht. Die Kapitalkontenentwicklung sieht bei beiden Gesellschaftern wie folgt aus:

Festkapitalkonto des vollhaftenden Gesellschafters J (40 %)	Anfangsbestand Kapitalkonto (M)	Endbestand Eigenkapitalkonto (SM)
HB (€)	40.000	40.000
StÜR (€)		
StB (€)	40.000	40.000

Variables Kapitalkonto des vollhaftenden Gesellschafters J (40 %)	Anfangsbestand Kapitalkonto (M)	Ergebnisanteil (M)	Endbestand Eigenkapitalkonto (SM)
HB (€)	800	32.000	32.800
StÜR (€)			
StB (€)	800	32.000	32.800

Festkapitalkonto des vollhaftenden Gesellschafters K (60 %)	Anfangsbestand Kapitalkonto (M)	Endbestand Eigenkapitalkonto (SM)
HB (€)	60.000	60.000
StÜR (€)		
StB (€)	60.000	60.000

Variables Kapitalkonto des vollhaftenden Gesellschafters K (60 %)	Anfangsbestand Kapitalkonto (M)	Ergebnisanteil (M)	Entnahme (M)	Endbestand Eigenkapitalkonto (SM)
HB (€)	1.200	48.000	1.000	48.200
StÜR (€)				
StB (€)	1.200	48.000	1.000	48.200

In der Taxonomie-Bilanz muss keine Gliederung des Summenmussfeldes „Kapitalanteile der persönlich haftenden Gesellschafter" erfolgen, da die Kapitalkontenentwicklung an die Finanzverwaltung übermittelt wird. Die Darstellung des Eigenkapitals sieht wie folgt aus:

Taxonomie-Bilanz der I-OHG zum 31.12.2018	€		
	HB	StÜR	StB
= Bilanzsumme, Summe Aktiva (*SM*)	...		...
...	...		...
= Bilanzsumme, Summe Passiva (*SM*)	...		...
+ Eigenkapital (*SM*)	181.000		181.000
+ Gezeichnetes Kapital/Kapitalkonto/Kapitalanteile (*SM*)	181.000		181.000
+ Gezeichnetes Kapital/Kapitalkonto/Kapitalanteile, Kapitalanteile der persönlich haftenden Gesellschafter (*SM*)	181.000		181.000
...	...		...

Die Eigenkapitalkonten „Jahresüberschuss/-fehlbetrag (Bilanz) im Sinne des § 264c Abs. 2 HGB bei Personen(handels)gesellschaften", „Gewinn-/Verlustvortrag im Sinne des § 264c Abs. 2 HGB bei Personen(handels)gesellschaften" und „Bilanzgewinn/Bilanzverlust (Bilanz) im Sinne des § 264c Abs. 2 HGB bei Personen(handels)gesellschaften" sind nur bei Personengesellschaften i. S. d. § 264a HGB oder bei Personengesellschaften, die sich entschieden haben, nach § 264c HGB zu bilanzieren, anzugeben. Personengesellschaften, die nicht nach § 264c HGB bilanzieren, dürfen diese Eigenkapitalkonten nicht benutzen, weil der Gewinn/Verlust direkt auf die Kapitalanteile gebucht wird.

Beispiel: Kapitalkontenentwicklung II.

An der U-GmbH & Co. KG sind die vollhaftende S-GmbH (2 %) und die teilhaftende T-GmbH (98 %) beteiligt.

Im Gesellschaftsvertrag ist vereinbart, dass auf dem Festkapitalkonto die Einzahlungen der Gesellschafter dargestellt werden, auf dem Rücklagenkonto die nicht entnahmefähigen Gewinne, auf dem variablen Konto entnahmefähige Gewinnanteile, Tätigkeitsvergütungen, Entnahmen, Einlagen sowie Zinsen und auf dem Verlustvortragskonto etwaige Verluste. Die Höhe des Rücklagenkontos kann nur durch einen Gesellschafterbeschluss geändert werden. Gegebenenfalls ist auch ein Darlehenskonto zu führen. Die Gesellschafterversammlung ist ermächtigt, über die Gewinnverwendung zu entscheiden. Noch nicht verwendete Gewinne sind auch in der Kapitalkontenentwicklung aufzuzeigen. Als Verteilungsschlüssel ist der Beteiligungsschlüssel der Gesellschafter zugrunde zu legen.

Im Wirtschaftsjahr (= Kalenderjahr) 2017 wurde der erwirtschaftete Gewinn insgesamt in den Gewinnvortrag eingestellt. Es wurden zum 31.12.2017 folgende Endbestände der Kapitalkonten der Gesellschafter ermittelt:

	Gesellschafter S-GmbH	Gesellschafter T-GmbH
Festkapital (€)	2.000	98.000
Anteile an den Rücklagen (€)	100.000	4.900.000
Gewinnvortrag (€)	30.000	1.470.000

Im Wirtschaftsjahr (= Kalenderjahr) 2018 wurde ein Verlust i. H. v. 1.700.000 € erwirtschaftet. Innerbilanzielle Abweichungen wurden i. H. v. 350.000 € festgestellt. Laut dem Gewinnverwendungsbeschluss ist der Verlust zuerst mit dem Gewinnvortrag und der Restbetrag mit den Rücklagen zu verrechnen.

Im Wirtschaftsjahr (= Kalenderjahr) 2019 wurde ein Gewinn i. H. v. 200.000 € erwirtschaftet. Innerbilanzielle Abweichungen wurden i. H. v. 100.000 € festgestellt. Laut dem Gewinnverwendungsbeschluss ist der Gewinn in die Rücklagen einzustellen.

Zeigen Sie, wie der Berichtsbestandteil „Kapitalkontenentwicklung" und das Eigenkapital im Berichtsbestandteil „Bilanz" für die Wirtschaftsjahre 2018 und 2019 aussieht!

(Hinweis: NIL-Werte müssen nicht angezeigt werden)

Lösungsvorschlag: Kapitalkontenentwicklung II.

Die Endbestände der Kapitalkonten des vollhaftenden Gesellschafters S-GmbH (2 %) und des teilhaftenden Gesellschafters T-GmbH (98 %) aus dem Wirtschaftsjahr 2017 werden als Anfangsbestände in das **Wirtschaftsjahr** 2018 übernommen.

Der Verlust ist laut dem Gewinnverwendungsbeschluss anteilig zuerst mit dem Gewinnvortrag und dann mit den Rücklagen zu verrechnen:

Verlust 2018 (€):	−1.700.000
Gewinnvortrag (€):	1.500.000 = (2 % * 1.500.000) + (98 % * 1.500.000)
Rücklagen (€):	200.000 = (2 % * 200.000) + (98 % * 200.000)
Verbleibender Verlust (€):	0

Festkapitalkonto (vollhaftender Gesellschafter S-GmbH (2 %))	Anfangsbestand Kapitalkonto (*M*)	Endbestand Eigenkapitalkonto (*SM*)
HB (€)	2.000	2.000
StÜR (€)		
StB (€)	2.000	2.000

Gewinn-/Verlustvortrag im Sinne des § 264c Abs. 2 HGB bei Personen(handels)gesellschaften (vollhaftender Gesellschafter S-GmbH (2 %))	Anfangsbestand Kapitalkonto (*M*)	Ergebnisanteil (*M*)	Endbestand Eigenkapitalkonto (*SM*)
HB (€)	30.000	−30.000	0
StÜR (€)			
StB (€)	30.000	−30.000	0

Anteile an den Rücklagen (vollhaftender Gesellschafter S-GmbH (2 %))	Anfangsbestand Kapitalkonto (*M*)	Ergebnisanteil (*M*)	Endbestand Eigenkapitalkonto (*SM*)
HB (€)	100.000	−4.000	96.000
StÜR (€)			
StB (€)	100.000	−4.000	96.000

Steuerlicher Ausgleichsposten (vollhaftender Gesellschafter S-GmbH (2 %))	Anfangsbestand Kapitalkonto (*M*)	Ergebnisanteil (*M*)	Endbestand Eigenkapitalkonto (*SM*)
HB (€)	0	0	0
StÜR (€)		7.000	
StB (€)	0	7.000	7.000

Festkapitalkonto (teilhaftender Gesellschafter T-GmbH (98 %))	Anfangsbestand Kapitalkonto (*M*)	Endbestand Eigenkapitalkonto (*SM*)
HB (€)	98.000	98.000
StÜR (€)		
StB (€)	98.000	98.000

Gewinn-/Verlustvortrag im Sinne des § 264c Abs. 2 HGB bei Personen(handels)gesellschaften (teilhaftender Gesellschafter T-GmbH (98 %))	Anfangsbestand Kapitalkonto (*M*)	Ergebnisanteil (*M*)	Endbestand Eigenkapitalkonto (*SM*)
HB (€)	1.470.000	−1.470.000	0
StÜR (€)			
StB (€)	1.470.000	−1.470.000	0

Anteile an den Rücklagen (teilhaftender Gesellschafter T-GmbH (98 %))	Anfangsbestand Kapitalkonto (*M*)	Ergebnisanteil (*M*)	Endbestand Eigenkapitalkonto (*SM*)
HB (€)	4.900.000	−196.000	4.704.000
StÜR (€)			
StB (€)	4.900.000	−196.000	4.704.000

Steuerlicher Ausgleichsposten (teilhaftender Gesellschafter T-GmbH (98 %))	Anfangsbestand Kapitalkonto (*M*)	Ergebnisanteil (*M*)	Endbestand Eigenkapitalkonto (*SM*)
HB (€)	0	0	0
StÜR (€)		343.000	
StB (€)	0	343.000	343.000

In der Taxonomie-Bilanz wird das Eigenkapital wie folgt angezeigt:

Taxonomie-Bilanz der U-GmbH & Co. KG zum 31.12.2018	€		
	HB	StÜR	StB
= Bilanzsumme, Summe Aktiva (*SM*)	...		...
...		...	...
= Bilanzsumme, Summe Passiva (*SM*)	...		...
+ Eigenkapital	4.900.000	350.000	5.250.000
+ Gezeichnetes Kapital/Kapitalkonto/Kapitalanteile (*SM*)	100.000		100.000
+ Gezeichnetes Kapital/Kapitalkonto/Kapitalanteile, Kapitalanteile der persönlich haftenden Gesellschafter (*SM*)	2.000		2.000
+ Gezeichnetes Kapital/Kapitalkonto/Kapitalanteile, Kapitalanteile der Kommanditisten (*SM*)	98.000		98.000
+ Eigenkapital, Rücklagen (gesamthänderisch gebunden) (*M*)	4.800.000		4.800.000
+ Eigenkapital, Gewinn-/Verlustvortrag im Sinne des 264c Abs. 2 HGB bei Personen(handels)gesellschaften (*R*)	0		0
+ Eigenkapital, steuerlicher Ausgleichsposten (*SM*)		350.000	350.000
+ Eigenkapital, steuerlicher Ausgleichsposten, steuerliches Mehr-/Minderergebnis lfd. Jahr gegenüber HB (*SM*)		350.000	350.000
...		...	...

Im **Wirtschaftsjahr** 2019 wird der Gewinn (200.000 €) in die Rücklagen eingestellt. Die Kapitalkontenentwicklung sieht wie folgt aus:

Festkapitalkonto (vollhaftender Gesellschafter S-GmbH (2 %))	Anfangsbestand Kapitalkonto (*M*)	Endbestand Eigenkapitalkonto (*SM*)
HB (€)	2.000	2.000
StÜR (€)		
StB (€)	2.000	2.000

Anteile an den Rücklagen (vollhaftender Gesellschafter S-GmbH (2 %))	Anfangsbestand Kapitalkonto (*M*)	Ergebnisanteil (*M*)	Endbestand Eigenkapitalkonto (*SM*)
HB (€)	96.000	4.000	100.000
StÜR (€)			
StB (€)	96.000	4.000	100.000

Steuerlicher Ausgleichsposten (vollhaftender Gesellschafter S-GmbH (2 %))	Anfangsbestand Kapitalkonto (*M*)	Ergebnisanteil (*M*)	Endbestand Eigenkapitalkonto (*SM*)
HB (€)	0	0	0
StÜR (€)		2.000	
StB (€)	0	2.000	2.000

Festkapitalkonto (teilhaftender Gesellschafter T-GmbH (98 %))	Anfangsbestand Kapitalkonto (M)	Endbestand Eigenkapitalkonto (SM)
HB (€)	98.000	98.000
StÜR (€)		
StB (€)	98.000	98.000

Anteile an den Rücklagen (teilhaftender Gesellschafter T-GmbH (98 %))	Anfangsbestand Kapitalkonto (M)	Ergebnisanteil (M)	Endbestand Eigenkapitalkonto (SM)
HB (€)	4.704.000	196.000	4.900.000
StÜR (€)			
StB (€)	4.704.000	196.000	4.900.000

Steuerlicher Ausgleichsposten (teilhaftender Gesellschafter T-GmbH (98 %))	Anfangsbestand Kapitalkonto (M)	Ergebnisanteil (M)	Endbestand Eigenkapitalkonto (SM)
HB (€)	0	0	0
StÜR (€)		98.000	
StB (€)	0	98.000	98.000

In der Taxonomie-Bilanz wird das Eigenkapital wie folgt dargestellt:

	Taxonomie-Bilanz der U-GmbH & Co. KG zum 31.12.2019	€		
		HB	StÜR	StB
=	Bilanzsumme, Summe Aktiva (SM)	…		…
	…	…		…
=	Bilanzsumme, Summe Passiva (SM)	…		…
+	Eigenkapital	5.100.000	100.000	5.200.000
+	Gezeichnetes Kapital/Kapitalkonto/Kapitalanteile (SM)	100.000		100.000
+	Gezeichnetes Kapital/Kapitalkonto/Kapitalanteile, Kapitalanteile der persönlich haftenden Gesellschafter (SM)	2.000		2.000
+	Gezeichnetes Kapital/Kapitalkonto/Kapitalanteile, Kapitalanteile der Kommanditisten (SM)	98.000		98.000
+	Eigenkapital, Rücklagen (gesamthänderisch gebunden) (M)	5.000.000		5.000.000
+	Eigenkapital, steuerlicher Ausgleichsposten (SM)		100.000	100.000
+	Eigenkapital, steuerlicher Ausgleichsposten, steuerliches Mehr-/Minderergebnis lfd. Jahr gegenüber HB (SM)		100.000	100.000
	…	…		…

7.5.2   Fremdkapitalkonten

Zusätzlich zur Eigenkapitalkontenentwicklung kann eine Fremdkapitalkontenentwicklung an die Finanzverwaltung elektronisch versendet werden.

Bei der Fremdkapitalkontenentwicklung sind analog zur Eigenkapitalkontenentwicklung folgende Angaben zu machen:

- Gesellschafterschlüssel,
- Fremdkapitalkontenarten,
- Wertentwicklung,
- steuerliche Überleitung.

Der **Gesellschafterschlüssel** dient der Aufspaltung der Fremdkapitalkonten. Er muss mit dem Gesellschafterschlüssel, hinterlegt im Stammdatenmodul, übereinstimmen.

In der Fremdkapitalkontenentwicklung wurden insgesamt nur vier **Fremdkapitalkonten** je Voll- und Teilhafter definiert. Die Fremdkapitalkonten sind für Voll- und Teilhafter identisch und sehen wie folgt aus:

- Darlehen mit Fremdkapitalcharakter,
- Forderungen,
- ausstehende Einlagen eingefordert,
- andere.

Im Unterschied zur Wertentwicklung der Eigenkapitalkonten ist die **Wertentwicklung** der Fremdkapitalkonten einfacher konzipiert. Hier sind nur Angaben über die Anfangsbestände, Erhöhungen und Verminderungen zu machen (Abb. 7.8).

Eine **steuerliche Überleitung** ist bei der Fremdkapitalkontenentwicklung nur dann zu erstellen, wenn eine Handelsbilanz mit einer Überleitungsrechnung übermittelt wird.

Die Fremdkapitalkontenentwicklung wird in der E-Bilanz auch mittels einer Tabelle aufgezeigt, wobei in den Zeilen die Überleitungswerte und in den Spalten die Wertentwicklung darzustellen ist.

Abb. 7.8 Wertentwicklung der Fremdkapitalkonten

	Anfangsbestand Kapitalkonto *(O)*
+	Erhöhungen *(O)*
–	Verminderungen *(O)*
=	**Endbestand Eigenkapitalkonto – Fremdkapital *(O)***

7.6   Steuerliche Gewinnermittlung für besondere Fälle

Der Berichtsbestandteil „steuerliche Gewinnermittlung für besondere Fälle" ist nur für spezielle Unternehmen gedacht, die ihren steuerlichen Gewinn/Verlust in einer spezifischen Weise ermitteln. Demnach ist der Berichtsbestandteil nur für folgende vier Unternehmen zu verwenden:

- steuerbefreite Körperschaften mit wirtschaftlichem/n Geschäftsbetrieb/en,
- juristische Personen des öffentlichen Rechts mit Betrieb(en) gewerblicher Art,
- Handelsschiffe im internationalen Verkehr,
- inländische Betriebstätten ausländischer Unternehmen.

Da diese Unternehmen auch der Pflicht zur elektronischen Übermittlung der Bilanz nach § 5b Abs. 1 EStG unterliegen, ist grundsätzlich der Berichtsbestandteil „steuerliche Gewinnermittlung für besondere Fälle" als Pflichtberichtsbestandteil von diesen Unternehmen zu verstehen.

Entsprechend der unterschiedlichen Anforderungen der o. a. Unternehmen ist auch der Berichtsbestandteil konzipiert und ist in die folgenden fünf Oberpositionen unterteilt:

- steuerliche Gewinnermittlung für wirtschaftliche Geschäftsbetriebe/Betriebe gewerblicher Art (*O*),
- Bilanz für wirtschaftlichen Geschäftsbetrieb/Betrieb gewerblicher Art (*O*),
- Gewinn- und Verlustrechnung für wirtschaftlichen Geschäftsbetrieb/Betrieb gewerblicher Art (*O*),
- steuerliche Gewinnermittlung bei Handelsschiffen im internationalen Verkehr (*O*),
- Berechnung des steuerlichen Gewinns bei inländischen Betriebsstätten ausländischer Unternehmen (*O*).

7.6.1   Steuerbefreite Körperschaften und juristische Personen des öffentlichen Rechts mit Betrieb(en) gewerblicher Art

Steuerbefreite Körperschaften und juristische Personen des öffentlichen Rechts mit Betrieb(en) gewerblicher Art sind verpflichtet, eine E-Bilanz für den wirtschaftlich tätigen Geschäftsbetrieb zu erstellen und an die Finanzverwaltung zu versenden. Hierzu stehen drei Möglichkeiten zur Auswahl:

- Gesamthandsbilanzlösung,
- formvorgegebene Gewinnermittlung für den partiell steuerpflichtigen Teil,
- formlose Gewinnermittlung für den partiell steuerpflichtigen Teil.

Bei Anwendung der **Gesamthandelsbilanzlösung** wird zusätzlich zu den originären Berichtsbestandteilen der gesamten Körperschaft noch der Berichtsbestandteil „steuerliche Gewinnermittlung für besondere Fälle" übermittelt. Dort werden die Daten über die Steuerbilanz und die Steuer-GuV des wirtschaftlich tätigen Betriebs aufgezeigt.

Formvorgegebene Gewinnermittlung für den partiell steuerpflichtigen Teil bedeutet, dass im Berichtsbestandteil „steuerliche Gewinnermittlung für besondere Fälle" nur die Steuer-GuV bzw. Steuerbilanz und Steuer-GuV des steuerpflichtigen Geschäftsbetriebs werthaltig angegeben und übermittelt werden.

Bei der **Formlosen Gewinnermittlung für den partiell steuerpflichtigen Teil** wird eine Bilanz und eine GuV für die gesamte Körperschaft erstellt, wobei der Gewinn für den wirtschaftlich tätigen Geschäftsbetrieb in einer Nebenrechnung berechnet wird. Das Ergebnis aus der Nebenrechnung wird mithilfe der Position „steuerliche Gewinnermittlung für wirtschaftliche Gewerbebetriebe/Betriebe gewerblicher Art, steuerlicher Gewinn" im Berichtsbestandteil „steuerliche Gewinnermittlung für besondere Fälle" dargestellt. Die Nebenrechnung wird mithilfe der Position „steuerliche Gewinnermittlung für wirtschaftliche Gewerbebetriebe/Betriebe gewerblicher Art, steuerlicher Gewinnermittlung" übermittelt. Alternativ kann nur das Ergebnis aus der Nebenrechnung übermittelt werden, wobei die Berichtsbestandteile „Bilanz" und „GuV" für die gesamte Körperschaft nicht angegeben werden.[9]

7.6.2 Handelsschiffe im internationalen Verkehr

Auch Handelsschiffe im internationalen Verkehr müssen zusätzlich zur Steuererklärung eine Steuerbilanz gem. § 4 Abs. 1 und § 5 Abs. 1 EStG elektronisch an die Finanzverwaltung übermitteln, auch wenn sie den Gewinn nach § 5a EStG (Tonnagebesteuerung) feststellen. Das Ergebnis aus der Steuerberechnung nach § 5a EStG muss im Berichtsbestandteil „steuerliche Gewinnermittlung für besondere Fälle" in der Position „Steuerliche Gewinnermittlung bei Handelsschiffen im internationalen Verkehr, Steuerlicher Gewinn" erfasst werden. Die Nebenrechnung selbst ist im Feld „Steuerliche Gewinnermittlung bei Handelsschiffen im internationalen Verkehr, Steuerliche Gewinnermittlung" anzugeben.[10]

7.6.3 Inländische Betriebsstätten ausländischer Unternehmen

Bei inländischen Betriebsstätten von ausländischen Unternehmen bezieht sich die Übermittlungspflicht der E-Bilanz nur auf die inländische Betriebsstätte, nicht auf das gesamte Unternehmen. Da aber inländische Betriebsstätten ausländischer Unternehmen nach einem vorgegebenen Kontenrahmen buchen, der i. d. R. nicht der Taxonomiegliederung der

---

[9] Vgl. BMF-Schreiben v. 13.06.2014, BStBl 2014 I, S. 886 ff.
[10] Vgl. BMF-Schreiben v. 12.06.2002, BStBl 2002 I, S. 614 ff.

Bilanz und GuV entspricht, ist für die Übermittlung des Ergebnisses der inländischen Betriebsstätte des ausländischen Unternehmens die Position „steuerliche Gewinnermittlung bei inländischen Betriebsstätten ausländischer Unternehmen" zu nutzen. Somit wird der Vorschrift des § 5b Abs. 1 EStG voll Rechnung getan.

7.7   Sonstige Pflichtberichtsbestandteile nach der MicroBilG-Taxonomie

Die sonstigen Pflichtberichtsbestandteile in der Taxonomie nach MicroBilG sind wie die sonstigen Pflichtberichtsbestandteile in der normalen Taxonomie aufgebaut. Auch der Mindestumfang der zu übermittelnden Daten entspricht den Anforderungen einer normalen Taxonomie. Das bedeutet, es gibt in der MicroBilG-Taxonomie keine größenabhängigen Erleichterungen für Kleinstgesellschaften bzw. Kleinstgenossenschaften. Aus diesen Gründen wird auf eine erneute Darstellung der Pflichtberichtsbestandteile an dieser Stelle verzichtet.

Freiwillig zu übermittelnde Berichtsbestandteile des Jahresabschlussmoduls

8.1 Steuerlicher Betriebsvermögensvergleich

Mit der Taxonomie 6.2 vom 1. April 2018 ist in die E-Bilanz ein neuer Berichtsbestandteil – steuerlicher Betriebsvermögensvergleich – eingeführt worden. Dieser neue Berichtsbestandteil ist dazu gedacht, die Ermittlung des Gewinnes durch Betriebsvermögensvergleich nach § 4 Abs. 1 Satz 1 EStG darzustellen. Gemäß § 4 Abs. 1 Satz 1 EStG wird der Gewinn als Unterschiedsbetrag zwischen dem Betriebsvermögen am Schluss des Wirtschaftsjahres und dem Betriebsvermögens am Schluss des vorangegangenen Wirtschaftsjahres, vermehrt um den Wert der Entnahmen und vermindert um den Wert der Einlagen, ermittelt. Laut dem BMF-Schreiben vom 6. Juni 2018 ist dieser Berichtsbestandteil vorerst noch freiwillig zu übermitteln, eine verpflichtende Übermittlung sollte aber mit der übernächsten Taxonomie (voraussichtlich Taxonomie 6.4.) erfolgen.[1]

Abb. 8.1 veranschaulicht die Struktur dieses Berichtsbestandteils.

+	Betriebsvermögen zum Ende des Wirtschaftsjahres (O)
−	Betriebsvermögen zum Ende des vorangegangenen Wirtschaftsjahres (nach möglicher Kapitalanpassung) (O)
+	Entnahmen / Ausschüttungen im laufenden Wirtschaftsjahr (O)
−	Einlagen / Kapitalzuführungen im laufenden Wirtschaftsjahr (O)
+	Kapitaländerung durch Übertragung einer § 6b EStG Rücklage (O)
=	**Jahresüberschuss / -fehlbetrag (O)**

Abb. 8.1 Steuerlicher Betriebsvermögensvergleich

---

[1] BMF-Schreiben v. 06. Juni 2018, BStBl 2018 I, S. 714.

© Springer Fachmedien Wiesbaden GmbH, ein Teil von Springer Nature 2019
K. von Sicherer und E. Čunderlíková, *E-Bilanz*, https://doi.org/10.1007/978-3-658-21498-2_8

8.2 Berichtigung des Gewinns bei Wechsel der Gewinnermittlungsart

Soweit ein Steuerpflichtiger von der Gewinnermittlung gem. § 4 Abs. 3 EStG (Einnahmen-Überschuss-Rechnung) zur Gewinnermittlung nach § 4 Abs. 1 EStG i. V. m. § 5 Abs. 1 EStG (Betriebsvermögensvergleich) bzw. vom Betriebsvermögensvergleich auf die Einnahmen-Überschuss-Rechnung wechselt, muss eine Berichtigung des Gewinnes bei Wechsel der Gewinnermittlungsart erfolgen. Die beiden Gewinnermittlungsvarianten unterscheiden sich nämlich grundlegend und somit könnte es dazu kommen, dass manche Sachverhalte gar nicht bzw. doppelt erfasst werden. Ein sich daraus ergebender Gewinn/Verlust ist bei Personengesellschaften und Einzelunternehmen im Berichtsbestandteil „steuerliche Gewinnermittlung" (siehe dazu: Abschn. 7.3.6) zu erfassen.[2]

Die Struktur des Berichtsbestandteils ist in der Taxonomie vorgegeben und sieht wie folgt aus:

- Vorräte, Anfangsbestand (*O*),
- Forderungen aus Lieferungen und Leistungen (Anfangsbestand) (*O*),
- sonstige Forderungen (*O*),
- Verbindlichkeiten aus Lieferungen und Leistungen (Anfangsbestand) (*O*),
- sonstige Zurechnungen (*O*),
- sonstige Abrechnungen (*O*).

8.3 Anhang

Gem. § 264 Abs. 1 Satz 1 HGB sind die gesetzlichen Vertreter einer Kapitalgesellschaft bzw. einer Personengesellschaft i. S. d. § 264a HGB verpflichtet, einen Anhang zu erstellen. Die Pflicht zur Erstellung eines Anhangs bezieht sich gem. § 336 Abs. 1 HGB auch auf eingetragene Genossenschaften. Für kleine und mittelgroße Kapitalgesellschaften gelten hierbei Erleichterungen i. S. d. § 288 HGB. Diese Erleichterungen sind gem. § 264a Abs. 1 HGB auch für Personengesellschaften und gem. § 336 Abs. 2 HGB auch für Genossenschaften anzuwenden, die i. V. m. § 267 HGB als kleine oder mittelgroße Personengesellschaften bzw. Genossenschaften angesehen werden.

Kleinstkapitalgesellschaften sind von der Erstellung eines Anhangs befreit, wenn gem. § 264 Abs. 1 Satz 5 HGB diese Informationen, die sonst in einem Anhang anzugeben sind, unter der Bilanz ausgewiesen werden. Dasselbe gilt nach § 264a Abs. 1 HGB auch für Personengesellschaften und gem. § 336 Abs. 2 HGB auch für Genossenschaften, die i. V. m. § 267a HGB als Kleinstpersonengesellschaften bzw. Kleinstgenossenschaften angesehen werden.

---

[2] Vgl. von Sicherer, Bilanzierung im Handels- und Steuerrecht, 2018, S. 163 ff.

Die im Anhang auszuweisenden Informationen sind in §§ 284–288 HGB dargestellt und betreffen bspw. die Aufstellung des Anlagengitters (§ 284 Abs. 3 HGB), die Angabe über die durchschnittliche Anzahl von Arbeitnehmern (§ 285 Nr. 7 HGB), Gesamtbetrag der Forschungs- und Entwicklungskosten des Geschäftsjahrs (§ 285 Nr. 22 HGB) usw.

In der Taxonomie ist der Anhang aber wesentlich breiter aufgestellt. Außer den handelsrechtlichen Anforderungen sind hier auch der Segmentbericht und andere steuerliche Anforderungen erfasst. Folgende Punkte sind auszuweisen:

- Angaben nach § 264 Abs. 1a HGB (*O*),
- steuerlicher Erläuterungsbericht (*O*),
- Prüfbericht nach § 321 HGB (*O*),
- Anlagenverzeichnis (*O*),
- Anlagenspiegel (*M*),
- Segmentberichterstattung (*O*),
- Segmentbericht nach Tätigkeitsbereichen (*O*),
- Segmentbericht nach Regionen (*O*),
- Liste Anteilsbesitz (*O*),
- allgemeine Angaben zu Bilanzierung, Bewertung, Währungsumrechnung und Konsolidierung (*O*),
- Informationen zur Bilanz (*O*),
- Informationen zur GuV (*O*),
- Informationen zur Ergebnisverwendung (*O*),
- ergänzende Angaben zur Kapitalflussrechnung (*O*),
- zusätzliche Angaben (*O*),
- sonstige Angaben (*O*),
- Beziehungen zu verbundenen Unternehmen und sonstigen Beteiligungen (*O*),
- Organe, Organkredite und Aufwendungen für Organe (*O*),
- Unterschrift der Geschäftsleitung (*O*),
- durchschnittliche Zahl der Beschäftigten (*O*),
- Beschäftigtenzahl zum Stichtag (*O*),
- sonstiges (*O*).

8.3.1 Angaben nach § 264 Abs. 1a HGB

Im Jahresabschluss sind Angaben nach § 264 Abs. 1a HGB, also Angaben über die Firma, Sitz, Registergericht und die Nummer, unter der die Gesellschaft im Handelsregister eingetragen ist, zu machen. Diese Angaben sind in der E-Bilanz im Anhang anzugeben.

8.3.2 Anlagenverzeichnis

Laut der Erläuterung in der Visualisierung der Taxonomie (GAAP-Modul, AF3866) können in der Position „Anlagenverzeichnis" alle oder nur ein Teil der Vermögensgegenstände (Wirtschaftsgüter) des Anlagevermögens angeführt werden. Bspw. können hier solche Vermögensgegenstände (Wirtschaftsgüter) des Anlagevermögens aufgezeigt werden, für die ein Investitionsabzugsbetrag gebildet wurde. Dies entspricht auch den Anforderungen der Praxis, da i. d. R. die Finanzverwaltung ein solches Verzeichnis anfordert.

8.3.3 Anlagenspiegel

Gem. § 284 Abs. 3 Satz 1 HGB „ist die Entwicklung der einzelnen Posten des Anlagevermögens in einer gesonderten Aufgliederung" darzustellen. Diese Darstellung wird als Anlagengitter bzw. Anlagenspiegel bezeichnet. Das Anlagengitter ist nach BilRUG zwingend im Anhang anzugeben. § 284 Abs. 3 Satz 2 HGB beschreibt, welche Angaben im Anlagengitter anzuführen sind. Außer den gesamten historischen Anschaffungs- und Herstellungskosten sind alle vermögensmehrende Zugänge, vermögensmindernde Abgänge, Umbuchungen, Zuschreibungen des Geschäftsjahrs, Abschreibungen und kumulierte Abschreibungen zu erfassen, woraus sich dann der Restbuchwert der einzelnen Positionen errechnet.

Zu den Abschreibungen sind nach § 284 Abs. 3 Satz 3 HGB folgende Angaben zu machen:

- kumulierte Abschreibungen zu Beginn und Ende des Geschäftsjahres,
- im Geschäftsjahr getätigte Abschreibungen,
- Änderung der kumulierten Abschreibungen im Zusammenhang mit Zu- und Abgängen sowie Umbuchungen im Laufe des Geschäftsjahres.

Beim Zugang von neuem Anlagevermögen sind die in den Herstellungskosten enthaltenen und aktivierten Zinsen gem. § 284 Abs. 3 Satz 4 HGB gesondert auszuweisen.

Der Anlagenspiegel ist auch elektronisch an die Finanzverwaltung zu übermitteln. In der Taxonomie sind beim Anlagevermögen folgende drei Informationen zu hinterlegen:

- Positionen des Anlagevermögens,
- Wertentwicklung,
- steuerliche Überleitung.

Bei der **Position des Anlagevermögens** ist anzugeben, welche Vermögensgegenstände der immateriellen Vermögensgegenstände, Sachanlagen und Finanzanlagen im Anlagenspiegel abgebildet werden. Die Gliederung der immateriellen Vermögensgegenstände,

Sachanlagen und Finanzanlagen entspricht der Gliederung wie sie in der Taxonomie-Bilanz dargestellt.

In der **Wertentwicklung** wird die Entwicklung der ausgewählten Vermögensgegenstände analysiert. Hierbei stehen dem bilanzierenden Unternehmen drei Möglichkeiten des Ausweises zur Verfügung:

- Bruttomethode (Abb. 8.2)

Die Darstellung der Bruttomethode laut der Taxonomie entspricht voll den Anforderungen des § 284 Abs. 3 HGB. Zusätzlich sind hier aber noch etwaige Differenzen zum Endbestand der Vorperiode anzugeben.

- Bruttomethode (Kurzform) (Abb. 8.3)

Die Wertentwicklung laut Bruttomethode (Kurzform) entspricht grundsätzlich der Wertentwicklung gem. der Bruttomethode. Im Unterschied zur Bruttomethode sind nach der Bruttomethode (Kurzform) keine etwaigen Differenzen zum Endbestand der Vorperiode auszuweisen. Es wird auch keine Wertentwicklung der kumulierten Abschreibungen nach § 284 Abs. 3 Satz 3 HGB verlangt.

	Buchwert zum Ende der Periode *(O)*
	Abschreibungen der Periode *(O)*
	Buchwert zum Ende der Vorperiode *(O)*
=	**Wertentwicklung des Anlagenspiegels (brutto) Kurzform**
Wobei:	
	Anschaffungs- und Herstellungskosten zum Anfang der Periode *(O)*
+	Zugänge *(O)*
	davon aktivierte Zinsen für Fremdkapital *(O)*
-	Abgänge *(O)*
+	Umbuchungen *(O)*
-	Kumulierte Abschreibungen *(O)*
+	Zuschreibungen *(O)*
=	**Buchwert zum Ende der Periode *(O)***

Abb. 8.2 Verkürzte Darstellung der Wertentwicklung nach der Bruttomethode

			Buchwert zum Anfang der Periode (netto) *(O)*
+			Differenzen gegenüber Endstand Vorperiode (netto) *(O)*
	+		Währungsdifferenz gegenüber Endstand Vorperiode (netto) *(O)*
	+		andere Differenzen gegenüber Endstand Vorperiode (netto) *(O)*
+			Zugänge (Nettomethode) *(O)*
			Zugänge, davon aktivierte Zinsen für Fremdkapital (Nettomethode) *(O)*
-			Abgänge (zu Nettobuchwerten) *(O)*
-			Abschreibungen (der Periode) *(O)*
+			Umbuchungen (zu Nettobuchwerten) *(O)*
+			Änderung durch Währungsdifferenzen (netto) *(O)*
+			Veränderung durch Zuschreibungen (netto) *(O)*
=			**Buchwert zum Ende der Periode (netto)** *(O)*

Abb. 8.3 Verkürzte Darstellung der Wertentwicklung nach der Bruttomethode (Kurzform)

	Stand zum Anfang der Periode *(O)*
+	Ausgabe von Anteilen *(O)*
+	Erwerb / Einziehung eigener Anteile *(O)*
-	Gezahlte Dividenden *(O)*
-	Ausschüttungen / Entnahmen für Steuern der Gesellschafter *(O)*
+	Umbuchungen *(O)*
+	Übrige Veränderungen *(O)*
+	Gesamtergebnis *(O)*
=	**Stand zum Ende der Periode** *(O)*

Abb. 8.4 Wertentwicklung nach der Nettomethode

- Nettomethode (Abb. 8.4)

Bei Darstellung des Anlagenspiegels nach der Nettomethode wird vom Nettoanfangs-bestand der Vorperiode ausgegangen. Auch die Wertentwicklung ist in Nettowerten aufzu-zeigen. Das bedeutet, es werden nur Änderungen der laufenden Periode dargestellt. Damit entspricht die Nettomethode nicht den Anforderungen des § 284 Abs. 3 HGB.

Soweit eine Handelsbilanz mit einer Überleitungsrechnung an das Finanzamt übermit-telt worden ist, wird auch beim Anlagenspiegel eine **steuerliche Überleitungsrechnung** erwartet. Diese soll die Wertentwicklung der Wirtschaftsgüter gem. dem Steuerrecht darstellen. Es ist davon auszugehen, dass zumindest beim Geschäfts-, Firmen- oder Praxiswert und bei selbst geschaffenen gewerblichen Schutzrechten und ähnlichen Rechten und Werten Unterschiede zwischen der Handels- und Steuerbilanz auftreten.

Der Anlagenspiegel hat in der E-Bilanz die Form einer Tabelle. Diese wird von der Finanzverwaltung vorgegeben. Handelsbilanz-, Überleitungs- und Steuerbilanzwerte sind in die Zeilen einzutragen und die Wertentwicklung in den Spalten. Dabei ist zu beachten, dass für Wirtschaftsjahre, die nach dem 31.12.2016 beginnen, für die Abbildung des **Anlagenspiegels nur die Bruttomethode zulässig ist**, da nur sie den Anforderungen des § 284 Abs. 3 HGB entspricht. Die **Bruttomethode (Kurzform)** erfasst nämlich überhaupt keine Aufteilung der kumulierten Abschreibungen und bei Anwendung der Nettomethode werden kumulierte Abschreibungen überhaupt nicht ausgewiesen.

Auch wenn der Berichtsbestandteil „Anhang" als ein freiwillig zu übermittelnder Berichtsbestandteil gilt, ist zu beachten, dass für Wirtschaftsjahre, die nach dem 31.12.2016 beginnen, der **Anlagenspiegel zwingend** an die Finanzverwaltung zu übermitteln ist.

8.3.4 Segmentberichterstattung und Segmentberichte

Gem. § 264 Abs. 1 Satz 2 HGB können kapitalmarktorientierte Kapitalgesellschaften i. S. d. § 264 d HGB, die keinen Konzernabschluss aufstellen, einen Segmentbericht erstellen. Der Segmentbericht soll den Adressaten des Jahresabschlusses einen besseren Überblick über Chancen und Risiken des Unternehmens gegliedert nach Tätigkeiten, Regionen usw. verschaffen. Somit beinhaltet der Bericht Informationen über Umsatzerlöse, aufgenommene Schulden usw.

Während der Segmentbericht nach HGB einen selbständigen Teil des Jahresabschlusses darstellt, ist er in der Taxonomie als Bestandteil des Anhangs konzipiert. Er ist an die Finanzverwaltung nicht zwingend zu übermitteln.

8.3.5 Informationen zur Bilanz und Gewinn- und Verlustrechnung

Nach § 284 Abs. 1 HGB sind im Anhang Angaben über bestimmte Posten der Bilanz und GuV zu machen, bspw. über die Summe der Forderungen, die gem. § 42 Abs. 3 GmbHG oder nach § 264c Abs. 1 HGB gegenüber Gesellschaftern bestehen und die nicht in der Bilanzgliederung angegeben wurden. Weiter sind bspw. Angaben zu machen über die Summe der außerplanmäßigen Abschreibungen nach § 253 Abs. 3 Satz 5 und 6 HGB, soweit sie nicht bereits gesondert in der GuV angegeben wurden usw. In der Taxonomie kann bspw. über folgende Positionen werthaltig berichtet werden:

- Aufgliederung der Forderungen und sonstigen Vermögensgegenstände (*O*),
- Aktivierung latenter Steuern (*O*),

- Aufgliederung der Verbindlichkeiten (*O*),
- Außerplanmäßige Abschreibungen beim Anlagevermögen und beim Umlaufvermögen zur Vorwegnahme künftiger Wertschwankungen (*O*),
- Angaben zu Erträgen und Aufwendungen von außergewöhnlicher Größenordnung oder außergewöhnlicher Bedeutung im Ganzen (*O*),
- Angaben zu bedeutenden aperiodischen Erträgen und Aufwendungen im Ganzen (*O*),
- usw.

8.4   Lagebericht

Als weiterer freiwillig zu übermittelnder Berichtsbestandteil gilt der Lagebericht, der nach § 264 Abs. 1 Satz 1 HGB von den gesetzlichen Vertretern einer Kapitalgesellschaft bzw. einer Personengesellschaft i. S. d. § 264a HGB zu erstellen ist. Drei Monate nach Ende des Geschäftsjahrs ist der Lagebericht zusammen mit dem Jahresabschluss für das vergangene Geschäftsjahr nach § 264 Abs. 1 Satz 3 HGB aufzustellen. Gem. § 336 Abs. 1 Satz 1 HGB bezieht sich die Pflicht zur Erstellung eines Lageberichts auch auf eingetragene Genossenschaften. Diese müssen nach § 336 Abs. 1 Satz 2 HGB den Lagebericht fünf Monate nach Ende des Geschäftsjahres aufstellen. Kleinstgesellschaften, kleine Gesellschaften, kleine Genossenschaften und Kleinstgenossenschaften sind von der Erstellung eines Lageberichtes befreit.

Der Inhalt des Lageberichts ist in § 289 HGB dargestellt und wird auch vom DRS 20 geregelt. Im Lagebericht ist das vergangene Geschäftsjahr zu analysieren, es ist insbesondere auf bedeutende Ereignisse hinzuweisen und es ist die voraussichtliche Entwicklung mit allen zukünftigen Risiken und Chancen zu beurteilen.

In der Taxonomie sind die einzelnen Positionen des Lageberichts vorgeschrieben, wobei eine Gliederung der Informationen auf den Ebenen des Wirtschaftsberichts, Nachtragsberichts, Prognoseberichts, Forschungs- und Entwicklungsberichts, Zweigniederlassungsberichts, Berichts über die Grundzüge des Vergütungssystems (die Zusammensetzung der Zuwendungen an die Vorstands- und Aufsichtsratsmitglieder), der Schlusserklärung zum Abhängigkeitsbericht, Erklärung zur Unternehmensführung, der nicht finanziellen Erklärung (bspw. Umweltbelange, Sozialbelange) und der übernahmerechtlichen Angaben erfolgt.

8.5   Angaben unter der Bilanz

Freiwillig übermittelt werden kann auch der Berichtsbestandteil „Angaben unter der Bilanz". Nach § 251 HGB sind unter der Bilanz Angaben über Haftungsverhältnisse, Verbindlichkeiten aus der Begebung und Übertragung von Wechseln, soweit nicht bereits in den Passiva erfasst usw., anzuführen.

Bei Kleinstkapitalgesellschaften, die sich entschieden haben, keinen Anhang zu erstellen, müssen Angaben unter der Bilanz nach § 264 Abs. 1 Satz 5 Nr. 1–3 HGB gemacht werden. Dasselbe gilt gem. § 264a Abs. 1 HGB auch für Personengesellschaften, die gem. § 264a HGB i. V. m. § 267a HGB als Kleinstpersonengesellschaften angesehen werden. In diesem Berichtsbestandteil werden bspw. Angaben über Bestand und Erwerb von eigenen Aktien nach § 160 Abs. 3 AktG i. V. m. § 160 Abs. 1 Nr. 2 AktG, über gewährte Vorschüsse und Kredite mit Angabe der Zinssätze gem. § 285 Nr. 9 Buchstabe c HGB usw. erfasst.

Auch Kleinstgenossenschaften müssen gem. § 338 Abs. 4 HGB den Jahresabschluss nicht um einen Anhang erweitern, wenn Angaben unter der Bilanz nach § 338 Abs. 4 Nr. 1–2 HGB gemacht werden. Hier gehören bspw. gem. § 338 Abs. 3 HGB Forderungen der Genossenschaft gegenüber den Mitgliedern des Vorstands oder des Aufsichtsrats usw.

Dementsprechend ist dieser Berichtsbestandteil in der Taxonomie wie folgt gegliedert:

- Angaben nach § 264 Abs. 1a HGB (*O*),
- Haftungsverhältnisse/Eventualverbindlichkeiten (*O*),
- Unterschiedsbetrag nach § 253 Abs. 6 HGB (*O*),
- weitere Angaben unter der Bilanz im Sinne des § 264 Abs. 1 Satz 5 HGB (*O*).

8.6 Eigenkapitalspiegel

Der Eigenkapitalspiegel bildet die Veränderungen der einzelnen Eigenkapitalpositionen ab. Es sind die Anfangsbestände, die einzelnen Zu- und Abgänge (bspw. Ausschüttungen, Einstellung in/Entnahme aus Rücklagen) und Umbuchungen der einzelnen Eigenkapitalpositionen anzugeben. Der Eigenkapitalspiegel ist jedoch ein freiwillig übermittelbarer Berichtsbestandteil.

Bei einem Konzernabschluss ist aber gem. § 297 Abs. 1 HGB der Eigenkapitalspiegel Pflichtbestandteil. Dasselbe gilt gem. § 264 Abs. 1 Satz 2 HGB auch für kapitalmarktorientierte Kapitalgesellschaften i. S. d. § 264 d HGB, die keinen Konzernabschluss erstellen müssen. Die Aufstellung des Eigenkapitalspiegels regelte DRS 7, der letztmals auf Geschäftsjahre beginnend vor dem 01.01.2017 anwendbar war und der durch DRS 22 ersetzt wurde. DRS 22 (Konzerneigenkapital) regelt die Zusammenstellung und Darstellung des Eigenkapitals im Konzernabschluss, wobei jeweils eine separate Aufstellung für Kapitalgesellschaften und für Personengesellschaften erstellt wurde.

In der Taxonomie wird der Eigenkapitalspiegel in Form einer Tabelle dargestellt. Es werden die einzelnen Bestandteile des Eigenkapitals und die Wertentwicklung dieser Positionen angegeben. Die Wertentwicklung der einzelnen Positionen ist in Abb. 8.5 (Kapitalgesellschaften) und Abb. 8.6 (Personengesellschaften) dargestellt.

	Stand zum Anfang der Periode (O)
+	Kapitalerhöhung/-herabsetzung (O)
+	Einforderung/Einzahlung bisher nicht eingeforderter Einlagen (O)
+	Einstellung in/Entnahme aus Rücklagen (O)
−	Ausschüttung (O)
+	Währungsumrechnung (O)
+	sonstige Veränderungen (O)
+	Wertentwicklung, Jahresüberschuss/-fehlbetrag (O)
=	**Stand zum Ende der Periode (O)**

Abb. 8.5 Eigenkapitalspiegel nach DRS 22 für Kapitalgesellschaften

	Stand zum Anfang der Periode (O)
+	Erhöhung/Herabsetzung der Kapitalanteile (O)
+	Einforderung/Einzahlung bisher nicht eingeforderter Einlagen (O)
−	Gutschrift auf Gesellschafterkonten im Fremdkapital (O)
+	Einstellung in/Entnahme aus Rücklagen (O)
+	Währungsumrechnung (O)
+	sonstige Veränderungen (O)
+	Wertentwicklung, Jahresüberschuss/-fehlbetrag (O)
=	**Stand zum Ende der Periode (O)**

Abb. 8.6 Eigenkapitalspiegel nach DRS 22 für Personengesellschaften

8.7 Kapitalflussrechnung

Die Kapitalflussrechnung (Cashflowrechnung) dient dazu, alle Einzahlungen und Auszahlungen des Unternehmens abzubilden. Sie stellt die Veränderung der Liquidität des Unternehmens dar. D. h., es wird hier der Finanzmittelfond am Anfang und am Ende der Periode dargestellt, wobei unter dem Finanzmittelfond nur Zahlungsmittel und Zahlungsmitteläquivalente zu verstehen sind. Nach § 297 Abs. 1 HGB ist die Kapitalflussrechnung Pflichtbestandteil des Konzernabschlusses. Für kapitalmarktorientierte Kapitalgesellschaften i. S. d. § 264 d HGB, die keinen Konzernabschluss erstellen, ist die Aufstellung einer Kapitalflussrechnung gem. § 264 Abs. 1 Satz 2 HGB auch verpflichtend. Für den Konzernabschluss ist aber keine E-Bilanz zu übermitteln. Die Kapitalflussrechnung

kann somit auf freiwilliger Basis als Berichtsbestandteil nur von wenigen bilanzierenden Unternehmen, nämlich kapitalmarktorientierten Kapitalgesellschaften i. S. d. § 264 d
HGB, übermittelt werden.

- Kapitalflussrechnung nach DRS 2,
- Kapitalflussrechnung nach DRS 21.

8.7.1 Kapitalflussrechnung nach DRS 2

DRS 2 vom DRSC ist der alte Rechnungslegungsstandard, der die Aufstellung der Kapitalflussrechnung geregelt hat. Letztmalig war DRS 2 für Geschäftsjahre anzuwenden,
die spätestens am 31.12.2014 begonnen haben. Ab der Taxonomie 6.0 vom 01.04.2016 ist
u. E. dieser Berichtsbestandteil nicht mehr werthaltig anzugeben. Der Berichtsbestandteil
wurde u. E. in der Taxonomie aber deshalb beibehalten, damit ein Vergleich zu bereits
übermittelten E-Bilanzen früherer Jahre möglich ist. Aus diesen Gründen wird an dieser
Stelle auf die Darstellung des DRS 2 verzichtet.

8.7.2 Kapitalflussrechnung nach DRS 21

Im Jahr 2014 wurde der DRS 21 verabschiedet und ersetzte so den bis dahin gelten-
den DRS 2. Mit DRS 21 wird ein neues Ermittlungsschema der Kapitalflussrechnung
vorgestellt und ist zwingend für Geschäftsjahre, die nach dem 31.12.2014 beginnen, anzuwenden. Da mit dem BilRUG wesentliche Änderungen des Bilanzrechts in Kraft getreten
sind, musste die Ermittlung der Kapitalflussrechnung noch einmal angepasst werden. Diese wurde durch den DRÄS 6 bekannt gegeben und ist für Geschäftsjahre, die nach dem
31.12.2015 beginnen, anzuwenden.

Mit dem DRS 21 i. V. m. DRÄS 6 vom DRSC sind viele bilanzielle Änderungen einge-
treten. Bspw. sind erhaltene Zinsen und Dividenden nun zwingend dem Cashflow aus der
Investitionstätigkeit und gezahlte Zinsen und Dividenden dem Cashflow aus der Finanzierungstätigkeit zuzuordnen. Die bisherige Zuordnung zum Cashflow aus der laufenden
Tätigkeit entfällt damit. Des Weiteren müssen jederzeit fällige Verbindlichkeiten gegenüber Kreditinstituten sowie andere kurzfristige Verbindlichkeiten im Finanzmittelfond
offen abgesetzt werden. Das bisher in DRS 2 verankerte Wahlrecht ist somit entfallen.
Grundsätzlich ist davon auszugehen, dass mit Inkrafttreten des DRS 21 i. V. m. DRÄS 6
vom DRSC einerseits viele Wahlrechte des alten DRS 2 abgeschafft worden sind und
andererseits neue Positionen bei der Berechnung der Cashflows hinzugefügt worden sind.

Die in der Taxonomie abgebildete Kapitalflussrechnung entspricht grundsätzlich dem
DRS 21 i. V. m. DRÄS 6, wobei aber einige Positionen wegen der Spezifika der E-Bilanz
weggelassen wurden.

+	Einzahlungen aus Abgängen von Gegenständen des immateriellen Anlagevermögens DRS 21 *(O)*
-	Auszahlungen für Investitionen in das immaterielle Anlagevermögen DRS 21 *(O)*
+	Einzahlungen aus Abgängen von Gegenständen des Sachanlagevermögens DRS 21 *(O)*
-	Auszahlungen für Investitionen in das Sachanlagevermögen DRS 21 *(O)*
+	Einzahlungen aus Abgängen von Gegenständen des Finanzanlagevermögens DRS 21 *(O)*
-	Auszahlungen für Investitionen in das Finanzanlagevermögen DRS 21 *(O)*
+	Einzahlungen aufgrund von Finanzmittelanlagen im Rahmen der kurzfristigen Finanzmitteldisposition DRS 21 *(O)*
-	Auszahlungen aufgrund von Finanzmittelanlagen im Rahmen der kurzfristigen Finanzmitteldisposition DRS 21 *(O)*
+	Einzahlungen im Zusammenhang mit Erträgen von außergewöhnlicher Größenordnung oder außergewöhnlicher Bedeutung DRS 21 *(O)*
-	Auszahlungen im Zusammenhang mit Aufwendungen von außergewöhnlicher Größenordnung oder außergewöhnlicher Bedeutung DRS 21 *(O)*
+	Erhaltene Zinsen DRS 21 *(O)*
+	Erhaltene Dividenden DRS 21 *(O)*
=	**Cashflow aus der Investitionstätigkeit DRS 21** *(O)*

Abb. 8.7 Endbestand des Finanzmittelfonds (DRS 21)

Die Ermittlung des Endbestands vom Finanzmittelfond ist in Abb. 8.7 abgebildet und entspricht auch der Ermittlung, wie sie im DRS 21 dargestellt wird.

Die zahlungswirksamen Änderungen setzen sich wie folgt zusammen aus:

• Cashflow aus der laufenden Geschäftstätigkeit,
• Cashflow aus der Investitionstätigkeit,
• Cashflow aus der Finanzierungstätigkeit.

Cashflow aus der laufenden Geschäftstätigkeit beinhaltet alle Zahlungsströme, die aus der erlöserzielenden Tätigkeit des Unternehmens stammen. Für die Ermittlung des Cashflows aus der laufenden Geschäftstätigkeit kann entweder die direkte oder die indirekte Methode angewendet werden. Die Ermittlung des Cashflows aus der laufenden Geschäftstätigkeit in der Taxonomie entspricht der Ermittlung nach DRÄS 6. Beide Ermittlungsmethoden sind in der Abb. 8.8 dargestellt.

Cashflow aus der Investitionstätigkeit erfasst alle Zahlungsströme, die im Rahmen der Investitionstätigkeit entstehen. Die Ermittlung des Cashflows aus der Investitionstätigkeit regelt der DRÄS 6. Die Taxonomie hält sich grundsätzlich an DRÄS 6 (Abb. 8.9), wobei aber die Positionen Einzahlungen bzw. Auszahlungen aus Abgängen bzw. Zugängen aus dem Konsolidierungskreis hier nicht erfasst sind, da der Berichtsbestandteil „Kapitalflussrechnung nach DRS 21" von Unternehmen, die einen Konzernabschluss erstellen, nicht zu übermitteln ist.

Cashflow aus der Finanzierungstätigkeit stellt alle Zahlungsströme dar, welche die Eigen- und Fremdkapitalstruktur verändert haben. Die Ermittlung des Cashflows aus der Finanzierungstätigkeit wird in DRÄS 6 abgebildet. An diesen Standard hält sich auch die Taxonomie, wobei hier aber mehrere Positionen aus Vereinfachungsgründen zusammengefasst worden sind. Abb. 8.10 zeigt die Ermittlung laut der Taxonomie.

+	Einzahlungen aus Eigenkapitalzuführungen DRS 21 *(O)*
-	Auszahlungen aus Eigenkapitalherabsetzungen DRS 21 *(O)*
+	Einzahlungen aus der Begebung von Anleihen und der Aufnahme von (Finanz-)Krediten DRS 21 *(O)*
-	Auszahlungen aus der Tilgung von Anleihen und (Finanz-)Krediten DRS 21 *(O)*
+	Einzahlungen aus erhaltenen Zuschüssen/Zuwendungen DRS 21 *(O)*
+	Einzahlungen im Zusammenhang mit Erträgen von außergewöhnlicher Größenordnung oder außergewöhnlicher Bedeutung (Cashflow aus der Finanzierungstätigkeit) DRS 21 *(O)*
-	Auszahlungen im Zusammenhang mit Aufwendungen von außergewöhnlicher Größenordnung oder außergewöhnlicher Bedeutung DRS 21 *(O)*
-	Gezahlte Zinsen DRS 21 *(O)*
-	Gezahlte Dividenden DRS 21 *(O)*
=	**Cashflow aus der Finanzierungstätigkeit DRS 21 *(O)***

Abb. 8.8 Cashflow aus der laufenden Geschäftstätigkeit nach der Taxonomie

+	Einzahlungen aus Abgängen von Gegenständen des immateriellen Anlagevermögens DRS 21 *(O)*
-	Auszahlungen für Investitionen in das immaterielle Anlagevermögen DRS 21 *(O)*
+	Einzahlungen aus Abgängen von Gegenständen des Sachanlagevermögens DRS 21 *(O)*
-	Auszahlungen für Investitionen in das Sachanlagevermögen DRS 21 *(O)*
+	Einzahlungen aus Abgängen von Gegenständen des Finanzanlagevermögens DRS 21 *(O)*
-	Auszahlungen für Investitionen in das Finanzanlagevermögen DRS 21 *(O)*
+	Einzahlungen aufgrund von Finanzmittelanlagen im Rahmen der kurzfristigen Finanzmitteldisposition DRS 21 *(O)*
-	Auszahlungen aufgrund von Finanzmittelanlagen im Rahmen der kurzfristigen Finanzmitteldisposition DRS 21 *(O)*
+	Einzahlungen im Zusammenhang mit Erträgen von außergewöhnlicher Größenordnung oder außergewöhnlicher Bedeutung DRS 21 *(O)*
-	Auszahlungen im Zusammenhang mit Aufwendungen von außergewöhnlicher Größenordnung oder außergewöhnlicher Bedeutung DRS 21 *(O)*
+	Erhaltene Zinsen DRS 21 *(O)*
+	Erhaltene Dividenden DRS 21 *(O)*
=	**Cashflow aus der Investitionstätigkeit DRS 21 *(O)***

Abb. 8.9 Cashflow aus der Investitionstätigkeit nach der Taxonomie

+	Einzahlungen aus Eigenkapitalzuführungen DRS 21 *(O)*
–	Auszahlungen aus Eigenkapitalherabsetzungen DRS 21 *(O)*
+	Einzahlungen aus der Begebung von Anleihen und der Aufnahme von (Finanz-)Krediten DRS 21 *(O)*
–	Auszahlungen aus der Tilgung von Anleihen und (Finanz-)Krediten DRS 21 *(O)*
+	Einzahlungen aus erhaltenen Zuschüssen/Zuwendungen DRS 21 *(O)*
+	Einzahlungen im Zusammenhang mit Erträgen von außergewöhnlicher Größenordnung oder außergewöhnlicher Bedeutung (Cashflow aus der Finanzierungstätigkeit) DRS 21 *(O)*
–	Auszahlungen im Zusammenhang mit Aufwendungen von außergewöhnlicher Größenordnung oder außergewöhnlicher Bedeutung DRS 21 *(O)*
–	Gezahlte Zinsen DRS 21 *(O)*
–	Gezahlte Dividenden DRS 21 *(O)*
=	**Cashflow aus der Finanzierungstätigkeit DRS 21** *(O)*

Abb. 8.10 Cashflow aus der Finanzierungstätigkeit nach der Taxonomie

8.8   Zusatzinformation Kreditwürdigkeitsprüfung

Erstmals mit der Taxonomie 6.0 soll der Berichtsbestandteil „Zusatzinformation Kreditwürdigkeitsprüfung" für die Zwecke des ELBA Projekts (**e**lektronische **B**ilanz**a**bgabe)
der deutschen Kreditwirtschaft verwendet werden. Deshalb wurden zahlreiche neue Positionen eingeführt. Einige Posten wurden direkt in die Berichtsbestandteile „Bilanz" und
„GuV" eingearbeitet und andere Posten wurden in den neuen Berichtsbestandteil „Zusatzinformation Kreditwürdigkeitsprüfung" aufgenommen. Dieser Berichtsbestandteil enthält
somit zusätzliche Informationen zu ausgewählten Positionen der Bilanz und der GuV, die
für Banken bzw. andere Finanzinstitute von besonderem Interesse sind. Der Aufbau dieses Berichtsbestandteils ist in der Abb. 8.11 dargestellt. Es handelt sich hierbei bspw. um
Informationen zur Restlaufzeit des Guthabens bei Kreditinstituten, zur Restlaufzeit der
verzinslichen Verbindlichkeiten, zur Summe der Umsatzerlöse aus Vermietung von Miet-
fahrzeugen usw.

	Sachanlagen, davon Sachanlagen aus Finanzierungsleasing
	Beteiligungen, davon Beteiligungen an assoziierten Unternehmen "at Equity" bewertet
	Beteiligungen, davon Beteiligungen an Joint Ventures "at Equity" bewertet
	Guthaben bei Kreditinstituten, davon mit einer Restlaufzeit von mehr als einem Jahr
	Guthaben bei Kreditinstituten, davon Guthaben auf Sperr-/Kautionskonten
	Verbindlichkeiten gegenüber Kreditinstituten, davon mit Restlaufzeit bis zu einem Jahr und Tilgungsanteil mittel-/langfristiger Verbindlichkeiten
Bilanz	Verbindlichkeiten gegenüber Kreditinstituten, davon nachrangig
	Verbindlichkeiten gegenüber verbundenen Unternehmen, davon mit Restlaufzeit bis zu einem Jahr und verzinslich
	Verbindlichkeiten gegenüber verbundenen Unternehmen, davon mit einer Restlaufzeit von mehr als einem Jahr und verzinslich
	Verbindlichkeiten gegenüber Unternehmen, mit denen ein Beteiligungsverhältnis besteht, davon mit Restlaufzeit bis zu einem Jahr und verzinslich
	Verbindlichkeiten gegenüber Unternehmen, mit denen ein Beteiligungsverhältnis besteht, davon mit einer Restlaufzeit von mehr als einem Jahr und verzinslich
	Sonstige Verbindlichkeiten
	in Umsatzerlöse (GKV) enthaltener Bruttowert, davon aus Veräußerung Vorführwagen und Mietfahrzeugen
	in Umsatzerlöse (GKV) enthaltener Bruttowert, davon aus Vermietung von Mietfahrzeugen
GuV	in Umsatzerlöse (GKV) enthaltener Bruttowert, davon Auslandsumsatz in Fremdwährung (Nicht EUR)
	sonstige betriebliche Aufwendungen (GKV), darunter Versicherungsaufwand (ohne Kfz)
	Zinsen und ähnliche Aufwendungen, davon für nachrangige Verbindlichkeiten
	Vorgesehene Gewinnausschüttung
Andere Angaben	Aus Forschungs- und Entwicklungsaufwand aktivierter Entwicklungsaufwand
	Eigene Anteile, darunter: Agio
	Eigene Anteile, darunter: Gezeichnetes Kapital

Abb. 8.11 Zusatzinformation Kreditwürdigkeitsprüfung

8.9 Andere Berichtsbestandteile

Der Berichtsbestandteil „andere Berichtsbestandteile" erfasst alle anderen Informationen, die freiwillig an die Finanzverwaltung übermittelt werden können. Hierbei handelt es sich bspw. um den Bericht des Aufsichtsrats, eine Erklärung zur Unternehmensführung usw.

8.10   Detailinformationen zu Positionen

Zusätzlich können an die Finanzverwaltung freiwillig Detailinformationen zu bestimmten Positionen berichtet werden. Es können also die einzelnen Konten, welche diese Positionen bilden, samt Kontonummern, Kontobezeichnungen und Werten an die Finanzverwaltung übermittelt werden. Es wird damit die Zusammensetzung der Position versendet. Bei Positionen, die als „Mussfeld, Kontennachweis erwünscht" gekennzeichnet sind, wird die Übermittlung der Zusammenstellung der entsprechenden Positionen von der Finanzverwaltung erwartet, aber nicht zwingend verlangt.

8.11   Freiwillig zu übermittelnde Berichtsbestandteile nach der MicroBilG-Taxonomie

Die freiwillig zu übermittelnden Berichtsbestandteile in der Taxonomie nach MicroBilG sind identisch aufgebaut wie die freiwillig zu übermittelnden Berichtsbestandteile in der regulären Taxonomie. Für Kleinstgesellschaften bzw. Kleinstgenossenschaften sind aber verschiedene Erleichterungen bei der Erstellung des Jahresabschlusses vorgesehen. Diese wurden schon in den vorhergehenden Kapiteln angesprochen. Deshalb sind mehrere der freiwillig zu übermittelnden Berichtsbestandteile für Kleinstgesellschaften bzw. Kleinstgenossenschaften ohne Bedeutung.

Spezielle Sachverhalte

9.1 Eröffnungsbilanz

Soweit ein bilanzierendes Unternehmen neu gegründet wird, ist gem. § 242 Abs. 1 HGB eine Eröffnungsbilanz zu erstellen. Eine Eröffnungsbilanz muss auch am Anfang eines Liquidationsverfahrens (Liquidationseröffnungsbilanz), bei einem Gesellschafterwechsel in einer Personengesellschaft (Ergänzungseröffnungsbilanz), beim erstmaligen Auftreten von Sondersachverhalten (Sondereröffnungsbilanz) und natürlich immer zu Beginn eines neuen Wirtschaftsjahres erstellt werden. Im letzten Fall entspricht aber die Schlussbilanz des vorhergehenden Wirtschaftsjahrs der Eröffnungsbilanz des nachfolgenden Wirtschaftsjahrs. Die digitale Übermittlungspflicht der Eröffnungsbilanz ist explizite in § 5b Abs. 1 Satz 5 EStG geregelt.

Bei der Übermittlung einer Eröffnungsbilanz sind im Stammdatenmodul immer folgende Angaben zu machen:

- Als Beginn und Ende des Wirtschaftsjahres und des Bilanzstichtags ist E-bilanztechnisch immer dasselbe Datum zu nehmen, bspw. der 01.01.2018.
- Es ist keine Vorperiode zu deklarieren.
- Als Art des Berichts ist immer „sonstiger Bericht" anzugeben.
- Als Bilanzart ist immer die Ausprägung „Eröffnungsbilanz" auszuwählen.

Außer dem Berichtsbestandteil „Bilanz" sind keine weiteren Berichtsbestandteile an die Finanzverwaltung zu übermitteln.

© Springer Fachmedien Wiesbaden GmbH, ein Teil von Springer Nature 2019   195
K. von Sicherer und E. Čunderlíková, *E-Bilanz*, https://doi.org/10.1007/978-3-658-21498-2_9

Beispiel: Eröffnungsbilanz

Die K-GmbH wurde zum 01.01.2018 gegründet. Das gezeichnete Kapital i. H. v. 25.000 € wurde von den Gesellschaftern voll einbezahlt.

Erklären Sie, welche Berichtspflichten für die K-GmbH bestehen! Muss eine E-Bilanz erstellt werden?

(Hinweis: NIL-Werte müssen nicht aufgezeigt werden)

Lösungsvorschlag: Eröffnungsbilanz

Die K-GmbH muss zum 01.01.2018 eine Eröffnungsbilanz erstellen. Gem. § 5b Abs. 1 Satz 5 EStG ist die Eröffnungsbilanz zu erstellen und elektronisch an die Finanzverwaltung zu übermitteln.

	Eröffnungsbilanz der K-GmbH zum 01.01.2018	€
=	Bilanzsumme, Summe Aktiva (*SM*)	25.000
+	Umlaufvermögen (*SM*)	25.000
+	Kassenbestand, Bundesbankguthaben, Guthaben bei Kreditinstituten und Schecks (*SM*)	25.000
+	Kassenbestand, Bundesbankguthaben, Guthaben bei Kreditinstituten und Schecks; Guthaben bei Kreditinstituten (*M*)	25.000
=	Bilanzsumme, Summe Passiva (*SM*)	25.000
+	Eigenkapital (*SM*)	25.000
+	Gezeichnetes Kapital/Kapitalkonto/Kapitalanteile (*SM*)	25.000
+	Gezeichnetes Kapital/Kapitalkonto/Kapitalanteile, gezeichnetes Kapital (Kapitalgesellschaften) (*M*)	25.000

9.2   Sonder- und Ergänzungsbilanzen

Zivilrechtliche Personenhandelsgesellschaften werden im Steuerrecht als Mitunternehmerschaften i. S. d. § 15 Abs. 1 Nr. 2 EStG bezeichnet. Wesentliche Kriterien einer Mitunternehmerschaft sind die Mitunternehmerinitiative und das Mitunternehmerrisiko. Die Mitunternehmerinitiative beinhaltet die Teilhabe an unternehmerischen Entscheidungen, also unternehmerische Entscheidungen durch Mitwirkung oder Verhinderung wesentlich zu beeinflussen. Mitunternehmerinitiative ergreifen bedeutet aber auch Stimm-, Kontroll- und Widerspruchsrechte wahrzunehmen. Unternehmerrisiko bedeutet gesellschaftliche Teilhabe am Erfolg oder Misserfolg eines Unternehmens. Neben der Erfolgsbeteiligung besteht das Kapitalrisiko, das durch Entstehen von Verlusten zu einem Verzehr des eingesetzten Kapitals führen kann. Der Mitunternehmer ist auch an den stillen Reserven des Unternehmens einschließlich eines Firmen- oder Geschäftswertes beteiligt. Für jeden Mitunternehmer i. S. d. § 15 Abs. 1 Nr. 2 EStG sind gegebenenfalls Sonder- und/oder Ergänzungsbilanzen zu erstellen.

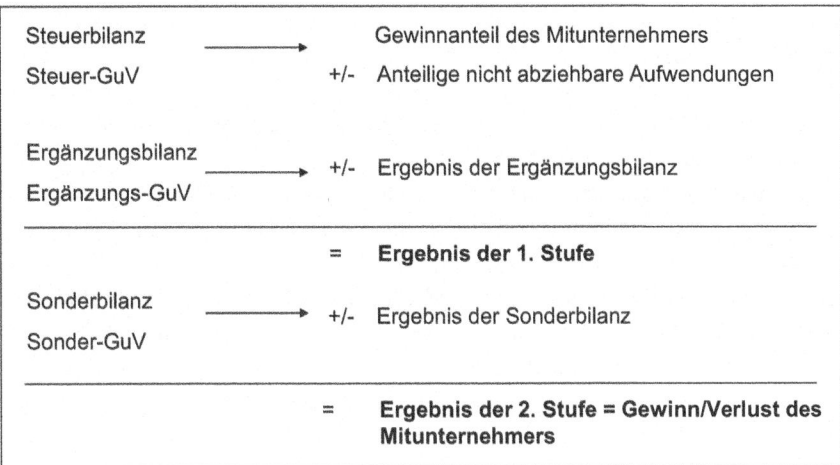

Abb. 9.1 Zweistufige Gewinnermittlung des Mitunternehmers

Sonder- und Ergänzungsbilanzen dienen dazu, den Gewinn/Verlust des Mitunternehmers zu ermitteln. Dieser wird zweistufig festgestellt (Abb. 9.1). Auf der ersten Stufe wird das Ergebnis der Steuerbilanz um die nichtabziehbaren Aufwendungen korrigiert und auf die einzelnen Mitunternehmer verteilt. Zum jeweiligen Gewinnanteil eines Mitunternehmers ist noch das Ergebnis seiner Ergänzungsbilanz hinzuzurechnen. Auf der zweiten Stufe wird das Ergebnis der Sonderbilanz festgestellt und zum Ergebnis der ersten Stufe hinzuaddiert. Das Endergebnis bildet den Gewinn/Verlust des Mitunternehmers.

Für Wirtschaftsjahre, die vor dem 01.01.2015 endeten, wurde es nicht beanstandet, wenn Sonder- und/oder Ergänzungsbilanzen in Freitextform an die Finanzverwaltung übermittelt wurden. Für alle darauf folgenden Wirtschaftsjahre, die also ab dem 01.01.2015 enden, sind Sonder- und/oder Ergänzungsbilanzen mit den entsprechenden Sonder- und/oder Ergänzungs-GuVs, soweit keine Sondereröffnungs- und/oder Ergänzungseröffnungsbilanzen elektronisch versendet werden, zwingend als ein separater eigenständiger Datensatz (eigene E-Bilanz) elektronisch zu übermitteln. Soweit bei der Übermittlung der Gesamthandsbilanz im Stammdatenmodul Sonder- und/oder Ergänzungsbilanzen angekündigt worden sind, werden von der Finanzverwaltung auch Sonder- und/oder Ergänzungsbilanzen erwartet, damit die Veranlagung des Wirtschaftsjahres durchgeführt werden kann. Wenn also ein Unternehmen nur die Gesamthandsbilanz mit angekündigten, aber nicht übertragenen Sonder- und/oder Ergänzungsbilanzen übermittelt, wird das Wirtschaftsjahr von der Finanzverwaltung nicht veranlagt. Hierbei ist zu beachten, dass je Gesellschafter, soweit die zugrundeliegenden Geschäftsvorfälle eine Sonder- und/oder Ergänzungsbilanz erfordern, eine Sonder- und/oder Ergänzungsbilanz zu erstellen ist. Das bedeutet, bei vierzig Gesellschaftern sind dann also ceteris paribus vierzig Sonder- und/oder Ergänzungsbilanzen elektronisch zu übermitteln.

Bei der Übermittlung der Sonder- und/oder Ergänzungsbilanzen sind im Stammdatenmodul folgende Angaben zu machen:

- Im Feld „Bericht gehört zu" sind Angaben über die Gesamthand, zu der Sonder- und
  Ergänzungsbilanzen gehören, zu machen.
- Als Bilanzierungsstandard ist „deutsches Steuerrecht" auszuwählen.
- Als Rechtsform des Unternehmens steht nur die Ausprägung „Mitunternehmer" zur
  Auswahl.
- Soweit Sonder-/Ergänzungsbilanzen jährlich übermittelt werden, ist als Bilanzart die
  Ausprägung „Jahresabschluss" auszuwählen, soweit es sich aber um eine Sonder-/Er-
  gänzungseröffnungsbilanz handelt, ist die Ausprägung „sonstiger Bericht" auszuwäh-
  len.

Im Jahresabschlussmodul sind bei Sonder- und/oder Ergänzungsbilanzen nur die Eigenkapitalpositionen „Privatkonto (Einzelunternehmen)" und die entsprechenden Unterpositionen freigeschaltet. Jeder Mitunternehmer wird nämlich in der E-Bilanz ungeachtet
seiner tatsächlichen Rechtsform als Einzelunternehmen behandelt.

Zusätzlich zu den Berichtsbestandteilen „Bilanz" und „GuV" müssen bei Sonder- und/
oder Ergänzungsbilanzen noch die Berichtsbestandteile „steuerliche Gewinnermittlung"
und „steuerliche Gewinnermittlung bei Feststellungsverfahren" übermittelt werden.[1]

Beispiel: Stammdatenmodul bei Sonder- und Ergänzungsbilanzen

Der Komplementärgesellschafter, die A-GmbH, des Unternehmens ABC-GmbH & Co.
KG muss wieder eine Sonderbilanz zum 31.12.2018 elektronisch an die Finanzverwaltung übermitteln. Welche Angaben sind dabei im Stammdatenmodul der Sonderbilanz zu machen? Sowohl die A-GmbH als auch die ABC-GmbH & Co. KG erstellen
die GuV nach dem Gesamtkostenverfahren. Die Unternehmenskennnummer der ABC-
GmbH & Co. KG lautet 1234567891234.

(Hinweis: Die Darstellung der Stammdaten ist nicht vollständig, sondern enthält nur
die wichtigsten Positionen)

---

[1] Vgl. Schäperclaus, E-Bilanz bei Personengesellschaften/Mitunternehmerschaften in Bilanz aktuell
(2014), S. 21.

Lösungsvorschlag: Stammdatenmodul bei Sonder- und Ergänzungsbilanzen

Sonderbilanz	
Name des Unternehmens	A-GmbH
Rechtsform	Mitunternehmer
Beginn des Wirtschaftsjahrs	01.01.2018
Ende des Wirtschaftsjahrs	31.12.2018
Bilanzstichtag des Wirtschaftsjahrs	31.12.2018
Beginn des Wirtschaftsjahrs (Vorperiode)	01.01.2017
Ende des Wirtschaftsjahrs (Vorperiode)	31.12.2017
Bilanzstichtag (Vorperiode)	31.12.2017
Branchen	Kerntaxonomie
Art des Berichtes	Jahresabschluss
Fertigstellungsdatum des Berichtes	Endgültig
Status des Berichtes	Erstmalig
Bilanzart	Jahresabschluss
Bilanzart steuerlich bei Personengesellschaften	Sonderbilanz
Bilanzierungsstandard	deutsches Steuerrecht
Bericht gehört zu: Name Gesamthand	ABC GmbH & Co. KG
Bericht gehört zu: Unternehmenskennnummer, Gesamthand	1234567891234
Bericht gehört zu: Abschlussstichtag, Gesamthand	31.12.2018
GuV-Format	Gesamtkostenverfahren
Bilanz enthält Ausweis des Bilanzgewinnes/-verlustes	Nein
Konsolidierungsumfang	Nicht konsolidiert/Einzelabschluss
Berichtsbestandteile	Bilanz Gewinn- und Verlustrechnung Steuerliche Gewinnermittlung Steuerliche Gewinnermittlung bei Feststellungsverfahren
Zuordnung zur Einkunftsart	Einkünfte aus Gewerbebetrieb
Unternehmen mit Gewinnermittlung für besondere Fälle	NIL
Inländische Betriebsstätte eines ausländischen Unternehmens	NIL

9.2.1 Sonderbilanz

Zu den Einkünften eines Mitunternehmers aus einer Mitunternehmerschaft gehören neben seinem Gewinn- bzw. Verlustanteils auch Sondervergütungen, die der Gesellschafter von der Gesellschaft für seine Tätigkeit im Dienst der Gesellschaft und/oder für die Hingabe von Darlehen und/oder die Überlassung von Wirtschaftsgütern bezogen hat. Daher werden Wirtschaftsgüter, die ganz oder anteilig Eigentum eines Mitunternehmers sind, dem Unternehmen dienen, als Sonderbetriebsvermögen des Betriebsvermögens der Mitunternehmerschaft bezeichnet. Dieses Sonderbetriebsvermögen von Mitunternehmern ist in gesonderten Bilanzen, den Sonderbilanzen, zu erfassen. Die dem Mitunternehmer von der Mitunternehmerschaft zugeflossenen Sondervergütungen und die damit zusammenhängenden Sonderbetriebsausgaben sind in einer Sonder-GuV zu erfassen.

Um die spezielle Problematik zu würdigen, sind folgende nur für die Sonderbilanzen/-GuV gedachte Positionen in der Taxonomie-Bilanz, Taxonomie-GuV und steuerliche Gewinnermittlung vorzufinden:

Taxonomie-Bilanz:

- „Forderungen und sonstige Vermögensgegenstände, Ansprüche aus betrieblicher Altersversorgung und Pensionsansprüche (Mitunternehmer)" (*R*).

Taxonomie-GuV:

- Sonderbetriebseinnahmen (*R*)
  Tätigkeitsvergütungen (*O*),
  Miet-/Pachteinnahmen (*O*),
  Zinseinnahmen (*O*),
  Haftungsvergütungen (*O*),
  Pensionszahlungen (*O*),
  Bereederungsentgelt (*O*),
  sonstige Sonderbetriebseinnahmen (*O*).

Taxonomie-steuerliche Gewinnermittlung:

- Sonderbetriebsausgaben bei Vorgängen mit Auslandsbezug nach § 4i EStG (*M*)

Beispiel: Sonderbilanz

An der F-GmbH & Co. KG sind die G-GmbH (Komplementär) mit 1 % und die H-AG (Kommanditist) mit 99 % beteiligt. Die G-GmbH erhält für ihre unbeschränkte Haftung jährlich eine Haftungsvergütung i. H. v. 1.000 €. Die GuV wird bei der F-GmbH & Co. KG nach dem Gesamtkostenverfahren erstellt.

Zeigen Sie, wie dieser Sachverhalt in den Berichtsbestandteilen „Bilanz" und „GuV" in der E-Bilanz darzustellen ist!

(Hinweis: NIL-Werte müssen nicht aufgezeigt werden)

Lösungsvorschlag: Sonderbilanz

Die Haftungsvergütung stellt eine Sondervergütung für den vollhaftenden Gesellschafter „G-GmbH" dar. Deshalb ist die Sondervergütung in der Sonder-GuV des Gesellschafters G-GmbH zu erfassen. Außer der Sonder-GuV muss auch eine Sonderbilanz erstellt werden.

	Sonderbilanz des Gesellschafters G-GmbH	€
=	Bilanzsumme, Summe Aktiva (*SM*)	0
=	Bilanzsumme, Summe Passiva (*SM*)	0
+	Eigenkapital (*SM*)	0
+	Gezeichnetes Kapital/Kapitalkonto/Kapitalanteile (*SM*)	0
+	Gezeichnetes Kapital/Kapitalkonto/Kapitalanteile, Privatkonto (Einzelunternehmen) (*SM*)	0
−	Gezeichnetes Kapital/Kapitalkonto/Kapitalanteile, Privatkonto (Einzelunternehmen), Entnahmen [Privatkonto, Passivseite] (*M*)	1.000
+	Gezeichnetes Kapital/Kapitalkonto/Kapitalanteile, Privatkonto (Einzelunternehmen), Jahresüberschuss/-fehlbetrag [Privatkonto, Passivseite] (*M*)	1.000

	Sonder-GuV des Gesellschafters G-GmbH	€
=	Jahresüberschuss/-fehlbetrag (*SM*)	1.000
+	Ergebnis nach Steuern (*SM*)	1.000
+	Betriebsergebnis (GKV) (*SM*)	1.000
+	Rohergebnis (GKV) (*SM*)	1.000
+	Sonderbetriebseinnahmen (*R*)	1.000
+	Sonderbetriebseinnahmen, Haftungsvergütungen (*O*)	1.000

9.2.2 Ergänzungsbilanz

Grundsätzlich müssen alle an einer Personengesellschaft beteiligten Mitunternehmer ihren Gewinn aus der Gesamthandsgesellschaft (OHG, KG, GmbH & Co. KG usw.) einheitlich, d. h. unter Anwendung der gleichen Bilanzierungs- und Bewertungsregeln, ermitteln. Abweichungen bei der Gewinnermittlung können sich trotzdem aber immer dann ergeben, wenn bspw. einzelne Mitunternehmer ihren Anteil am Gesamthandsvermögen aus bestimmten Gründen unterschiedlich bewerten müssen. Das kann der Fall sein, wenn bspw. in einer Personengesellschaft ein Gesellschafterwechsel erfolgt und der neue Gesellschafter einen Kaufpreis für den Erwerb dieses Anteils bezahlt, der höher oder niedriger ist als

das von ihm übernommene Kapitalkonto. Entspricht der Kaufpreis für den Mitunternehmeranteil genau dem übernommenen Eigenkapitalkonto, ergeben sich bilanzierungs- und
bewertungstechnisch keine Probleme, soweit es sich um einen vollentgeltlichen Erwerb
handelt. Die Buchwerte können dann fortgeführt werden. Das Eigenkapitalkonto des Veräußerers ist auf den Erwerber umzubuchen. Der Erwerber des Anteils muss nach § 6
Abs. 1 Nr. 1 EStG die Anschaffungskosten aktivieren. In den meisten Fällen aber wird
der Erwerber für die Beteiligung an der Personengesellschaft mehr als den Buchwert des
von ihm anteilig erworbenen Betriebsvermögens bezahlen, weil er über den Buchwert hinaus normalerweise anteilige stille Reserven und eventuell einen Teil des Firmen- oder
Geschäftswertes erwirbt. Weil der Käufer der Beteiligung das erworbene Betriebsvermögen mit den Anschaffungskosten bewerten muss, sind die Buchwerte des übernommenen
Betriebsvermögens bis zur Höhe der Anschaffungskosten der Beteiligung aufzustocken.
Die Aufstockung der Buchwerte bedeutet eine anteilige Auflösung der in den einzelnen
Wirtschaftsgütern enthaltenen stillen Reserven des Unternehmens. Die Aufdeckung der
stillen Reserven muss bei den einzelnen Wirtschaftsgütern gleichmäßig, entsprechend der
Relation der erworbenen Beteiligung zum Gesamtvermögen, erfolgen. Dabei ist auch der
gekaufte, derivative Firmenwert anteilig zu aktivieren. Übersteigen die Anschaffungskosten der Beteiligung die anteiligen Buchwerte des Betriebsvermögens und die aufgelösten
stillen Reserven, ist in Höhe des Mehrbetrags ein anteiliger Firmen- oder Geschäftswert
des Erwerbers dieser Beteiligung zu aktivieren. Die Aufstockung der Buchwerte und der
Ausweis des anteiligen Firmen- oder Geschäftswertes könnten zwar grundsätzlich in der
Gesamthandsbilanz erfolgen. Das ist aber nur dann unproblematisch, wenn ein Gesellschafter ausscheidet und die verbleibenden Gesellschafter den Gesellschaftsanteil des
ausscheidenden Gesellschafters in der Relation ihrer Beteiligung am Gesamthandsvermögen übernehmen. In diesem Fall führt die Buchwertaufstockung in der Gesamthandsbilanz
weder zu einer Verschiebung in der Relation der Eigenkapitalkonten der verbleibenden
Gesellschafter untereinander, die gegebenenfalls für die Gewinnermittlung von Bedeutung sein kann, noch wird die richtige Zurechnung des durch die Buchwertaufstockung
gewonnenen Aufwandspotentials beeinträchtigt. Ansonsten ist das Mehrkapital in einer
positiven Ergänzungsbilanz auszuweisen.

Beispiel: positive Ergänzungsbilanz

An der ZY-OHG sind die Gesellschafter Z und Y mit jeweils 50 % beteiligt. Zum
31.12.2017 wurde die u. a. Bilanz und GuV der ZY-OHG an die Finanzverwaltung
elektronisch übermittelt. Zum 01.03.2018 kommt es zu einem Gesellschafterwechsel,
wobei der neue Gesellschafter A den Kapitalanteil von Gesellschafter Z zum Preis von
200.000 € erwirbt. Die GuV wird bei der ZY-OHG nach dem Gesamtkostenverfahren
erstellt.

Bilanz der ZY-OHG zum 31.12.2017	€
Bilanzsumme, Summe Aktiva (*SM*)	…
Anlagevermögen (*SM*)	…
…	…
Sachanlagen (*SM*)	250.000
Grundstücke, grundstücksgleiche Rechte und Bauten einschließlich der Bauten auf fremden Grundstücken (*SM*)	250.000
Bauten auf fremden Grundstücken (*M*)	250.000
…	…
Bilanzsumme, Summe Passiva (*SM*)	…
Eigenkapital (*SM*)	200.000
Gezeichnetes Kapital/Kapitalkonto/Kapitalanteile (*SM*)	200.000
Kapitalanteile der persönlich haftenden Gesellschafter (*SM*)	200.000
…	…

GuV der ZY-OHG (GKV) (01.01.2017–31.12.2017)	€
Jahresüberschuss/-fehlbetrag	10.500
…	…

Welche steuerlichen Verpflichtungen bestehen für den neuen Gesellschafter A im Jahr 2018, wenn sich die stillen Reserven bei Bauten auf fremden Grundstücken zum 01.03.2018 auf insgesamt 110.000 € belaufen? Wie sehen die Berichtsbestandteile „Bilanz" und „GuV" in der E-Bilanz aus?

(Hinweis: NIL-Werte müssen nicht aufgezeigt werden)

Lösungsvorschlag: positive Ergänzungsbilanz

Da es zu einem Gesellschafterwechsel in der ZY-OHG kommt, muss konsequent eine Ergänzungseröffnungsbilanz zum 01.03.2018 für den neuen Gesellschafter A erstellt werden, damit ersichtlich ist, welcher Teil der Gesamthandsbilanz dem Gesellschafter A zuzurechnen ist. Die Mehrzahlung i. H. v. 100.000 € (Kaufpreis 200.000 € − Buchwertkapital 100.000 € = 100.000 €), den der Gesellschafter A für den Kapitalanteil des Gesellschafters Z bezahlt hat, wird auf der Passivseite der Ergänzungsbilanz des A als Mehrkapital unter der Position „Privatkonto (Einzelunternehmen), Anfangskapital [Privatkonto, Passivseite]" erfasst. Das Mehrkapital ist anteilig als aufgedeckte stille Reserven auf das Grundstück und den Geschäfts- oder Firmenwert zu verteilen.

Anteilige aufgedeckte stille Reserven: 50 % von 110.000 € = 55.000 €

Anteiliger Geschäfts- oder Firmenwert: 100.000 € (gesamte stille Reserven) − 55.000 € (anteilige aufgedeckte stille Reserven Gebäude) = 45.000 €

Diese beiden Werte werden unter den entsprechenden Positionen auf der Aktivseite in der Taxonomie erfasst.

	Ergänzungseröffnungsbilanz des Gesellschafters A zum 01.03.2018	€
=	Bilanzsumme, Summe Aktiva (*SM*)	100.000
+	Anlagevermögen (*SM*)	100.000
+	Immaterielle Vermögensgegenstände (*SM*)	45.000
+	Geschäfts-, Firmen- oder Praxiswert (*M*)	45.000
+	Sachanlagen (*SM*)	55.000
+	Grundstücke, grundstücksgleiche Rechte und Bauten einschließlich der Bauten auf fremden Grundstücken (*SM*)	55.000
+	Grundstücke, grundstücksgleiche Rechte und Bauten einschließlich der Bauten auf fremden Grundstücken, Bauten auf fremden Grundstücken (*M*)	55.000
=	Bilanzsumme, Summe Passiva (*SM*)	100.000
+	Eigenkapital (*SM*)	100.000
+	Gezeichnetes Kapital/Kapitalkonto/Kapitalanteile (*SM*)	100.000
+	Gezeichnetes Kapital/Kapitalkonto/Kapitalanteile, Privatkonto (Einzelunternehmen) (*SM*)	100.000
+	Gezeichnetes Kapital/Kapitalkonto/Kapitalanteile, Privatkonto (Einzelunternehmen), Einlagen [Privatkonto, Passivseite] (*M*)	100.000

Zum 31.12.2018 muss eine Jahresabschluss-Ergänzungsbilanz aufgestellt werden. Es muss sowohl eine Ergänzungsbilanz, als auch eine Ergänzungs-GuV erstellt werden. In der Ergänzungs-GuV ist der Aufwand aus der Abschreibung der Gebäude und des Geschäfts- oder Firmenwerts abzubilden.

AfA Gebäude (ganzes Jahr):	§ 7 Abs. 4 Satz 1 EStG	$55.000 \times 0{,}03 = 1.650 €$
Afa Gebäude (10 Monate):	§ 7 Abs. 4 Satz 1 EStG	$1.650 \times 10/12 = 1.375 €$
AfA Geschäfts- und Firmenwert: (ganzes Jahr)	§ 7 Abs. 2 EStG	$45.000 / 15 = 3.000 €$
AfA Geschäfts- und Firmenwert: (10 Monate)	§ 7 Abs. 2 EStG	$3.000 \times 10/12 = 2.500 €$

Das Ergebnis der Ergänzungs-GuV ist dann unter der Position „Privatkonto (Einzelunternehmen), Jahresüberschuss/-fehlbetrag [Privatkonto, Passivseite]" zu erfassen und mindert das Mehrkapital.

Ergänzungsbilanz des Gesellschafters A zum 31.12.2018	€
= Bilanzsumme, Summe Aktiva (*SM*)	96.125
+ Anlagevermögen (*SM*)	96.125
+ Immaterielle Vermögensgegenstände (*SM*)	42.500
+ Geschäfts-, Firmen- oder Praxiswert (*M*)	42.500
+ Sachanlagen (*SM*)	53.625
+ Grundstücke, grundstücksgleiche Rechte und Bauten einschließlich der Bauten auf fremden Grundstücken (*SM*)	53.625
+ Grundstücke, grundstücksgleiche Rechte und Bauten einschließlich der Bauten auf fremden Grundstücken, Bauten auf fremden Grundstücken (*M*)	53.625
= Bilanzsumme, Summe Passiva (*SM*)	96.125
+ Eigenkapital (*SM*)	96.125
+ Gezeichnetes Kapital/Kapitalkonto/Kapitalanteile (*SM*)	96.125
+ Privatkonto (Einzelunternehmen) (*SM*)	96.125
+ Gezeichnetes Kapital/Kapitalkonto/Kapitalanteile, Privatkonto (Einzelunternehmen), Anfangskapital [Privatkonto, Passivseite] (*M*)	100.000
+ Gezeichnetes Kapital/Kapitalkonto/Kapitalanteile, Privatkonto (Einzelunternehmen), Jahresüberschuss/-fehlbetrag [Privatkonto, Passivseite] (*M*)	−3.875

Ergänzungs-GuV des Gesellschafters A (GKV) (01.03.–31.12.2018)	€
= Jahresüberschuss/-fehlbetrag (*SM*)	−3.875
+ Ergebnis nach Steuern (*SM*)	−3.875
+ Betriebsergebnis (GKV) (*SM*)	−3.875
− Abschreibungen (GKV) (*SM*)	3.875
+ Abschreibungen (GKV) auf immaterielle Vermögensgegenstände des Anlagevermögens und Sachanlagen (*SM*)	3.875
+ Abschreibungen (GKV) auf immaterielle Vermögensgegenstände des Anlagevermögens und Sachanlagen, auf Geschäfts-, Firmen- oder Praxiswert (*M*)	2.500
+ Abschreibungen (GKV) auf immaterielle Vermögensgegenstände des Anlagevermögens und Sachanlagen, auf Sachanlagen (*M*)	1.375
Abschreibungen (GKV) auf immaterielle Vermögensgegenstände des Anlagevermögens und Sachanlagen, auf Sachanlagen, davon Abschreibungen auf Gebäude (*M*)	1.375

Ist der Kaufpreis des Anteils niedriger als der Buchwert des Kapitalanteils, bspw. wegen bisher nicht aufgedeckter stiller Lasten, entsteht ein Minderkapital. In diesem Fall ist das Minderkapital mithilfe einer **negativen Ergänzungsbilanz** darzustellen.

Sachverhalt wie im vorhergehenden Beispiel, aber mit der Änderung, dass der neue Gesellschafter A den Kapitalanteil von Gesellschafter Z zum Preis von 85.000 € erwirbt.

Welche steuerlichen Verpflichtungen bestehen für den neuen Gesellschafter A im Jahr 2018, wenn sich die stillen Lasten bei Bauten auf fremden Grundstücken zum 01.03.2018 auf 30.000 € belaufen? Wie sehen in diesem Fall die Berichtsbestandteile „Bilanz" und „GuV" in der E-Bilanz aus?

(Hinweis: NIL-Werte müssen nicht aufgezeigt werden)

Da es zu einem Gesellschafterwechsel kommt, muss eine Ergänzungseröffnungsbilanz zum 01.03.2018 für den neuen Gesellschafter A erstellt werden. Da der Kaufpreis niedriger ist als der Kapitalanteil des Gesellschafters Z, ist das Minderkapital (85.000 € − 100.000 € = −15.000 €) unter der Position „Privatkonto (Einzelunternehmen), Anfangskapital [Privatkonto, Passivseite]" mit einem negativen Vorzeichen zu erfassen. Das Minderkapital entfällt hierbei in voller Höhe auf die anteilig aufgedeckten stillen Lasten bei Bauten auf fremden Grundstücken.

Anteilig aufgedeckte stille Lasten: 50 % aus 30.000 € = 15.000 €

Dieser Wert wird unter den entsprechenden Positionen auf der Aktivseite in der Taxonomie mit einem Minus erfasst.

	Ergänzungseröffnungsbilanz des Gesellschafters A zum 01.03.2018	€
=	Bilanzsumme, Summe Aktiva (*SM*)	−15.000
+	Anlagevermögen (*SM*)	−15.000
+	Sachanlagen (*SM*)	−15.000
+	Grundstücke, grundstücksgleiche Rechte und Bauten einschließlich der Bauten auf fremden Grundstücken (*SM*)	−15.000
+	Grundstücke, grundstücksgleiche Rechte und Bauten einschließlich der Bauten auf fremden Grundstücken, Bauten auf fremden Grundstücken (*M*)	−15.000
=	Bilanzsumme, Summe Passiva (*SM*)	−15.000
+	Eigenkapital (*SM*)	−15.000
+	Gezeichnetes Kapital/Kapitalkonto/Kapitalanteile (*SM*)	−15.000
+	Gezeichnetes Kapital/Kapitalkonto/Kapitalanteile, Privatkonto (Einzelunternehmen) (*SM*)	−15.000
+	Gezeichnetes Kapital/Kapitalkonto/Kapitalanteile, Privatkonto (Einzelunternehmen), Einlagen [Privatkonto, Passivseite] (*M*)	−15.000

Zum 31.12.2018 muss eine Jahresabschluss-Ergänzungsbilanz aufgestellt werden. Es muss sowohl eine Ergänzungsbilanz, als auch eine Ergänzungs-GuV erstellt werden.

In der Ergänzungs-GuV ist der Aufwand aus der Abschreibung der Gebäude zu erfassen. Weil durch den Gesellschafterwechsel ein Minderkapital entstanden ist, müssen die in der Gesamthandsbilanz ausgewiesenen Abschreibungen mithilfe der negativen Abschreibungen in der Ergänzungsbilanz korrigiert werden:

AfA Gebäude (ganzes Jahr)	§ 7 Abs. 4 Satz 1 EStG	$-15.000 \times 0,03 = -450\,€$
AfA Gebäude (10 Monate)	§ 7 Abs. 4 Satz 1 EStG	$-450 \times 10/12 = -375\,€$

Das Ergebnis der Ergänzungs-GuV ist dann unter der Position „Privatkonto (Einzelunternehmen), Jahresüberschuss/-fehlbetrag [Privatkonto, Passivseite]" zu erfassen und mindert das Minderkapital.

	Ergänzungsbilanz des Gesellschafters A zum 31.12.2018	**€**
=	Bilanzsumme, Summe Aktiva (*SM*)	−14.625
+	Anlagevermögen (*SM*)	−14.625
+	Sachanlagen (*SM*)	−14.625
+	Grundstücke, grundstücksgleiche Rechte und Bauten einschließlich der Bauten auf fremden Grundstücken (*SM*)	−14.625
+	Grundstücke, grundstücksgleiche Rechte und Bauten einschließlich der Bauten auf fremden Grundstücken, Bauten auf fremden Grundstücken (*M*)	−14.625
=	Bilanzsumme, Summe Passiva (*SM*)	−14.625
+	Eigenkapital (*SM*)	−14.625
+	Gezeichnetes Kapital/Kapitalkonto/Kapitalanteile (*SM*)	−14.625
+	Privatkonto (Einzelunternehmen) (*SM*)	−14.625
+	Gezeichnetes Kapital/Kapitalkonto/Kapitalanteile, Privatkonto (Einzelunternehmen), Anfangskapital [Privatkonto, Passivseite] (*M*)	−15.000
+	Gezeichnetes Kapital/Kapitalkonto/Kapitalanteile, Privatkonto (Einzelunternehmen), Jahresüberschuss/-fehlbetrag [Privatkonto, Passivseite] (*M*)	375

	Ergänzungs-GuV des Gesellschafters A (GKV) (01.03.–31.12.2018)	**€**
=	Jahresüberschuss/-fehlbetrag (*SM*)	375
+	Ergebnis nach Steuern (*SM*)	375
+	Betriebsergebnis (GKV) (*SM*)	375
−	Abschreibungen (GKV) (*SM*)	−375
+	Abschreibungen (GKV) auf immaterielle Vermögensgegenstände des Anlagevermögens und Sachanlagen (*SM*)	−375
+	Abschreibungen (GKV) auf immaterielle Vermögensgegenstände des Anlagevermögens und Sachanlagen, auf Sachanlagen (*M*)	−375
	Abschreibungen (GKV) auf immaterielle Vermögensgegenstände des Anlagevermögens und Sachanlagen, auf Sachanlagen, davon Abschreibungen auf Gebäude (*M*)	−375

Übermittlung der E-Bilanz

Soweit alle Pflichtberichtsbestandteile und alle freiwillig zu übermittelnden Berichtsbestandteile ausgefüllt sind, kann es zur eigentlichen Übermittlung der E-Bilanz kommen. Die E-Bilanz ist dabei über die ERiC-Schnittstelle elektronisch zu übermitteln. Die Finanzverwaltung hat auf der Internetseite www.esteuer.de alle solche E-Bilanzprogramme angeführt, die eine Verbindung zu ELSTER aufbauen können. Zu diesen E-Bilanzprogrammen zählen bspw. E-Bilanz von DATEV eG, SAP ERP client for E-Bilanz, eBilanz-Kit von AvenDATA GmbH usw. Welches E-Bilanzprogramm für das bilanzierende Unternehmen am besten geeignet ist, muss das bilanzierende Unternehmen selbst herausfinden.

Vor der eigentlichen Übertragung der E-Bilanz kann sich das bilanzierende Unternehmen entscheiden, die E-Bilanz vorab mit Testvermerk an die Finanzverwaltung zu senden. Dadurch können etwaige Fehlermeldungen vor der endgültigen Übermittlung festgestellt und richtig gestellt werden. Die Validierung läuft beim Testversand genauso wie bei der endgültigen Übertragung der Daten an die Finanzverwaltung.

Während des Übermittlungsvorgangs werden folgende drei Validierungen durchgeführt, die dazu führen, dass die E-Bilanz angenommen oder zurückgewiesen wird:

- Prüfung gem. XBRL-Standard,
- Generische E-Bilanz-Prüfung,
- Fachliche Detailprüfung.

Bei der ersten **Prüfung gem. XBRL-Standard** wird untersucht, ob die formalen Aspekte der E-Bilanz eingehalten worden sind, ob also alle Rechenregeln und alle Referenzen in Ordnung sind. Sollte bspw. die Summe der Aktiva nicht der Summe der Passiva entsprechen, wird das Dokument abgelehnt. Ist aber diese erste Prüfung erfolgreich abgeschlossen, kann zur zweiten Prüfung übergegangen werden.

Mit der zweiten, der **generischen Prüfung** wird kontrolliert, ob alle Mussfelder werthaltig angegeben wurden und ob eine Handelsbilanz mit einer steuerlichen Überleitungsrechnung oder nur eine Steuerbilanz übermittelt wurde. Wenn mit der Handelsbilanz keine

© Springer Fachmedien Wiesbaden GmbH, ein Teil von Springer Nature 2019

K. von Sicherer und E. Čunderlíková, *E-Bilanz*, https://doi.org/10.1007/978-3-658-21498-2_10

steuerliche Überleitungsrechnung versendet wird und es sich um keine Einheitsbilanz handelt, wird das Dokument zurückgewiesen. Das Dokument wird aber auch dann abgelehnt, wenn mit der Steuerbilanz unzulässigerweise eine Überleitungsrechnung versendet wird. Sind bei der zweiten Prüfung auch keine Fehler festgestellt worden, erfolgt die dritte und letzte Prüfung.

Zuletzt wird die **fachliche Detailprüfung** durchgeführt. Hier wird bspw. geprüft, ob die Steuernummer richtig eingetragen ist. Sollte die Steuernummer unvollständig oder falsch sein, wird das Dokument zurückgewiesen.[1]

Sobald im Dokument ein oder mehrere Fehler gefunden werden, erzeugen diese eine oder mehrere Fehlermeldungen. Jede Fehlermeldung beinhaltet einen Fehlercode, der auf die Art des Fehlers Bezug nimmt. Die Fehlercodes können in zwei Gruppen eingeteilt werden:

- Detailfehler,
- Strukturelle Fehler.

Bei den **strukturellen Fehler** handelt es sich um grobe Fehler, die sich beispielsweise weiter aufteilen lassen in:

170105xxx – Allgemeine XML-/XBRL-Fehler
170115xxx – Für die weitere Verarbeitung erforderliche Informationen nicht verfügbar
170125xxx – Formatfehler (bspw. bei Fußnoten)
170135xxx – Monetäre Angaben formal fehlerhaft
170145xxx – Fehler in Umgliederung/Überleitung
170155xxx – Mussfeld-Fehler
170165xxx – Verwendung unzulässiger Positionen
170175xxx – Befüllungsfehler
170205xxx – Detailfehler
170405xxx – Überprüfung der Korrelation zwischen zwei Berichtsbestandteilen oder zwischen Stammdatenmodul und Berichtsbestandteil

Sobald also bspw. eine Fehlermeldung mit dem Fehlercode 170165xxx erscheint, enthält die Handels- oder Steuerbilanz eine unzulässige Position, die im Rahmen der Überleitungsrechnung eliminiert werden muss. Die Fehlermeldung mit dem Fehlercode 170175xxx bedeutet wiederum, dass bspw. ein Konto zwar einer „davon-Position" zugewiesen worden ist, aber keiner Position, die rechnerisch mit anderen Positionen verknüpft ist.

Detailfehler stammen aus der fachlichen Detailprüfung und sind mit dem Fehlercode 1702052xx gekennzeichnet. Sie beziehen sich bspw. auf eine ungültige Finanzamtsnummer oder auf einen in den Stammdaten hinterlegten Berichtsbestandteil, der falsch ausgewählt wurde.

---

[1] Vgl. Hinnah in Deloitte (Hrsg.), E-Bilanz, 2015, Rz. 140 ff.

Außer dem Fehlercode verweist auch der **Text der Fehlermeldung** auf den Ursprung des Fehlers. Der Text der Fehlermeldung ist dabei in Deutsch geschrieben, die Verweise auf die entsprechenden Positionen sind aber als „concept names" auf Englisch angegeben. So ist bspw. das folgende „concept name" „bs.ass.curAss.inventory" wie folgt zu entschlüsseln:

bs	– balance sheet/Bilanz
ass	– assets/Aktiva
curAss	– current assets/Umlaufvermögen
inventory	– inventory/Vorräte

D. h., mit dem „concept name" „bs.ass.curAss.inventory" ist die Position „Vorräte" auf der Aktivseite in der Bilanz gemeint.

Alle „concept names" sind auch in der von der Finanzverwaltung zur Verfügung gestellten Visualisierung der Taxonomie mit den entsprechenden deutschen Bezeichnungen vorzufinden.

Beispiel: Fehlercode I

Die Z-GmbH will eine E-Bilanz für das Wirtschaftsjahr 2018 elektronisch an die Finanzverwaltung übermitteln. Bei der Validierung der E-Bilanz werden aber Fehler festgestellt, die wie folgt lauten:

170165093: „Die eingereichte Steuerbilanz enthält ein Fakt zum steuerlich unzulässigen Konzept ‚is.netIncome.regular.fin.netInterest.expenses.offsetting'"
170405081: „Es liegt eine werthaltige Angabe zu ‚bs.eqliab.equity.profitloss' vor. Dies ist bei der gegebenen Belegung der Position ‚genInfo.report.id.income StatementswithBalProfit' nicht zulässig."

Erklären Sie die Fehler und wie sie zu beheben sind!

Lösungsvorschlag: Fehlercode I

Der Fehlercode **170165093** bedeutet, dass über eine unzulässige Position entweder in der Handels- oder in der Steuerbilanz werthaltig berichtet worden ist.

Der „concept name" „is.netIncome.regular.fin.netInterest.expenses.offsetting" bezieht sich auf die Position „sonstige Zinsen und ähnliche Aufwendungen im Zusammenhang mit der Vermögensverrechnung", ausgewiesen unter dem Finanzergebnis in der GuV. Diese Position darf aber nicht in einer Steuer-GuV vorkommen, da die Zinsen aus saldierten Vermögensgegenständen und Schulden aus Pensionsansprüchen in der Steuer-GuV getrennt auszuweisen sind.

Der Fehler kann durch die Eliminierung dieser Position mithilfe einer Überleitungsrechnung behoben werden.

Der Fehlercode **170405081** bedeutet, dass im Stammdatenmodul (genInfo) die Position „Bilanz enthält Bilanzgewinn/-verlust" („genInfo.report.id.incomeStatements withBalProfit") mit „nein" beantwortet wurde. In der Bilanz ist die Position „Bilanzgewinn/Bilanzverlust (Bilanz) – bei Kapitalgesellschaften" trotzdem aber werthaltig belegt.

Soweit es tatsächlich einen Bilanzgewinn/-verlust in der Bilanz geben sollte, kann der Fehler dadurch behoben werden, dass im Stammdatenmodul die Position „Bilanz enthält Bilanzgewinn/-verlust" mit „ja" beantwortet wird und entsprechend eine Ergebnisverwendung erstellt wird. Gibt es tatsächlich keinen Bilanzgewinn/-verlust in der Bilanz, darf in der Taxonomie-Bilanz die Position „Bilanzgewinn/Bilanzverlust (Bilanz) – bei Kapitalgesellschaften" nicht als werthaltig angegeben werden.

Beispiel: Fehlercode II

Bei der Übermittlung der E-Bilanz für das Jahr 2018 der J-GmbH & Co. KG ist der folgende Fehler (170405031) aufgetreten:

„Die Summe der angegebenen Kapitalkonten-Endbestände stimmt nicht mit der Differenz der Werte für ‚bs.eqLiab.equity' und ‚bs.ass.deficitNotCoveredByCapital' überein."

Erklären Sie den Fehler und wie er zu beheben ist!

Lösungsweg: Fehlercode II

Der Fehlercode **170405031** gibt an, dass die Endwerte per Kapitalkontenentwicklung bei den Eigenkapitalkonten nicht mit den Endwerten per Eigenkapital in der Bilanz einschließlich der Werte des nicht durch Eigenkapital gedeckten Fehlbetrags auf der Seite der Aktiva übereinstimmen.

Der Fehler kann dadurch behoben werden, noch einmal die Beträge in der Kapitalkontenentwicklung zu überprüfen und die Endbestände an die Werte in der Bilanz anzupassen.

Neben diesen offenen Fehlern gibt es noch verborgene Fehler, die mit der technischen Seite der E-Bilanz zusammenhängen. Diese Fehler können nur seitens der Finanzverwaltung behoben werden, wobei die Finanzverwaltung eine Liste dieser Fehler auf der Internetseite www.esteuer.de zur Verfügung stellt. Die Liste enthält die Beschreibung des Fehlers, einen Hinweis, wie die Fehlermeldung umgegangen werden kann, die strukturelle Lösung des Fehlers und das Datum der Behebung.

Soweit alle Fehler behoben sind, kann eine erneute Übermittlung der E-Bilanz erfolgen. Die drei Prüfungen werden bei dem neuen Übermittlungsversuch wiederholt. Werden keine Fehler mehr gefunden, wird eine sichere Verbindung zur Finanzverwaltung aufgebaut und die E-Bilanz wird übermittelt. An dieser Stelle ist darauf hinzuweisen, dass die E-Bilanz nur über die ERiC-Schnittstelle übermittelt werden kann. Die Übermittlung auf anderen Wegen ist somit nicht möglich. Nach der erfolgreichen Übermittlung wird ein Übertragungsprotokoll generiert, welches das bilanzierende Unternehmen abspeichern sollte und dann im Falle einer Betriebsprüfung oder einer Anfrage seitens der Finanzverwaltung vorlegen kann.

Soweit seitens des bilanzierenden Unternehmens Änderungen in der E-Bilanz vorgenommen wurden, ist die E-Bilanz noch einmal zu übermitteln. Hierzu sind aber im Stammdatenmodul entsprechende Vermerke zu machen (siehe dazu: Kap. 3).

Fristen für die Übermittlung der E-Bilanz sind von der Finanzverwaltung nicht vorgegeben. Es ist aber davon auszugehen, dass hierfür dieselben Fristen gelten wie bei der Versendung der Unterlagen in Papierform.

Literatur

Bücher

Alber, M. 2014. Körperschaftsteuer in der Unternehmenspraxis: steuerliche Optimierung für Unternehmer und Unternehmen, Wiesbaden: Springer Verlag.

Althoff, F. 2011. Die neue E-Bilanz, 1. Aufl., Freiburg: Haufe Verlag.

Baetge, J., Kirsch, H.-J. und Thiele, S. 2017. Bilanzen. 14. Aufl. IDW Verlag GmbH.

Coenenberg, A., Haller, A., Mattner, G. und Schultze, W. 2016 Einführung in das Rechnungswesen, 6. Aufl., Stuttgart: Schäffer-Poeschel Verlag.

Coenenberg, A., Haller, A. und Schultze, W. 2016. Jahresabschluss und Jahresabschlussanalyse, 24. Aufl., Stuttgart: Schäffer-Poeschel Verlag.

Ditges, J. und Arendt, U. 2012. Bilanzen. 14 Aufl. Kiel Verlag.

Bongaerts, D., Neubeck, G., et al. 2015. E-Bilanz: Erläuterungen und Anleitungen zur Taxonomie (Hrsg. Deloitte), 4. Aufl., Bonn: Stollfuß Medien.

Falterbaum, H., Bolk, W., Reiß, W. und Kirchner T. 2015. Buchführung und Bilanz, 22. Aufl., Achim: C. H. Beck Verlag.

Feindt, B. 2014. Die E-Bilanz in kleinen und mittleren Unternehmen, 2. Aufl., Wiesbaden: Springer Gabler Verlag.

Grefe, C. 2017. Unternehmenssteuern, 20. Aufl., Herne: Kiehl Verlag.

Kraft, G und Kraft, C. 2014. Grundlagen der Unternehmensbesteuerung, 4. Aufl., Wiesbaden: Springer Gabler Verlag.

Krudewig, W. 2014. E-Bilanz: gerecht kontieren und buchen, 2. Aufl., Freiburg: Haufe Verlag.

Meyer, C. und Theile, C. 2018. Bilanzierung nach Handels- und Steuerrecht, 29. Aufl., Herne: NWB Verlag.

Riepolt, J. 2015. Kapitalkontenentwicklung in der Gesamthandsbilanz vor dem Hintergrund der E-Bilanz: rechtliche Darstellung und Umsetzung in den DATEV-Programmen, 1. Aufl., Nürnberg: DATEV eG.

Riepolt, J. 2015. Sonder- und Ergänzungsbilanzen vor dem Hintergrund der E-Bilanz: rechtliche Darstellung und Umsetzung, 1. Aufl., Nürnberg: DATEV eG.

Schildbach, Th. 2013. Der handelsrechtliche Jahresabschluss, 10. Aufl., Herne: NWB Verlag.

Schmiel, U., und Breithecker, V. 2008. Steuerliche Gewinnermittlung nach dem Bilanzierungsmodernisierungsgesetz. Berlin-Tiergarten: Erich Schmidt Verlag.

von Sicherer, K. 2005. Einkommensteuer, 3. Aufl., München: Oldenbourg Verlag.

von Sicherer, K. 2018. Bilanzierung im Handels- und Steuerrecht, 5. Aufl., Wiesbaden: Springer Gabler Verlag.

Strubem, D. 2014. Die E-Bilanz: Eine große Herausforderung für ihre Kanzlei und Ihre Mandaten, 3. Aufl., Nürnberg: DATEV eG.

© Springer Fachmedien Wiesbaden GmbH, ein Teil von Springer Nature 2019   215
K. von Sicherer und E. Čunderlíková, *E-Bilanz*, https://doi.org/10.1007/978-3-658-21498-2

Kommentare

Adler, H., Düring, W. und Schmaltz, K. 2001. Rechnungslegung und Prüfung der Unternehmen, 6. Aufl. Stuttgart.

Zeitschriften

Schäperclaus, J. E-Bilanz bei Personengesellschaften/Mitunternehmerschaften in Bilanz aktuell (2014), Köln: Bundesanzeiger Verlag GmbH.

Seifert, M. Inanspruchnahme von Investitionsabzugsbeträgen nach § 7g EStG in StuB (8/2015), NWB.

Gesetze, Richtlinien und Verordnungen

Abgabenordnung
Anwendungszeitpunktverschiebungsverordnung, BGBl 2010 I, S. 2135.
Betriebsstättengewinnaufteilungsverordnung, BGBl 2014 I, S. 1603.
Bilanzrechtsmodernisierungsgesetz
Bürgerliches Gesetzbuch
Einführungsgesetz zum Handelsgesetzbuch
Einkommensteuergesetz
Einkommensteuerrichtlinien
Gewerbesteuergesetz
Handelsgesetzbuch
Körperschaftsteuergesetz
Körperschaftsteuerrichtlinien
Steuerbürokratieabbaugesetz, BGBl 2008 I, S. 2850
Umsatzsteuergesetz
Umwandlungssteuergesetz

Deutsche Rechnungslegungsstandards

Deutscher Rechnungslegungsänderungsstandard Nr. 6 (DRÄS 6)
Deutscher Rechnungslegungsstandard Nr. 2 (DRS 2)
Deutscher Rechnungslegungsstandard Nr. 7 (DRS 7)
Deutscher Rechnungslegungsstandard Nr. 20 (DRS 20)
Deutscher Rechnungslegungsstandard Nr. 21 (DRS 21)
Deutscher Rechnungslegungsstandard Nr. 22 (DRS 22)

BMF-Schreiben

BMF, Anwendungsschreiben zu § 5b EStG: Elektronische Übermittlung von Bilanzen sowie Gewinn- und Verlustrechnungen; Anwendungsschreiben zur Veröffentlichung der Taxonomie v. 28.09.2011 – IV C 6 – 2133-b/11/100019, BStBl 2011 I, S. 855.

BMF, E-Bilanz – Verfahrensgrundsätze zur Aktualisierung der Taxonomien, Veröffentlichung der aktualisierten Taxonomien (Version 5.1) v. 05.06.2012 – IV C 6 – S 2133-b/11/10016, BStBl 2012 I, S. 598.

BMF, E-Bilanz; Veröffentlichung der Taxonomie 5.2 v. 30.04.2013 – IV C 6 – S 2133-b/11/10016: 003, BStBl 2013 I, S. 844.

BMF, E-Bilanz; Veröffentlichung der Taxonomie 5.3 v. 02.04.2014 – IV C 6 – S 2133-b/11/10016: 004, BStBl 2014 I, S. 886.

BMF, E-Bilanz; Veröffentlichung der Taxonomie 5.4 v. 01.04.2015 – IV C 6 – S 2133-b/11/10016: 006, BStBl 2015 I, S. 541.

BMF, E-Bilanz; Veröffentlichung der Taxonomie 6.0 v. 24.05.2016 – IV C 6 – S 2133-b/16/10001: 001, BStBl 2016 I, S. 500.

BMF, E-Bilanz; Veröffentlichung der Taxonomie 6.1 v. 16.05.2017 – IV C 6 – S 2133-b/17/10003, BStBl 2017 I, S. 776.

BMF, E-Bilanz; Veröffentlichung der Taxonomie 6.2 v. 06.06.2018 – IV C 6 – S 2133-b/18/10001, BStBl 2018 I, S. 714.

BMF, Elektronische Übermittlung von Bilanzen sowie Gewinn- und Verlustrechnung v. 19.01.2010 – IV C 6 – S 2133-b/0, BStBl 2010 I., S. 47.

BMF, Gewinnermittlung bei Handelsschiffen im internationalen Verkehr, sog. Tonnagesteuer (§ 5a EStG) v. 12.06.2002 – IV A 6 – S 2133a-11/02, BStBl 2002 I, S. 614.

Sonstige Quellen

BFH vom 30. 03. 2006 IV R 25/04, BStBl. II 2008, S. 171.

BMF, Ampelsystem des Risikomanagements der Finanzverwaltung, Monatsberichts 12/2002, S. 61

IDW RS HFA 5 in IDW Fachnachrichten Heft (1/2014)

IDW RS HFA 14 in IDW Fachnachrichten Heft (1/2014)

IDW RS HFA 21 in IDW Fachnachrichten Heft (5/2010)

IFRS Foundation, Frequently Asked Questions, erhältlich im Internet: http://www.ifrs.org/xbrl/resources/Pages/Frequently-Asked-Questions.aspx (besucht am 30.06.2016).

KONSENS, Änderungsnachweis zum Taxonomie-Update 2018, erhältlich im Internet: www.esteuer.de

KONSENS, Projekt E-Bilanz: Häufig gestellte Fragen, 2018, erhältlich im Internet: www.esteuer.de

KONSENS, Technischer Leitfaden für Taxonomie 6.0, 2016, erhältlich im Internet: www.esteuer.de

KONSENS, Technischer Leitfaden für Taxonomie 6.2, 2018, erhältlich im Internet: www.esteuer.de

Visualisierung der Taxonomie 6.2 vom 01.04.2018, erhältlich im Internet: www.esteuer.de in Excel-Form

Sachverzeichnis

The manufacturer's authorised representative in the EU is Springer
Nature Customer Service Centre GmbH, Europaplatz 3, 69115 Heidelberg,
Germany. If you have any concerns regarding our products, please
contact ProductSafety@springernature.com

Printed and bound by CPI Group (UK) Ltd, Croydon, CR0 4YY
27/04/2026
02097655-0012